中国出版产业发展研究丛书（第一辑）
总主编 蔡 翔

中国数字出版内容国际传播研究

A Research on International Communication of Chinese Digital Publishing Contents

赵树旺 著

中国传媒大学 出版社
·北京·

序：改革是出版发展的唯一路径

中国传媒大学副校长　蔡翔

国家新闻出版广电总局近期发布了最新的产业分析报告。从"十二五"期间的产业数据看，我国出版业呈现出良性发展态势，且不乏亮点和拓展空间，再次增强了我们的士气和信心。"十二五"期间，图书出版营业收入大幅增长且年年增长，2015年达到822.6亿元，5年增幅达261亿元，增长了46.4%。传统出版与新兴出版的融合发展势头强劲，作为新业态的数字出版五年增长了318.7%，且每年增速超过30%，已成为增长最快的板块。出版业整体资本实力显著增强，据世界银行发布的资料，我国出版业投融资能力已稳居世界第一位，在跨国兼并中，中国已经成为第一大主力阵营。从以上这些分析我们不难看出，在中国的文化产业建设中，出版产业堪称中流砥柱。出版产业做不好，文化产业成为支柱产业就有可能成为空话；只有出版做强做大，文化才能真正强大起来。

我们亲历并紧密关注出版业发展，是出于产业思考，更是出于文化情怀。出版作为内容产业和文化事业，是人类知识积累和文化传承的重要力量，寄托了一代又一代文化人的理想和情怀。出版传承文化的本质不会随着时代更迭和技术变革而发生变化，其本质与产业化运营并不相悖，产业是出版的载体，产业化运营是出版更好发挥社会功用的引擎，这已经被过去十几年我们出版业翻天覆地的变化所验证,也是身处其间的我们真切感受到的。

2002年,党的十六大正式提出发展文化产业,十七届六中全会决定把文化产业发展成国民经济支柱型产业。我们的出版管理部门敏锐地捕捉到改革对于推动文化产业成为支柱产业的重大意义。以柳斌杰署长为代表的一代改革派,在其后的十年间,和支持者、同行者们一起,坚定地拉开了改革的序幕,推动了中国出版市场化的进程,有力地提升了文化产业在我国国民经济体系中的影响力、活跃度和话语权。

如今回首,从时间进程上看,这十年的中国出版体制改革具有渐进性特点,并表现出明显的阶段性。2003年,国家开展文化体制改革试点工作,出版体制改革拉开帷幕。2005年,随着中央《关于深化文化体制改革的若干意见》出台,出版体制改革工作全面展开,并按照区别对待、分类指导、循序渐进、逐步推开的原则,在出版全行业不断深化。改革不仅有路线图,更有时间表,始终有条不紊,稳扎稳打,取得一系列突破性成果。例如,国有经营性出版单位相继有序实现转企改制;又如,出版行业突破障碍开展跨地区、跨部门、跨行业并购重组,经此催生的大型出版集团和企业开始尝试上市融资,运用资本的力量不断提升市场地位……2009年,新闻出版总署《关于进一步推进新闻出版体制改革的指导意见》出台,增强了改革的攻坚力度,使改革总体上保持着积极稳妥、有效有序的态势。行至2011年"十二五"开局之时,全国581家图书出版单位除四家公益性出版社和部队出版单位外,地方、高校和各部委出版社基本完成转企改制任务,正式成为市场主体,走出与市场接轨的关键一步。到2012年十八大召开之际,原定十八大前完成的改革目标基本如期完成。

2002年至2012年间的改革成果丰硕,为中国出版业开拓了全新的局面。首先,改制帮助出版企业确立了市场主体地位,经营活力得以激发,出版生产力得到释放,全行业发展动力强劲,产业规模不断扩大。统计表明,2012年新闻出版业总产出达1.6万亿元,而作为改革试点起始年的2003年这一数据仅为3 000亿元,改革十年,产值提高了5.33倍。其次,改制推动了出版业的市场化进程,市场逐步成为配置出版资源的主要手段,出版业跨区域、跨媒体的资源整合不断深化,战略性重组所培育的大型出版传媒集团产业地位突出,竞争力越来越强。2011年年底前,全国已组建出版集团33家,其中不乏江苏凤凰出版传媒集团这样的百亿级产业航母。再次,改制使中国出版业探索资本化运营的勇气和信心不断增强,驾驭资本力量的手法也越来越娴熟。这一过程中,资本无孔不入地渗透到出版业各个角落,提升着中国出版业的活力。无论是上市融资,还是战略重组,资本越来越成为中国出版业得心应手的武器。而最后,最能激发中国出版人激情的是,改制使中国出版业开始放眼世界,坚定地迈步"走出去"。国际化是中国出版业未来发展战略的重要一环,是提升中国文化软实力的重要方向,事实上,这也是改革后产业强大带来的必然结果。

2012年是出版体制改革的一个分水岭。虽然中央确定的十八大前的改革任务至2012年年底业已完成,但改革并没有就此停步。党的十八大报告就文化领域发展提出了"促进文化和科技融合,发展新型文化业态,提高文化产业规模化、集约化、专业化水平"的新要求,中国出版业要实现这种优化升级,必须进一步深化改革,解放出版生产力。2002年至2012年仅走完改革的第一阶段,为我们出版业奠定了良好的发展基础,最大程度扫清了"拦路石",但束缚出版生产力的因素依然存在。改革进入"深水区",需要出版人以更大的信念、勇气和魄力破解深层次矛盾与问题。其时,我们抱以最大热情的出版业伴随改革进程也出现了一些不尽如人意之处,引发不少争议甚至非议,需要我们正本清源、继续前行。

所有的矛盾、问题、争议、非议,归结起来在这几个方面。其一,产业发展初期重规模轻质量的做法给我们出版行业带来很多泡沫,如在我相对熟悉的学术出版领域,推出了不少平庸之作乃至垃圾作品,引发整个学术共同体的不安。必须解决发展是追求规模还是追求质量的矛盾,质量优先的发展方式才是可持续的。其二,出版产业的市场竞争力还不够强。由于体制机制等各方面的限制,目前很多出版企业产权改革仍不到位,还没有真正成为市场主体。其三,我们的法律制度环境还不够完善,统一开放、竞争有序、健康繁荣的大市场体系还没有完全建成,致使产业资源配置难以进一步优化,出版业资本运营遭遇瓶颈。而最后也是最重要的是,中国出版在当今世界出版格局中仍"大而不强",我们现在的作品还不能进入具有世界影响力作品的行列,还不能用触及人类文明根本的话题引发世界的共鸣。在看到出版业天翻地覆的变化时,冷静审视这些客观存在的问题,继续拓展前行之路,是我们出版人的使命和义务。我们都有一个共识:改革是发展的根本动力,只有坚持改革,才能有发展;改革难免遇到问题和挑战,也正是改革让各种矛盾和问题愈加凸显,问题的背后往往潜藏着深刻的制度根源,而改革遭遇的问题恰恰只能通过深化改革、继续发展来解决。

改革是一代出版人的事业,只有置身于改革历程中的人,才能体味它所带来的诸般况味,有荣耀有光环,也有误解和遗憾。达成通过改革谋发展共识的"我们",是这十几年出版改革的亲历者,包括新闻出版总署、各出版传媒集团以及出版研究机构有远见的领导们,他们曾是出版改革的推动者,同时,也是深入思索出版的过去、现在和未来的专家和学者。"我们"也有着中坚一代的成员,积极参与了出版改革的进程,并且正在后改革时代,主持和推动着出版产业的优化升级。"我们"还有出版学界培养的大量年富力强、充满创造力的年轻学人。

出版就是这样一个产、学、研息息相关的行业,理论积极指导着行业实践,行业变迁不断修正着我们的理论,形成了有机、良性互动的生态。作为柳斌杰先生的弟子,我很荣幸在先生指引下,主持了中国传媒大学出版社的转企改制,并创立了中国传媒大学编辑出版研究中心,比较全面地参与到2002年至今的出版改革进程中。前者的市场化进程开启于2002年,后者则创立于2004年,十数年来,两者从不同角度见证了中国出版业的凤凰涅槃,自身也因侧身其间得以不断成长和壮大。某种程度上讲,我们的编辑出版研究中心,地处首都、背靠传媒,有效整合了政府、学界和业界的优势资源,已经成为中国出版人才培养和决策参考的一块高地。我们的导师团队,汇聚了近三十位充满改革意识和创新思维的新闻出版界元老、出版传媒集团新锐领导以及出版管理机构、科研院所的专家学者,他们和中心的硕士、博士、博士后一起,形成了学界、业界有效联动的学术和产业共同体。这个共同体,一直以客观辩证的眼光,对中国出版改革进行着系统总结、剖析与反思。

这套出版产业发展研究丛书是中心的阶段性成果,被推荐列为2015年度国家出版基金项目。原中国出版集团总裁,现任韬奋基金会理事长聂震宁先生在推荐语中称:当下的中国出版业机遇和危机共存,要实现从出版大国到出版强国的转变,需要探索具有中国特色的当代出版产业发展路径。"中国出版产业发展研究"项目直面深化出版体制改革、出版产业政策调整、当代出版文化等重大前沿问题,多视角、全方位地为中国出版产业发展提供理论支持和智力支持,具有重要的学术价值与现实价值。原中国新闻出版研究院院长,现任中国编辑学会会长郝振省先生也对丛书给予了积极的评价,认为丛书内容系统、全面,涵盖了出版产业政策、产业转型、投融资、技术创新、国际传播、数字出版、媒介融合、文化自觉、大学出版等热点问题,是一套具有完整意义的出版产业观察丛书;同时,丛书并不止于产业研究,更从文化的角度诠释了中国出版业对人类、对中国、对世界的意义。作为主编,我很欣慰地看到丛书的正式推出,也很感谢两位前辈的支持和推荐。我们中心将陆续推出丛书的第二辑,第三辑……不断跟进、记录并反思中国出版改革以及优化升级的进程,并以更为客观的视角和理性的积淀为此进程源源不断地贡献力量。目前第一辑的作者大多还是中心的博士或博士后，他们都很年轻，普遍缺乏行业的历练，看问题的辩证性还有所欠缺。但他们的优点也很明显，没有桎梏、思维活跃、有跨学科背景、有国际化视野，是我们出版和文化产业研究的新鲜力量。丛书中《当前出版企业转型问题研究》《出版传媒上市公司投融资研究》《中国出版产业政策研究：社会转型与价值观建构》《中国数字出版产业政策研究》等都是对中国出版体制改革的客观观察，其中不乏尖锐的批评；《媒介融合趋势下的出版变迁与转型》《自出版管理问题研究》《中国数字出版内容国际传播研究》《中文人文社会科学学术期刊评价体系研究》等都能在相对开阔、与国际出版市场和评价体系对接的语境中谈论中国问题；《论出版的文化自觉》《大学精神与大学出版：民国时期"学人办刊"研究》则史论结合，从出版本质、出版价值这些更为根本的视角，以史为鉴，对中国出版产业发展的走向提出一己之见。

我很珍视丛书体现出的朝气和活力，我们的出版产业也正需要以这种朝气和活力不断推陈出新，打好深化出版体制改革、融合发展、内容创新的攻坚战；按照十三五的规划，建成文化保护传承体系、文化公共服务体系、文化产业发展体系等"六大"体系。在此过程中，值得关注和深入分析的问题还很多，包括公共服务体系如何建构、融合发展如何真正落实、学术出版机制如何调整、社会化出版现象如何看待、出版传媒法制建设如何推进、资本市场如何突破体制壁垒，等等，"中国出版产业发展研究"丛书后续将陆续推出同人的思考。我期待丛书真正成为一个开放性平台，聚合起更多同行者的力量，为出版行业、为文化产业的发展提供更多的理论和思想动力。我们的出版产业改革一直"在路上"，我们的研究和行业观察也会一直"在路上"。

目录 Contents

序　言　聂震宁 / 1

绪　论 / 1

　　一　相关概念界定　/ 1

　　二　相关理论　/ 13

　　三　研究方法　/ 30

　　四　文献综述　/ 33

第 1 章　中国数字出版内容国际传播的动力与机遇 / 40

　　一　文化自觉的动力　/ 41

　　二　国家支持的动力　/ 45

　　三　国际竞争的动力　/ 52

　　四　国际需求的动力　/ 59

　　五　产业拓展的动力　/ 64

　　六　数字化技术创造国际传播新机遇　/ 68

第 2 章　中国数字出版内容国际传播模式 / 73

　　一　数字版权产品传播模式　/ 73

　　二　平台传播模式　/ 82

　　三　在线教育与服务模式　/ 94

第 3 章　中国数字出版内容国际传播困境分析　/ 99

一　国际传播力不足　/ 99

二　内容与格式之困　/ 108

三　传播区域失衡:重视欧美而轻视亚非拉　/ 118

四　跨文化传播:文化与语言差异之困　/ 123

五　数字化与国际化人才匮乏　/ 129

第 4 章　数字出版内容国际传播的海外借鉴　/ 134

一　全球化布局:并购与经营并重　/ 134

二　专业化:将资源和消费群分类并定向化　/ 141

三　信息服务化:行业边界趋向模糊　/ 146

四　内容与技术集成化:出版业和 IT 业走向融合　/ 152

五　用户需求至上策略　/ 162

第 5 章　中国数字出版内容国际传播策略　/ 170

一　政府、企业与市场三位一体策略　/ 171

二　内容策略:海量化与专业化　/ 181

三　自主传播与合作传播策略　/ 187

四　用户策略:以用户需求为中心　/ 195

五　国际化复合型人才培养策略　/ 201

结　论　/ 209

参考文献　/ 211

后　记　/ 228

序　言

聂震宁

《中国数字出版内容国际传播研究》一书是赵树旺博士在中国传媒大学所做的博士学位论文。我是他的博士研究生导师，因而对这部博士学位论文的选题设计、研究准备直至撰写、修改、答辩的全部过程比较了解。我了解确定这样一个选题需要作者具有相当的学术勇气，也还了解这部论文全部撰写的不易，看到了作者比较扎实的学术底气。

关于数字出版与国际传播，十年来已成显学，用铺天盖地来形容其讨论盛况，恐怕不算言过其实。那么，于此情势之下，选择数字出版中的一个问题来作为博士论文的课题，还需要什么学术勇气吗？实话说来，这还真需要研究者具有足够的学术勇气。在学术研究上，人们通常认为开拓性的研究和发现最为可贵，那种跑在前面的人，在某一领域进行拓荒，人们认为最需要勇气，这是一种通常的评价。可是，一个热门课题被各式各样的研究者热热闹闹地光顾过，不必说其中有许多是认真的，然而也有不少是轻率的，是人云亦云，甚至不无玩弄意淫之举，弄得论说热闹而混乱，知识泛漫而混杂。这时仍然有研究者，不避众声喧哗，不惧世人白眼，不畏谤讪讥讽，循着既定的路径，执着前行，埋头做着属于自己或者团队的研究，同样也是需要勇气的。前者拓荒，需要的是敢为天下先的锐气；后者执着，需要的则是不改初心的坚定，都一样值得赞佩。

记得，最初与赵树旺一起确定选题的时候，是我最先提出可以考虑就数字出版国际化问题考虑选题。我是出于两个考虑，一是当时我正主持的国家科技支撑计划中的一个项目，即中国数字出版内容国际传播平台建设的课题，赵树旺是这个项目的骨干成员；二是树旺的英语水平较高，便于处理数字出版国际化的大量资料。可是，提出这个设想之后，我立刻就有些后悔，觉得出此主意不免有些欠考虑。因为研究数字出版不易出新，特别是我国数字出版说得多而做得并不多，其中实践成功的案例匮乏，凭空去做则难以讨好。如此一来，岂不是给他出了一个难度很大的题目。本来，学术研究课题的选择通常是冷门思维，冷门课题易好，往往能够收到出奇制胜之功效。绝大多数导师都在替自己的研究生挖空心思找冷门课题，我却给他指了一条如此沸反盈天，有点儿凑热闹的热门课题。于是，当即我就建议他多方设想一下，不一定按我的想法去做，理由一二三，我也对他做了一番分析。赵树旺当时并没有做出任何表示。过后，他还是向我报告决心做这个选题。在开题答辩会上，他很平静地交出了《中国数字出版内容国际传播研究》的选题报告。几位导师都说好，也许大家就是这么认为，也许是说给我听的，因为论文成败，最终是学生和指导老师的事情。当然，我也不能再做任何担心的表示了。面对一位敢于去挑战难度很大的热门课题的学生，这时候需要的是根绝任何犹豫，所有的怯懦都无济于事。

这就是我首先要褒扬作者学术勇气的来由。

当然，学术勇气是一回事，学术能力及其水准又是另一回事。我们品评一部学术论文，决不会止于作者的勇气而忽视全部。从学术本体意义来看，一个研究者的勇气必须靠自己落实到学术研究过程中，否则，任何勇气都可能只是一个狂想乃至空想。树旺生性认真，有才情却不自恃，有见地却并不随意挥洒。在许多聚会中，他不是惯于站在前列引人注目的人，也不故意落于圈外，显得孤傲、自尊乃至自卑，他总是比较中和平易，并不显山露水。他的英语水平好，可以用英语讲授出版学课程，可是，平时与同行们交流，他却几乎不曾夹杂过某些英语单词，而在一些有了英语底子的朋友中这是比较常见的情景。像这样一个研究者,为着自己选择确定下来的研究课题,决不会为了逞勇斗狠而疏于过程。何况,一部十万字左右的博士论文,从开题答辩、中期答辩、预答辩直至最后答辩,必须经得起检验乃至挑剔,作者在这当中下了多少工夫,很容易被同行一眼洞穿,这是毋庸置疑的事情。

似乎没有要我这位导师太费周章,只是在预答辩前读过两稿,提醒过若干需要注意的方面,按照预答辩时导师们提出的意见,树旺就如期完成了论文的写作,并顺利通过了答辩。

其实,与最初的学术勇气相比,树旺从事这部论文写作的学术底气显得更为难能可贵。学术底气,大体指的是从事学术研究的信心和力量。一个许多人触碰过的课题,其最大难度也就在于被许多人触碰过。把这样的课题研究比喻成一座楼阁的建造,倘若许多材料都是别人用过的,砖只能是那些砖,水泥只能是那些水泥,外墙的涂料几乎是一样的俗气,甚至楼阁框架图纸都是拷贝而来,这时,研究者的创新难度简直举步维艰。他必须在大量重复的基础上,设计出属于自己的某一点或者某几点创新结构,镶嵌进属于自己的特殊材料,建造出属于自己的学术景观,而要做到这一切,他必须拥有相当的信心和力量。赵树旺正是如此这般去做的。他把大量的精力投入到我所主持的"中国数字出版内容国际传播示范平台"项目中,在这个项目的实施过程中,他获得了鲜活的资料。他还加入到这个项目的国际考察小组,对英国数字出版企业进行了深入的考察,深入了解了欧美国家对于数字出版的理念及运作的实际情况。单就以上两点,就足以让这部论文具有属于自己的景观。不承想,论文通过,赵树旺研究生成了赵树旺博士,可他的研究并没有就此止步。紧接着他去往美国太平洋大学,做访问学者一年有余,在这期间把进一步搜集到的相关材料补充到论文中来,使得论文在正式出版时又有了新的长进。

当然,关于这部论文,需要评价讨论的问题还有许多,譬如,中国数字出版内容国际传播的动力与机遇,国际传播模式,国际传播的困境分析,国际传播的海外案例借鉴,国际传播策略研究,等等,无不包含着作者自己的见解,无不具有深入讨论的必要。但是,关于这些内容,并不是一篇序言可以包括和展开的。何况,无论如何,也应当等待读者阅读论文文本后再来做相关的讨论和评价,我们不能在诸位阅读之前拦头抢先发言,这是礼貌,也是本分。在这篇序言里,我只能向读者们简要介绍论文的作者赵树旺,介绍在确定这部论文的选题时他曾经具有怎样的学术勇气,而在写作过程中又拥有哪些学术底气。一部论文的写作,有了必要的学术勇气和学术底气,也就有了达到较高学术境界的必备条件。当然,论文还是要一句一段去写,在去往较高学术境界的路途上,作者还是要一步一步地跋涉,不断地去完善自己的观点和言说,精心架构论文学术楼阁,这当然是不可或缺的。赵树旺博士正是这样去做的,我是他的见证人之一,读者也可以在他的论文中做出检验。

是为序。

2016年2月于北京民旺园

(序言作者系中国韬奋基金会理事长、中国出版集团公司原总裁,中国传媒大学博士研究生导师)

绪　论

一　相关概念界定

数字出版与数字出版内容

数字出版是基于互联网、计算机与多媒体等技术环境下的一种新的出版形态。它既是一个新的出版概念,同时也是一种新的出版方式和手段,包括出版内容、属性、产品、生产流程及经营管理。作为一种新生事物,数字出版的理论研究和实践活动仍旧处在不断的探索之中,人们对数字出版这个最基础、最关键的概念及其传播模式、发展趋势还存在一些模糊不清的认识,这在一定程度上影响了数字出版内容生产与传播。由是,深入探讨数字出版的本质与概念、厘清其内涵与外延、分析数字出版内容的国内国际传播特点,有助于数字出版内容传播者对内容生产与传播模式进行认真的思考,从而为数字出版内容传播的研究与发展奠定坚实的理论基础。

界定数字出版并非易事,之前已有无数学者与从业者从不同侧面对数字出版进行了理解、诠释和定义。数字出版的萌芽可以追溯到1951年,当时,美国麻省理工学院的P.R·巴格利对利用计算机检索代码做文摘进行了可行性研究,此项研究和尝试导致了"电子出版物雏形"的诞生,后来被认为是数字出版的发轫,但其实距离现在的数字出版现实远矣。

数字出版的发展历程是随着数字产品的形态变化而不断变化的,数字出版的理解和界定也随着人们对它认识的深化而不断变化。具体而言,数字出版这一专属词汇经历了从电子出版到网络出版再到数字出版的短暂过程。说其短暂,主要是因为中国真正开始研究电子出版并不久远。知网全文中最早以"电子出版"为关键词的论文见于1985年的《电子出版物》,最早以"网络出版"为关键词的论文见于1993年的《国外出版业新趋势——网络出版》,而最早以"数字出版"为关键词的论文见于2000年的《从电子出版到数字出版》,由此可以推断,包括电子出版在内的数字出版研究不过是近三十年的事情。加之数字出版所包含的数字版权、数据库、数字图书馆、信息服务、教育解决方案等多形态呈现的复杂性,导致人们对其界定的差异性、多样性及不确定性。

在电子出版这一概念流行的时候,日本电子出版协会对电子出版的定义侧重于对出版过程电子化的描述,称其为"将文字信息、图像信息等数字化,设计、建立能够随机读取的数据库,通过编辑软件对创作的作品进行编辑,并通过电子媒体进行出版的行为"。[①]而《大英百科全书》对电子出版的界定试图涵盖几种最为典型的电子出版形态,称其为"计算机网络或磁盘上的出版。指以计算机可读的形式生产文献,并通过计算机网络或者其他载体如CD-ROM等发行"。[②]彼时的电子出版概念主要停留在以计算机单机和CD-ROM为载体的出版形态研究上。

技术的发展总是令人惊叹。互联网很快超越CD-ROM成为出版物

[①] 转引自刘桂珍:《日本电子出版研究的现状与特色》,《出版发行研究》2004年第10期。
[②] 转引自徐丽芳:《数字出版:概念与形态》,《出版发行研究》2005年第7期。

的新载体,网络出版迅速进入研究者与实践者的视野,甚至,信息通过互联网向大众传播的过程也都可以叫作网络出版,这一理解已经打破了传统出版的概念与规则,但还有进化得更加彻底的观点:"以数字化为技术手段,通过包括互联网、移动电话、交互式电话在内的所有电子信息渠道进行图、文、声等的一种传播流程,称为网络出版。完整的网络出版流程包括三个阶段:获取原始素材、制作数字内容和传播数字内容,并通过有偿提供数字内容的复制品来获取收益。"[①] 此界定彻底超越了载体限制,第一次把移动媒介列入到网络出版的概念之中,且提及了"数字"这个概念。

之后,出版传播大踏步地进入了全面数字化时代,多媒体形态日益普及,一度被广泛应用的电子出版和网络出版概念已经很难涵盖不断出现的手机、智能终端等新型数字出版媒介。自2005年起,我国出版业界与学界已全面认同与接受数字出版这一概念。与之前提出的电子出版和网络出版概念相比,数字出版从技术的角度概括了这种新形态的出版方式,定位更加全面、系统,更符合这种全新的出版形态。由电子出版到网络出版,再到数字出版,这既是出版的发展史,也是出版技术的更新史,每一次变化都更加接近数字出版的实质。我们应该在深层次挖掘知识的基础上,对数字出版概念进行真正意义上的解读。目前大家比较认可的对数字出版的定义是"用数字化的技术从事的出版活动",[②] 这个界定简洁而宏观地鸟瞰了数字出版概念,具体来看,"只要是用二进制这种技术手段对出版的任何环节进行的操作,都是数字出版的一部分。它包括原创作品的数字化、编辑加工的数字化、印刷复制的数字化、发行销售的数字化和阅读消费的数字化"。[③] 这个观点不仅强调了技术与介质,还解释了数

---

① 陈仲原:《浅析网络出版的发展模式》,转引自王洪建、周澍民:《数字出版的概念》,http://news.163.com/08/1217/14/4TCES94P000131UN.html。
② 张立:《数字出版相关概念的比较分析》,《中国出版》2006年第12期。
③ 同上。

字出版的整个生产与传播流程。

除了学界与业界对数字出版的理解与诠释,2010年原新闻出版总署《关于加快我国数字出版产业发展的若干意见》也提及了数字出版的定义,"数字出版是指利用数字技术进行内容编辑加工,并通过网络传播数字内容产品的一种新型出版方式,其主要特征为内容生产数字化、管理过程数字化、产品形态数字化和传播渠道网络化"[1]。基于传播途径的不同,数字出版又可分为网络出版和手机出版等多种类别,"数字出版产品的传播途径主要包括有线互联网、无线通讯网和卫星网络等"。[2] 应该说,这个界定已经比较全面、成熟,从内容、管理、形态、传播形式、途径、类别等多个层面对数字出版进行了全方位的界定。

但也正是这种全方位的界定,使得数字出版的关注者与研究者常常陷入数字出版的汪洋大海之中。根据历年公布的《中国数字出版产业年度报告》,数字出版包括互联网期刊、电子书(含网络原创出版物)、数字报纸、博客、在线音乐、网络动漫、手机出版(含手机彩铃、铃音、手机游戏等)、网络游戏、互联网广告。且不论哪种数字出版形态的产值所占比例如何,只说这包罗万象的数字出版形态便足以让研究者无所适从。若要再按产值比例来理解数字出版,则会出现更加令人惊诧的答案。在2014年度国内数字出版产业3387.7亿元的整体收入中,网络游戏和互联网广告分别占25.66%和45.46%。按此比例推理,互联网广告和网络游戏应该是数字出版研究者口中的研究对象才对。而实际上,但凡研究数字出版的,几乎无人关心此二者,而研究广告或网游的人,也极少自称在研究数字出版。

所以,数字出版一定要有广义与狭义之分。从大出版的角度来讲,把网络游戏列入数字出版的范畴无可厚非,毕竟,网络游戏的确符合"利用

---

[1] 《关于加快我国数字出版产业发展的若干意见》,《中国出版》2010年第21期。
[2] 同上。

数字技术进行内容加工,并通过网络传播数字内容产品"的标准。但从具体研究的角度来看,这个广义的数字出版概念只能让研究者盲人摸象,大而无当,失去方向。鉴于具体研究需要,我们有必要对数字出版做一个狭义的界定,即数字出版是一种数字化运行的出版活动,包括传统出版数字化、网络出版、手机出版及信息服务活动等。如此一来,研究对象变得明确而具体,也使得研究更具有指向性。

有了对数字出版的界定,数字出版内容的概念便很容易得出。数字出版内容是以数字出版形态呈现的内容,包括传统出版数字化后的内容、网络出版内容、手机出版内容及信息服务内容等,数字化活动贯穿内容生产与传播的整个过程。

国际传播与数字出版内容国际传播

全球化与信息化是当今世界的发展潮流,我们生活的这个世界越来越成为麦克卢汉所预言的"地球村",任何国家、民族都会受到其他国家、民族的影响,同时也会影响其他的国家与民族。由于信息科技的发展,国际间信息传播的速度迅速提升,国与国之间的交流与合作不再遥不可及,文字、声音、画面等各种信息都能够迅速在全球传播。随着全球化程度的不断加深,中国融入国际社会的步伐明显加快,但与其他国家的摩擦也逐渐增多。因此,让世界更好地认识中国和理解中国,成为新时期中国国际传播的重要任务。

数字出版内容是国际传播的一个重要领域,出版的数字化转型拓宽了其国际传播的内涵和范围,从以政治信息为主,不断向文化领域、商业领域、科技领域拓展。数字出版内容的国际传播已经成为国际传播活动中一个不可缺少的组成部分,也成为一个国家软实力的重要体现,世界各国都已开始重视数字出版内容的国际传播问题。

何为国际传播

国际传播是一个由西方学者首先提出的概念,马特拉认为国际传研究最初来自"为自由世界服务的知识分子所唱的赞歌"①。早期的国际传播研究仅仅和战争联系在一起,如克拉珀和洛文塔尔的研究报告《舆论研究对心理战演变的贡献》,施拉姆也曾主编过《心理战的本质》一书,在1952年至1953年出版的美国《舆论季刊》(冬季号)上,拉扎斯菲尔德发表了《国际传播的预测》一文,认为"国际传播"这一新领域可能是以后传播研究的一个方向,而在同一期杂志上,洛文塔尔则宣告了"国际传播"这一新学科的诞生。可见,国际传播概念的最初诞生更多是与战争、政治联系在一起,以至于米尔斯感叹社会学失去了"想象力",沦为国家机器的一个附属品。

经过几十年的发展,国际传播早已突破了刚刚诞生时的种种限制,其所涉及的领域已很广泛,包括政治学、经济学、文化研究、传播学、新闻学和传播技术等多个领域,研究对象也不再局限于政治与战争,文化与科技开始成为国际传播研究的一个重要方向。

随着国际传播的不断发展,不同领域对这一概念开始有了不同的理解,"国际传播可以作为一种现象来理解,是相对静止的;国际传播也可以作为一种过程,处于动态的变化之中;国际传播还可以是一种手段,用来促进国际交流,或左右国际舆论,或宣传某种思想等;国际传播当然也可以设定为一种目标或者一种衡量指标"。②美国学者曾于1971年就国际传播问题做过一个普遍调查,他们的结论是,"对该领域尚没有一个广泛认同的、准确描述的界定。"③

福特纳认为,国际传播就是超越各国国界的传播,即在各民族、各国家之间进行的传播。④ 这一定义比较直白,但太过宽泛,并没有指出国际

---

① 〔法〕阿芒·马特拉:《世界传播与文化霸权》,陈卫星译,中央编译出版社2005年版,第103页。
② 郭可:《国际传播学导论》,复旦大学出版社2004年版,第4页。
③ 关世杰:《国际传播学》,北京大学出版社2004年版,第1页。
④ 〔美〕罗伯特·福特纳:《国际传播:"地球都市"的历史、冲突及控制》,刘利群译,华夏出版社2000年版,第5~6页。

传播的主体、媒介等一些实质性问题。

综合不同学者对国际传播的阐述,可以根据传播介质将国际传播分为广义和狭义两种。广义的国际传播包括跨越国界的大众传播、组织传播和人际传播,是指国与国之间的外交往来,包括首脑互访、双边会谈以及其他相关事务,伴随着国家的产生而产生。狭义的国际传播仅指以国家为基本单位的跨越国界的大众传播,即"以大众传播为支柱的国与国之间的传播"[1]。

著名国际传播学者莫拉纳比较认同广义的界定,"我曾把国际传播定义为通过个人、群体、政府和技术在两国、两种文化或多国、多种文化间传递价值观、态度、观点和信息的研究探索领域,同时包括对促进或抑制这类信息相关体系结构的研究"[2]。有学者指出支持广义国际传播的原因,一是各国人员交往日益频繁,二是因特网使得大众传播与人际交流日益融为一体,跨国公司与个人在国际传播中的作用逐渐增强。[3]

国内很多学者则更倾向于狭义的国际传播概念。有学者将国际传播定义为"特定的国家或社会集团通过大众传播媒介,面向其他国家或地区受众所进行的跨国传播或全球范围传播,它是世界各国、各地区政治、经济与文化发展综合实力的一个局部体现"。[4]

《国际传播与国家形象》一书认为,国际传播的定义可以从传播的概念中推导出来:国际传播就是指国家与国家之间的信息流动。所以国际传播是指,特定的国家或社会集团通过大众传播媒介,面向其他国家或地

---

[1] 郭庆光:《传播学教程》,中国人民大学出版社1999年版,第242页。
[2] 〔美〕Hamid Mowlana:International Communication Research in the 21st Century:From Functionalism to Postmodernism and Beyond, by Cees J. Hamelink and Olga Linne:*Mass Communication Research:On Problems and Policies*. Ablex Publishing Corporation, 1994:353~354. 转引自关世杰:《国际传播学》,北京大学出版社2004年版,第2页。
[3] 关世杰:《国际传播学》,北京大学出版社2004年版,第2页。
[4] 刘继南:《国际传播与国家形象——国际关系的新视角》,北京广播学院出版社2002年版,第2页。

区受众所进行的跨国传播或全球范围传播。①

采用狭义界定是有其原因的:首先,以人际传播方式进行的跨国交流活动众多,如果将其包括在国际传播的研究视域中,势必会造成国际传播主要部分——大众传播研究的弱化和国际传播研究的泛化;其次,也会造成国际传播学的学科界定不够清晰。②

无论是广义还是狭义的概念,其研究的主要范围都涉及经济、文化、政治、科技等各个方面在世界范围内所进行的信息扩散、新闻传播与文化交流等。因此,本书将国际传播定义为,以国家、民族、企业、社会组织等为基本传播主体,以大众传播媒介为载体,以技术和资本为支撑的国际信息流动。从这个意义上说,数字出版内容国际传播是指以国家、民族、企业、社会组织等为基本传播主体,以大众传播媒介为载体,以技术和资本为支撑的国际数字出版内容的传播与流动。

国际传播的构成要素

传播主体

研究者对国际传播主体的看法,也可以分为狭义、广义两种。从狭义看,国家即是国际传播的主体。然而,国家是一个相对笼统和抽象的概念,政府作为国家的代表,在国际传播中履行着实际传播主体的职责。政府不仅本身和他国政府进行着信息交换,而且也通过控制大众传媒向他国传播本国信息。从广义上说,国际传播的主体不仅是指国家、政府,而且应该包括企业和各种社会组织。

在国际传播的早期,由于交通不便且国与国之间路途遥远,个人乃至社会组织很难有进入其他国家进行传播的能力和机会,因此政府是当时最为重要的传播主体。当今社会,尽管不同国家的人民之间的交流日益

---

① 刘继南:《国际传播与国家形象——国际关系的新视角》,北京广播学院出版社2002年版,第1～2页。
② 程曼丽:《国际传播学教程》,北京大学出版社2006年版,第3～4页。

频繁,但政府依然是非常重要的传播主体之一。在日益全球化的今天,国家不可能作为一个封闭的个体存在,每个国家都需要与其他国家进行政治、经济、文化等各方面的交往。政府往往站在本国立场上传播本国情况、政策与文化,在全球范围内与他国公众进行沟通,减少他国公众的误解,增加他们对自己的了解。同时,政府也是衡量信息能否进入国内的"把关人",政府往往采用行政、法律、经济或者技术等手段控制跨国信息。

作为经济活动主体的企业,特别是跨国公司,是国际传播的另一个主要传播主体。一方面,跨国公司要在全球范围内开展经营活动,就要在全球范围内传递有关生产、调配、人事、营销等方面的信息;另一方面,跨国公司也要在全球范围内进行广告传播、组织公关活动,传播自己的经营理念和产品信息。跨国公司的这些信息传播活动也是国际传播的重要组成部分。

不少社会组织,如国际性非政府组织(NGO)或者非营利组织,包括各种学会、协会、研究团体、学校、医院、商会、文化艺术团体、政党、宗教组织、环保组织、人权组织、妇女组织和青年组织等,通过包括大众传播在内的各种手段宣传自己的主张,吸引全球的关注,争取舆论支持,以达到解决其所关注的问题(如环保、人权、预防疾病等)的目的。

数字出版内容国际传播主体的情况与此类似,国际社会和各国政府一直在参与制定各种政策规范,通过控制数字出版企业与各种社会组织影响数字出版内容的国际传播。所以,国家是最重要的数字出版内容国际传播主体。

此外,国际数字出版公司是数字出版内容国际传播的另一个主要传播主体。这些国际数字出版公司既要在全球范围内进行数字出版内容的生产与经营,又要在全球范围内传播自己的内容与知识价值。同时,出版研究院、出版学会与协会等社会组织,也都参与到数字出版内容国际传播的研究与实践中。

传播内容

国际传播的内容涉及政治、经济、文化、科技、体育、军事、情感等各方面,其中既有以传递消息为主的新闻类信息,以传播商品优点为主的广告类信息,以娱乐大众为目的的娱乐信息,也有以增长知识为目的的知识类信息。如果说新闻类信息主要依靠跨国媒体来完成,广告类信息主要由跨国公司和跨国广告营销集团来策划,那么数字出版内容等知识类信息、娱乐信息,则很大程度上由各数字出版内容企业和技术运营商等提供。需要特别指出的是,数字出版技术的发展丰富了国际传播的内容,提高了国际传播的速度。

传播媒介和渠道

福特纳指出,国际电报、国际电话、国际广播、卫星传输、数字化传输与光纤技术等,是国际传播自诞生以来采用的主要技术手段。在电子媒介诞生前,印刷媒介曾经是国际传播的主要手段。不过,印刷媒介时效性较差,而且不方便运输,不利于国际信息的交流。电子媒介出现后,国际传播才真正开启了大规模时代。从一战到二战,国际广播风光无限,二战后的很长一段时间,卫星电视又独领风骚。进入新世纪,互联网传播、移动通信等越来越成为国际传播的主要渠道,这些传播媒介和手段缩短了传播时间,拓宽了传播渠道,国际信息流动爆炸式增长。在印刷媒介时代,一本书印制好后,往往需要经历漫长的国际传播过程。除海关的检查外,还需经历诸多周转才能到达国际受众手中;而在数字出版时代,这一过程被极大地缩短,传播费用与限制也降到了最低点。

国际传播的特点

第一,国际传播的目的主要体现为政治性与文化性。作为国际传播的重要传播主体,不同国家的政府、媒体、出版机构、社会组织等对他国受众进行传播,宣传本国的政策、文化与知识。国际传播的政治性在两次世界大战和冷战期间表现得尤为突出,当时国际广播成为国际传播的主战场,如美国之音、BBC等都带有较强的政治意味,或多或少地传播了带有意识形态的信息,为本国政府和所谓的国家利益摇旗呐喊。

进入新世纪之后,国际传播的政治性目的日趋削弱,文化性目的则日益突显。人们越来越意识到,一个国家要想在国际事务中发挥作用,要想在国际政治中有发言权,除了必须具备军事、经济、科技这些"硬权力"外,还要具有以文化为主要体现的"软权力"。悠久的历史、先进的制度、正确的价值导向和昂扬的精神风貌仅仅构成了一个国家"软权力"的基础,但是这个基础并不能形成对其他国家的"软权力",必须将这些代表国家文化、制度、价值观的内容传播出去,为全球受众所了解、所欣赏、所向往,才能建构一个国家的话语权与软权力。因此,各国都将国际传播的重点向文化性方面倾斜。以美国为首的西方国家非常重视国际传播的文化功能,比如他们通过电影、电视剧、电视节目、各种出版物,向广大发展中国家乃至其发达国家盟友传播美国文化,而欧洲的一些国家也开始行动起来,如法国的"文化外交"、德国的"歌德学院"、英国的"创意学院"等,都在传播着母国的文化。从这个意义上讲,数字出版内容作为承载文化的重要载体,受到了各个国家的重视。同时,数字出版内容传播速度快,成本低廉,尤其适合在全球范围内、在国与国之间进行传播。

当然,强调数字出版内容国际传播的文化性,并不是说其政治性不再重要,在和平与发展成为时代主题的今天,西方发达国家依然戴着有色眼镜来审视他国,由这些政府支持的所谓"自由"媒体依然通过所谓"客观真实"的知识与信息来污名化与其制度不同、价值观不同的国家与政府。所以,发展中国家仍需高度重视自己国家的文化安全,包括数字出版内容的安全。

第二,国际传播的主体呈现多样性。当前,国际传播的主体不再局限于政府。在全球化大潮下,跨国公司尤其是跨国媒体集团成为国际传播的主体。随着传播技术的发展,传播成本下降,越来越多的企业、社会组织也开始涉足国际传播领域。在数字出版国际传播领域,国际出版集团及谷歌、亚马逊、苹果公司等,无疑也是重要的传播主体。

还有一个值得注意的现象就是,微博、微信等社交媒体开始成为一种重要的跨国传播渠道。从严格意义上看,社交媒体的传播主体是个人,尽管不能和跨国媒体相比,但是他们的影响也超越了国界,并且影响力越来越大,尤其是一些名人社交媒体的影响力。不过由于这种情况刚刚出现,其影响与发展还有待观察,所以没有成为本书的主要考察对象。

第三,国际传播的方式趋向技术化。国际传播要依靠各种传播技术,无论初期的电报、电话,还是后来的国际广播、卫星电视、互联网,都离不开技术的支持。传播技术是国际传播成功与否的重要前提,只有让受众更加快捷、更加方便、更加低廉地接收国际传播内容,才能使国际传播达到预期目的。数字出版内容国际传播同样需要技术的支持,要使我国的数字出版业走向国际,首先要提高与完善我国的数字出版技术。

第四,国际传播的受众具有不确定性。由于国情不同、文化背景不同,国际传播的受众更加难以捉摸。国际传播受众与国内受众相比,具有跨国家与跨文化等特点。因此国际传播要达到既定效果,就要更加充分地了解受众。数字出版内容国际传播同样如此,要想使自己的数字出版内容被对象国受众所接受、所喜爱,就要充分研究其受众特点,根据受众特点来完善数字出版内容。

第五,传播内容与方式越来越多元化。传统媒体时代的国际传播内容主要局限于与时政有关的新闻报道和其他少量知识性信息,形式也局限于纸质报刊、书籍或者电报等。新媒体时代的国际传播内容更加多元,从新闻报道到电影、电视以及各种数字出版内容等,都成为国际传播的重要内容,其形式也从最初的广播、电视发展到目前的互联网。数字出版内容国际传播的主要传播内容是知识与文化,其方式主要是借助互联网的数字化传播。

二 相关理论

文化与权力

数字出版内容国际传播是一种重要的文化传播方式。要想了解出版，首先要弄清文化的含义。"人类学之父"爱德华·泰勒给文化下过一个经典定义，他认为文化是一个复杂生活的整体，包括知识、信仰、艺术、道德、法律、风俗，以及人作为社会成员而获得的各种能力与习惯。也就是说，在泰勒的眼中，文化是一种生活方式，但文化到底是贵族高雅的生活方式抑或大众近乎卑微的生活方式，泰勒并没有给出答案。

雷蒙·威廉斯曾经指出文化的三个常见用法：一是独立抽象的名词，用来描述"知识、精神与美学发展的一般过程"；二是独立的名词，用于指涉"一个民族、一个时期、一个群体或整体人类的特殊的生活方式"；三是独立抽象的名词，用作象征知识的作品和活动，尤其是艺术活动的实践及其成品。① 其中，第二种用法无疑继承了泰勒的观点，那么，既然文化指涉"特定的"生活方式，这种文化就必须由在其之下的特定群体所拥有、生成，因此，在特定的文化中，不同人群拥有不同的权力。从这个意义上讲，雷蒙·威廉斯往前走了一步，将日常生活引入文化领域，他认为文化不再局限于贵族或者精英所青睐的高雅艺术，"文化观念的问题在于，我们不得不一再扩展它的概念，最后文化几乎等同于我们整个的共同生活"②。这意味着文化是工人等大众的普及品，而不仅仅是少数精英权贵的专有品。当引入作为马克思主义文化批评家的威廉斯的文化定义之后，就会

---

① 〔英〕雷蒙·威廉斯：《关键词：文化与社会的词汇》，刘建基译，三联书店 2005 年版，第 106 页。
② 〔英〕雷蒙·威廉斯：《文化与社会 1780—1950》，高晓玲译，吉林出版集团有限责任公司 2011 年版，第 271~272 页。

发现文化与权力这两个概念有着紧密联系。

数字出版内容作为一种快速传递的知识范畴，无论从哪个角度说都是文化的一部分，而数字出版内容国际传播则是新媒体语境下一种重要的文化传播方式，因此，数字出版内容国际传播行为中同样存在着"文化"与"权力"的博弈。

葛兰西的文化霸权思想

将文化与权力这两个概念建立普遍联系是二战之后的事情，文化领导权概念的首次提出发生于20世纪二三十年代。意大利共产党创始人安东尼奥·葛兰西1926年被捕后，于1929—1935年在狱中写下了3000多页的笔记，这些笔记和书信在20世纪40年代以《狱中札记》为名出版。书中，葛兰西首次提出了"文化霸权"(culture hegemony，又译"文化领导权")这一概念，其含义有二，其一是指社会权力关系的构成，其二是指一种新的哲学观念，前者是具体意义，后者则是抽象意义。[①] 葛兰西之所以提出这一概念，主要是想为意大利找到一条可行的革命道路。他认为无产阶级要取得领导权、成为统治阶级，不仅要有基于社会基础的权力，还必须有新的世界观，即新的抽象的"霸权（领导权）"。这种领导并非仅限于政治上或者经济上的领导，葛兰西更强调语言、艺术、知识等文化要素构成的领导权。而这种文化的权力关系，相对独立于经济上的权力，既可以存在于同一个阶级集团内部，也可以存在于不同社会集团甚至不同国家之间。当社会系统中人们的文化权力关系发生变化时，被统治阶层与统治阶层也可能会发生转变；国际上亦如此，当国与国之间的文化权力关系发生转变时，国际政治力量对比也会发生变化。

在那个战云密布的年代，权力还主要是以经济与军事实力作为支配关系的标杆，葛兰西把文化初定义为一种领导权的理论显得多少有些不

---

① 何萍：《论葛兰西的文化/权力分析模式——为纪念葛兰西逝世七十五周年而作》，《天津社会科学》2012年第9期。

合时宜的话。当战争的阴霾散去,葛兰西的《狱中札记》得以出版之后,"文化霸权"的理念逐渐被更多人欣赏,尤其是20世纪70年代以来,文化的领导能力越发被人们所重视。比如,威廉斯正是在葛兰西"文化霸权"理论的牵引下,对文化进行了深刻研究。之后,霍尔等"文化研究"的后来者也继承和发展了葛兰西分析文化的方法,将权力作为"文化研究"中的一个重要概念,形成了著名的英国"文化研究"学派。此外,萨义德等学者也都受到了葛兰西的影响。

  葛兰西"文化霸权"理论有三个层面。首先,这里的"霸权"更趋近于领导权,是指文化、思想、意识形态上的领导权,而不是武力、经济等其他方面的领导权,这种领导权的变革往往没有腥风血雨的暴力场面。其次,葛兰西还提出,发达资本主义国家由政治社会和公民社会两个方面组成。其中的政治社会主要指国家行政机关、军队、法庭、监狱等暴力机关。作为发达资本主义标志的公民社会则指教会、学校、各种协会组织、文化团体以及新闻媒体等。公民社会的手段是非暴力的,发达资本主义就是通过这种手段来获得意识形态的领导权,获得认同与支持的。也就是在这个意义上,葛兰西认为发达资本主义国家内的革命,首先应该在文化、思想这些意识形态领域展开。再次,葛兰西认为文化的领导权应该由知识分子起重要作用。他认为知识分子包括传统知识分子和有机知识分子,传统知识分子不受统治阶级的支配,负有文化传承的使命,而有机知识分子则将知识分子与文化权力有关的实际行动相联系,履行他们在各种领域中的职能。因此,知识分子实际上成为政治社会与公民社会的一个连接点。

  不过,葛兰西的理论主要集中在对西方文化的分析上,不免有落入西方中心论的嫌疑,这既表现在其论述往往偏重于统治阶级与被统治阶级之间的权力,而忽略了世界范围内的文化权力关系,也表现在其对东方文化的偏见与无知。① 这些问题在文化帝国主义的讨论中显得尤为重要。

改革开放以来,我国的经济、军事实力空前提高,但是文化领域却很难与美、欧、日乃至韩国等国家竞争。要想实现"中国梦",完成中华民族的伟大复兴,除了经济、军事、政治这些硬性条件外,还必须获得文化上的领导权。数字出版内容国际传播即是通过向世界各国传播我国的优秀文化与知识,来提高和加强我国的文化传播力和影响力,在文化领域获得世界各国人民的认可。

文化帝国主义

伴随着20世纪60年代左翼运动的再度兴起和反对"新帝国主义"的潮流,国际上出现了很多以"激进的精神"为代表的对西方战后社会进行批判和反思的术语,"文化帝国主义"便是其中之一。所谓"新帝国主义",即战后许多独立的殖民地国家尽管获得了名义上的民族独立、国家独立,但是并没有真正摆脱帝国主义的控制和掠夺,只不过其手段不再是赤裸裸的殖民统治,而是采用更加隐蔽的经济和文化控制手段。文化帝国主义理论综合了不同学者对文化控制这一现象的诸多理论分析。

文化帝国主义中的"文化"更倾向于威廉斯所总结的"文化"的第二和第三种用法,有时可以作为"特定生活方式"来理解,有时则指具体的艺术、宗教或是传媒活动。其实,文化帝国主义本身就是一个宽泛的、松散的理论框架,不同学者对其有着不同的观点,其中主要有席勒父子、萨义德以及汤林森的论述,其他学者如马特拉、加汉姆等人,也都对文化帝国主义进行了深入研究。

席勒父子的文化帝国主义理论

赫伯特·席勒是文化帝国主义理论研究中最重要的一位学者。席勒出身于纽约工人阶级家庭,他的父亲长期失业,家境相当贫困,这或许为

---

① 孙晶:《葛兰西的文化霸权理论及其质疑》,《马克思主义与现实》2001年第1期。

他的左翼思想提供了最初的土壤。席勒在1960年获得博士学位后,得到了伊利诺伊大学经济与商业研究所的一个不定期的教职,随后他与斯密塞相识,并在后者离开美国后接替其教授传播政治经济学的课程。因此,席勒对文化帝国主义的分析带有很强的政治经济学色彩。

席勒在《传播与文化统治》一书中阐述了他对文化帝国主义的观点,他认为:"文化帝国主义是许多过程的总和,经历了这些过程,某个社会被卷进了现代世界体系之中;同时在外部压力下,导致该社会的主要阶层被吸引、被胁迫、被强制,有时候甚至是被贿赂了。因此,他们接受了现代世界体系中的核心价值,进而使其社会机构制度相适应于,甚至是加强了世界体系中位居核心位置并且占据支配地位的国家的诸般价值观与结构。"[1]席勒在文中特别指出,美国依据"信息自由流通"的观点,将其所认为的"正确的政治观点与价值观"强加给其他国家。换言之,文化帝国主义就是西方发达资本主义国家(尤其是美国),以强大经济实力为后盾,通过市场、资本扩张等手段向第三世界国家乃至其他发达国家销售与输出信息和文化产品,进而达到获取利润,改变对方国家文化价值观念,实现全球性文化支配,进而为其资本主义体系服务的目的。其中,大众传播媒介无疑是传播信息与文化产品的一个重要手段,因此也有不少学者将文化帝国主义称为"媒介帝国主义"。

席勒本身就是媒介帝国主义论题下最为重要的一位研究者。席勒在其著作《大众传播与美利坚帝国》一书中,对美国大众传媒的体制、政策、结构及其对其他国家的影响进行了深刻的批判。当该书25年后再版时,席勒为其撰写了长达43页的序言,指出全球文化市场"日益被大型文化工业公司所操纵"[2],美国文化扩展到了世界上的绝大部分国家,无论是德国、日本、法国这样的发达国家,还是巴西这样的发展中国家,抑或解体

---

[1] 〔美〕Herbert I. Schiller: *Communication and Cultural Domination*. M. E. Sharpe,1976:9.
[2] 〔美〕赫伯特·席勒:《大众传播与美利坚帝国》,刘晓红译,上海世纪出版集团2006年版,第12页。

后的苏联以及东欧前社会主义阵营国家。

席勒认为,产生媒介帝国主义现象的一个重要原因在于,发达国家(尤其是美国)商营传媒体制下的媒介集团为了追逐利润,把受众等同于一般商品的消费者,不择手段地向他们兜售各种媒介商品。作为资本主义世界体系中的一部分,文化帝国主义向第三世界国家的权贵阶层与普通受众灌输高高在上的"美国方式"和消费至上的价值观,通过媒介广告激发他们的消费欲望。跨国公司作为全球资本主义体系的重要一环,掌握了各种资源,将第三世界国家边缘化。而身为跨国公司的国际传播媒体,同样为资本主义世界体系所不可或缺,它们依照资本主义世界体系的运作逻辑,在意识形态上支持现代世界体系的核心(即跨国公司)。

赫伯特·席勒之子丹·席勒也对文化帝国主义持批判态度,他在《数字资本主义》一书中分析了互联网在全球经济中的作用。在肯定互联网社会作用的同时,他也对其提出了一些质疑:第一,互联网使得美国等发达国家更加便利地向第三世界国家输出新自由主义思想和经济制度;第二,网络与电信设备的飞速发展使得贫富差距越来越大;第三,美国宣称的信息时代是美国掌握信息霸权的时代,大部分信息科技企业都是美国企业;第四,作为大众传播媒介的网络同样受到广告商的操纵;第五,互联网必然导致贫富阶层之间"数字鸿沟"的出现;第六,网络加重了教育的商业化趋势。不过,丹·席勒也意识到,在这个全球信息密集型的时代,发展中国家也有其自己的发展空间。他尤其提到要研究中国的情况及其对世界的影响。

从席勒父子的观点看,我国要想保持自己的文化独立性,首先要对抗以美国为首的文化帝国主义的入侵,发展和强大自己的文化产业,避免成为世界资本主义体系中的一环。这既需要不断完善我国的文化产品,争取国内受众的喜爱,还要走出国门与国外传媒巨头一争高下。由此可见,数字出版内容国际传播无疑将成为我国对抗文化帝国主义、建构中国文化话语权的有效方式。

萨义德的东方学

萨义德出生于耶路撒冷，作为巴勒斯坦裔的学者，尽管他从小就接受了西方教育，并且一直在美国生活、任教，教授英国文学与比较文学，但是他并未忘记自己巴勒斯坦人的身份。他另辟蹊径，从文艺批评入手，对小说、诗歌乃至哲学作品等进行了比较分析。他的分析融入了其作为美国少数族裔的特殊视角，阐释了其"东方主义"①的独特观点，探讨了所谓"东方"与"西方"间的政治、经济，尤其是文化和意识形态的各种冲突。

用萨义德自己的话说，其著作《东方学》本身就是探讨文化、观念、历史与权力的著作，②文化与权力是他想要在书中探讨的两个重要问题。"东方"一词本身就预示了"东方"与"西方"之间存在着某种权力或者支配关系，而这种关系往往是被想象的或者是被各种文化作品和媒介传播所建构起来的。西方的东方学学者总是对"东方"有一种落后、奇异、野蛮、充满暴力的刻板印象。这些东方学学者同样认为，"东方"应该接受西方的统治，接受西方的一切。文化和意识形态的霸权并不能靠武力获得，而应该通过葛兰西所说的公民社会中的"共识""认同"这种方法来取得。"东方学"正是西方主流社会为赢得这种文化霸权所烹制的一道"美味大餐"。特别是在后现代社会，电子媒介日益发达，电视、电影在表现东方形式上越来越标准化和类型化，这些都加剧了"学术研究和公众想象中'妖魔化东方'的倾向"。③

值得推崇的是，萨义德在批评美国这些所谓"西方"国家的同时，也表达了对另一方，即阿拉伯和穆斯林国家的担忧。从文化的角度来讲，我们不能够将人们完全驱赶到"西方"或者"东方"的旗下，实际上"东方几乎是被欧洲人凭空创造出来的地方"，④文明的冲突更多是人为制造出来的，

---

① 萨义德所指的东方，主要指中东的阿拉伯、伊斯兰地区，而不包括中国、日本等远东地区。
② 〔美〕爱德华·W.萨义德:《东方学》，王宇根译，三联书店 2007 年版，序 3。
③ 同上书，第 34 页。
④ 同上书，第 1 页。

文明本可以和平相处。

萨义德在其另外一本著作《文化与帝国主义》中也表达了类似思想，全球各种文化和文明应该是彼此联系，互相依赖的关系，不能将任何一种文化绝对化、简单化和类型化，然而帝国主义往往会打破这种关系，将这种文化之间的联系与依赖割裂、独立开来。萨义德认为，力量与合法性是老牌帝国主义霸权的两种并行力量，后者就存在于文化领域，帝国主义除了军事、经济、政治上的扩张，也试图在文化领域实现符合其利益的一体化。

萨义德尤其对美国政府和领导人不顾历史与文化差异，将其价值观和生活方式强加于其他民族（比如萨义德重点研究的中东地区的阿拉伯民族）非常愤慨。他认为，这些无知不仅仅通过西方的文学作品表露出来，更由于无知媒体的传播得以放大。与老牌帝国主义不同（或者说是比以前的帝国主义做得更好），美国更具有文化上的霸权，美国不仅通过发达的媒介不仅领导了国内文化，还通过国际传媒在不知不觉中将美利坚文化扩张到全世界的每个角落。这些媒介一方面被美国政府的御用专家、或者说公认的所谓的专家所左右，为美国的各项政策与价值观披上了一层美丽的外衣，使其各项主张能够获得国内以及国际社会的普遍支持；另一方面，这些媒介继续着西方主流社会以往的把戏，如前面所说的把其他国家和民族类型化、简单化，不顾事件的错综复杂以及其中所蕴含的各种历史问题和民族问题，"外国社会的报道被压缩成三十秒钟的新闻"，[①]使得受众对这一问题形成了非黑即白的二元印象。从这点看，萨义德与席勒和马特拉的观点不谋而合。

以萨义德的观点来分析当今中国，西方国家由于历史、意识形态等问题，一直存在着"妖魔化中国"的趋势，要消除这种隔阂，就必须进行我国与西方国家之间的文化交流，这既需要我们引进、学习西方文化，更需要

---

① 〔美〕爱德华·W.萨义德：《东方学》，王宇根译，三联书店2007年版，第459页。

将我国优秀的文化传播出去。无疑,数字出版内容的国际传播更易于实现中西文化间的融通与理解。

汤林森对文化帝国主义的分析

如果说席勒和萨义德这两位文化帝国主义理论的坚定支持者,分别是从政治经济学视角与依附理论来对文化帝国主义现象进行深刻批判的话,那么汤林森则是对文化帝国主义的诸般理论进行了分析,更确切地说是质疑。汤林森在《文化帝国主义》一书中,从媒介帝国主义、民族国家的话语、批判资本主义世界体系的话语以及对现代性的批判等四个方面,对有关文化帝国主义诸般论述进行了剖析。

第一,汤林森认为很多文化帝国主义的研究者,将媒介作为文化帝国主义现象的关键和核心。但是汤林森指出,"媒介并不等于文化的全部,要了解关于文化帝国主义的各种主张,我们应该探讨媒介与其他文化面向的关系"。[①] 媒介帝国主义的支持者更习惯于资料的堆砌,却很少进行理论分析。汤林森指出,很多研究者认为,席勒等人对媒介帝国主义的政治经济分析并没切中问题要害,他们仅仅罗列出媒介现状,构建出一个资本主义体系,但是他们并没有更深入地探讨这个体系是否会达到其所宣称的效果。而要回答这一问题,就必须从受众视角去解读文化帝国主义。现有的一些对国际传播受众的研究表明,前文关于文化帝国主义的论述显然低估了受众的积极能动性与批判能力。受众除了会受到媒介、文本的影响之外,更是一个社会人,会受到其本身从属的国家、民族、地域、家庭、社会阶层等各方面因素的影响。研究者必须把受众置于更广阔的文化背景中,才能真正理解国际传播,理解媒介与文化的作用,否则很容易陷入媒介中心论的窘境。

第二,汤林森提出,文化帝国主义论者往往将民族国家作为研究文化

---

① 〔英〕汤林森:《文化帝国主义》,冯建三译,上海人民出版社1999年版,第46页。

入侵时的一个重要概念,然而文化认同并不等同于民族国家认同,尽管民族国家更加具体,更加容易分辨,但是大多数国家实际上并没有一个统一的文化。有研究者认为,所谓美国文化的入侵,本身是一个伪命题,因为作为一个移民国家,美国根本没有一个统一的文化,又何谈入侵呢?正如安德森所说,欧洲的民族国家是"想象的共同体","民族被想象为一个共同体,因为尽管在每个民族内部可能存在普遍的不平等与剥削,民族总是被设想为一种深刻的、平等的同志爱"。[1] 另外,民族国家不仅仅是空间上的概念,更是通过时间建构起来的。欧洲民族国家的认同过程是资本主义扩张的过程,从这个角度讲,这一过程是与文化帝国主义同步出现的。汤林森还指出,文化的流动是复杂的,并非仅有从发达国家流向第三世界国家这一条路径。因此,很难以民族国家为界限来研究文化入侵、文化支配的问题,而应该以历史的、全球的视角来对这一现象进行分析,其实还是要回到"谁在说话"的问题上。

第三,汤林森认为席勒、马特拉夫妇等人对文化帝国主义的论述,很容易陷入"功能主义"的窠臼。他指出,将文化帝国主义当作资本主义文化的全球性支配,有两种论述取向,其一是认为资本主义文化会造成"同质"文化,其二是认为资本主义文化的传播会造成消费主义的扩散。对于前者,汤林森认为文化"同质化"是社会发展的一般驱动力导致的,其影响也并非完全是负面的。对于后者,汤林森则质疑"消费主义"是否会对人产生像文化帝国主义论者所描述的诸多负面影响,正如滕纳所说,消费主义的作用显然被人为放大。[2] 消费文化也并非绝对有害,马尔库塞等左翼学者所认为的"真的需要"或许并不存在。"资本主义文化的重点是,消费的行为过程与经验的'商品化'。"[3]这种观点对第三世界国家的人民具

---

[1] 〔美〕本尼迪克特·安德森:《想象的共同体:民族主义的起源与散布(增订版)》,吴叡人译,上海世纪出版集团2011年版,第7页。
[2] 〔英〕汤林森:《文化帝国主义》,冯建三译,上海人民出版社1999年版,第244页。
[3] 同上书,第257页。

有吸引力,因为他们更看重物质层面的基本需要。

　　第四,"现代性"是近代以来理论家们经常使用的一个词汇,从涂尔干的"机械团结"与"有机团结",到滕尼斯的"共同体"与"社会",无不涉及现代性的问题。在对现代化的研究中,有一种"现代化理论"指出,第三世界国家的发展只能效仿西方发达国家,经历"传统"到"现代"的转变。而批判者则认为所谓"传统"与"现代"只不过是西方世界赋予的一种刻板印象,应该用历史的分析方法来审视第三世界国家的发展过程。但汤林森认为,文化帝国主义论者在对"现代化"理论进行批判时常常将其全盘否定,将婴儿与洗澡水一同泼了出去(比如霍克海默和阿多诺,尤其是后者对文化工业的批判)。因此,批判者必须善于处理现代性所带来的物质改善和与其伴随着的批判内容之间的关系。相比之下,汤林森更加同意柏曼的观点,"现代性不是文化上的强制接受而是人类精神的解放"。① 第三世界国家的受众可能会热情地选择拥抱"现代性",而种种想保持"传统"的努力都将前功尽弃。这种保守观点的失误之处就在于没有区分"发展"的形式,汤林森引用卡斯陀瑞狄思的观点,指出"发展"不应该是无限发展,而应该是"社会想象的发展",而第三世界尚未得到这种"社会想象"的自主。

　　汤林森从上述四个维度对文化帝国主义理论加以分析,层层剖开了文化帝国主义理论的面纱,对找出文化帝国主义及其批判者的症结所在贡献颇大。但从中也可以发现汤林森论述中的一些缺陷,比如作为西方学者,他很难克服自己的西方中心主义,处处以欧美的历史发展为前提假设,尽管其希望文化帝国主义批判者采用历史的、全球的观点,然而其自身却往往陷入一叶障目的窠臼。现代性、欧洲民族国家的发展并不完全适合解释第三世界国家的情况,更不适合解释有着五千年文明的中国。我们发展数字出版,进行数字出版内容国际传播,正是站在与之相对的立

---

① 〔英〕汤林森:《文化帝国主义》,冯建三译,上海人民出版社1999年版,第282页。

场上的一种抗议。在文化帝国主义语境下,中国的"民族文化"饱受威胁,全球范围内的民族文化多样性的问题引人关注。依据这种文化观,如何通过文化传播的革新来推进现代文明,建构中国文化的知识权力及话语权,让权力及其话语归属到人类文化"和而不同"的大道之中,成为值得研究的命题,成为新媒体时代数字出版内容国际传播需要回答并且可以回答的命题。

当然,汤林森对"谁在说话"这一问题的一些见解,在我国数字出版内容国际传播的发展问题上颇具借鉴意义。比如,中国数字出版内容国际传播应该找准传播对象,在了解国际传播受众的基础上,才能实现有效传播。再如,汤林森提到,出版业的发展在欧洲民族国家的形成过程中具有重要作用,他援引安德森的观点,认为印刷技术的进步和各类书籍、报纸等印刷品的快速传播,是欧洲"民族感"形成的一个决定性因素。在新媒体语境下,数字出版技术的提高以及数字出版内容的国际传播,有助于我国人民提高民族自豪感和自信心,也有助于在世界范围内提升中国的国际形象和文化软实力。

福柯与布尔迪厄关于文化与权力的理论

在现代思想理论界,文化与权力的关系问题早已成为学术研究的热点,并且在西方形成了文化与权力相互建构的主流性看法,尤其是在葛兰西提出"文化霸权"概念之后,文化与权力的内在关联性更加受到西方学界的普遍承认。在这方面,福柯、布尔迪厄等人的探讨和论述产生了较大影响。

根据法国哲学家福柯对知识与权力关系的认知,权力不只是物质、军事上的一种威力,更是指技术、经济、知识与理性的塑造物。权力不是一种固定不变的、可以掌握的位置,而是一种贯穿整个社会的"能量流"。知识是权力的一种来源,依靠知识,你可以有权威地表达别人是什么样的和他们为什么是这样的。权力不只是一种形式,更是社会机构用来表现一种真理并将自己的目的施加于社会的方式。知识是引发权力的前提,确立知识的合理性是运用权力的前提和策略。这是更值得重视的权力,也是更应该反抗的权力——因为它真正束缚着人类追求真知的意志。

布尔迪厄认为现代社会文化是独立于经济和政治以外的,文化即是一种权力,一种能够把现存社会安排合法化的符号权力,这种权力常常与经济资本或政治权力相交换。在现代社会,文化的权力属性和功能确实越来越显著,"真理""理性""知识"这些在西方一向被视为有着内在目的和自足价值的概念,也被重新界定为支配着人们思想和行为的权力话语。

福柯与布尔迪厄的理论虽然不是对文化帝国主义的直接论述,但是他们的理论被文化帝国主义论者广为引用,从他们对"文化与权力"的分析中,我们得以看清文化背后的权力关系,进而时刻警惕并对抗西方的文化霸权主义。当然,反对文化霸权并非要把文化局限于一国一地,文化全球化是当今世界发展的必然趋势,我们的追求与理想是全球文化和谐共存,而不是一方独霸。在文化全球化的大环境下,拥有五千年悠久历史的中国文化需以日益自觉且自信的姿态,融入全球多元文化共同发展的时代潮流之中。

文化全球化对中国数字出版业的影响日益加剧,可以说,中国数字出版业的发展是文化全球化的必然结果,数字出版内容在国际范围内的传播则是文化全球化的重要象征。作为中国文化与知识代言者的数字出版内容,对建构中国文化的知识权力及话语权负有不可推卸的责任和使命。传统出版时代,国内出版业为中国话语权建构做出了很多努力,然而效果不佳。随着新媒体时代的来临,中国出版业国际化发展视角正从传统出版传播向数字出版内容国际传播转移。毋庸置疑,这对建构中国文化的全球话语权具有重大的战略意义。

文化软实力

国家软实力是国家综合实力的重要组成部分,其核心是文化影响力。

在数字化、网络化、全球化时代,文化影响力的扩大离不开数字出版内容的国际传播,这就使数字出版内容国际传播与国家文化软实力之间具有了某种因果关系。虽然文化软实力受到多个要素的制约与影响,但数字出版内容国际传播的效果对国家软实力的提升作用将越来越显见。

软实力的内涵

所谓"软实力",是指一国通过吸引和说服别国,使其服从本国目标而获得利益的能力。这个概念是由美国哈佛大学教授约瑟夫·奈提出来的。他进一步指出,一个国家的综合国力既包括由经济、科技、军事实力等表现出来的"硬实力",也包括由文化和意识形态吸引力所体现出来的"软实力"。硬实力与软实力是相辅相成、对立统一的,硬实力为软实力的提升提供强有力的物质基础,软实力潜移默化地影响硬实力的增强。在信息时代,虽然硬实力依然重要,但软实力的作用正变得比以往更加突显。

综观各家之言,国家软实力的大致构成如下:一是文化影响力。文化影响力对国家软实力的作用是潜移默化的,不容忽视。对个人来说,文化影响力通过文化教育和熏陶,将社会公德与个人品德内化为人生信条和行为准则,帮助人们形成符合社会发展的世界观、价值观和人生观;对国家来说,它是国际竞争力和综合国力的重要组件,能帮助塑造和建构一个国家的国际话语权。二是意识形态影响力。一个国家往往通过政治理念、发展模式与体制特征等对他国或国际社会产生影响,其影响主要通过一些具有国际认同度的"共识"或"模式"呈现出来。三是制度影响力。制度影响力通过制定国际规则与秩序推动国家软实力提升。欧美等发达国家在这方面长期居于强势地位,他们既可以主导确立一种国际规则或建立一个国际组织,亦可在国际会议中利用自己的实力取得议程设置的权力,然后从中获益。四是外交影响力。外交影响力主要表现为外交上的斡旋能力、维护国家利益的能力、对国际社会的号召力等。通过外交影力,一个国家可以将外交理念和政策传播出去,让世人了解并获得认同,进而享有国际话语权。

其中,文化影响力是国家软实力的核心构成部分,亦可称为文化实力或文化软实力。文化软实力作用的发挥需要借助媒介传播的力量,如何通过媒介传播提升国家软实力,是我国各界都在关注的战略问题。

人类社会产生以来,文化在社会发展与进步的过程中一直扮演着十分重要的角色,一个国家、一个民族的繁荣与发展,离不开文化的兴盛与支撑。一方面,文化彰显着国家强大的生命力与凝聚力,体现了一个国家独特的品格和魅力;另一方面,文化塑造着民族的性格,推动着民族不断创新与发展。因此,在国家与国家之间的综合国力竞争中,文化的支撑与引领、创新与发展,极为重要。尤其是在当今全球化的背景下,文化在世界范围内的影响力越来越大,每一个国家都希望自己国家的独特文化被世界所认可和接纳。提高国家文化软实力,增强国家文化凝聚力,不仅是我国文化建设的一个战略重点,更是实现中华民族伟大复兴的重要前提。

创新传播方式,提升文化软实力

近年来,随着国民经济的迅猛发展,我国的硬实力与发达国家的差距正在逐渐缩小,但显然,硬实力的提升并不能确保软实力的提高。我国的文化软实力并未与硬实力同步发展,仍远远落后于西方发达国家。西方发达国家在文化软实力的发展方面所采取的行动明显且强势,他们在各个领域开展国际传播活动,通过传播自身价值观和遏制发展中国家文化传播,在全球宣示了西方的文化软实力与话语权。由此观之,我国文化软实力的发展存在着诸多问题与矛盾,其提升仍有长路要走,这些都要求我们要以高远的视野、深邃的目光看待我国文化软实力的提升问题。

文化软实力具有相对稳定性,人们通常对自己国家的文化有着天然认同感,而接受别国文化则并不容易。因此,让外国人认可和接受中国文化绝非一朝一夕之功。软实力的力量来自扩散性,只有当一种文化广泛传时,软实力才会产生强大的力量。[①] 只有当本国的文化与价值观念在国际社会得到普遍认同的时候,软实力才算是真正得到提升。

要想提升中国文化软实力,实现中国文化在国际范围内的传播,应深入开展文化"走出去"战略,从而使中国文化在世界文化强林中赢得话语权。国际话语权是国家文化软实力的直接体现,一个国家是否拥有文化话语权,取决于这个国家文化软实力的强弱。从国际关系角度来看,国际话语权已成为文化软实力发展中的战略制高点。从发展文化软实力到建构国际话语权,都需要我们采取有针对性的措施。一是要强化与壮大中国主流文化内容,二是要处理好中国文化和西方文化的关系,三是要创新文化传播内容与方式。总之,提升中国文化软实力,使中国在国际舞台上赢得话语权,其核心是做好具有中国特色内容的国际传播,讲好中国故事,传播好中国声音。

发展数字出版内容国际传播,建构中国文化软实力

数字时代的到来为中国文化软实力的建构提供了丰富的数字化内容与数字化传播渠道。在创新传播内容和传播方式的进程中,数字出版内容国际传播应当担负起提升中国文化软实力的历史职责。作为软实力的重要表现形式,出版业一直是国际文化传播的一个重要窗口,它通过负载内容与文化来影响世人、改变世人,进而改变世界对中国的认知。从出版与文化的历史来看,二者总是如影随形并贯穿于出版内容生产与传播的始终。出版内容国际传播的影响力不仅直接契合文化软实力,并且成为软实力的核心组成部分。由此观之,出版内容国际传播与中国文化软实力建构是相互依存、相互影响的。在当今数字化时代,数字出版内容将与传统出版内容一起,为中国文化的国际传播与软实力构建添砖加瓦。

随着全球化经济的发展,数字出版内容国际传播通常具有两个目标

---

① 王沪宁:《作为国家实力的文化:软权力》,《复旦学报(社会科学版)》1993年第3期。

指向,一个是经济贡献力,一个是文化贡献力。经济贡献和文化贡献看似无关,实则紧密相关,对立统一。没有文化贡献约束的经济贡献会引起中国社会的忧虑和不安,而缺少经济贡献的文化贡献也是无稽之谈,数字出版内容国际传播就是在这种关系调整中发展的,其文化责任就是在这种矛盾发展过程中得以实现的。数字出版内容国际传播的真正核心是对中国的文化贡献力,只有把握住这一根本,才能在数字内容生产上实现文化价值,其产业发展也才能符合国际社会的道德要求,从而获得中国数字出版内容长远的国际竞争力。

在对中国经济发展做出重要贡献的同时,数字出版内容国际传播对中国文化在国际范围内的传播,对发展与建构中国文化制度、文化结构、文化观念的全球影响力发挥着不可小觑的作用。数字出版内容国际传播的文化贡献力是其他内容所不能提供的,在数字化时代具有不可替代性。在这种情况下,数字出版内容国际传播正以其特有的双重属性和独特的生产方式,成为增强文化凝聚力、提升文化软实力的有力手段。

数字出版内容国际传播对提升中国文化软实力具有至关重要的意义。首先是向世界传播中国文化。中国拥有五千年的悠久历史和深厚的文化积累,拥有众多现代的科技与文化新发现,遗憾的是这些资源并未得到有效开发、利用和传播。随着数字化时代的到来,数字出版内容的生产与传播为之提供了良好契机。在这种时代背景下,大力发展数字出版内容的国际传播势在必行。其次是抵抗文化霸权主义,保障中国文化安全,提高中国的文化软实力。在全球化竞争的时代背景下,一些西方发达国家改变了对他国的控制方式,借助自身的政治、经济和数字技术优势,巧妙地传播自己的文化观念与文化价值,以达到削减和代替别国文化的目的,最终建立文化帝国主义。

由此来看,不断发展和传播具有中国特色的数字出版内容,形成中国数字出版内容的强大竞争力,是抵抗西方国家的文化霸权主义,确保中国文化安全的重要途径。与此同时,扩大中国特色数字出版内容产业的发展规模和辐射范围,也是提升中国文化影响力进而提高中国国际地位的有效途径。

三 研究方法

研究方法是指在研究中发现新现象、新事物,或提出新理论、新观点,揭示事物内在规律的工具和手段。研究方法是人们在从事科学研究过程中不断总结、提炼出来的,是运用智慧进行科学思维的技巧。本书将使用系统分析、动态研究、比较研究、定性研究、定量研究和深度访谈等方法。

系统分析法

系统分析法来源于系统科学,它从系统的角度考察和研究整个客观世界,为人类认识和改造世界提供了科学的理论和方法。世界是相互联系的统一整体,大至整个社会、小至各种社会组织,都是由相互联系、相互作用的多种要素组合而成的。不同系统之间存在着千丝万缕的联系,同时,每个系统又存在于一定的环境(包括社会环境和自然环境)之中,其生存和发展不可避免地受到所处环境的制约与影响。

系统分析法要求我们不能孤立、片面地看问题,而要把研究对象放到更大的环境系统中,分析它的来龙去脉,考察它与其他事物之间的联系,用整体和联系的观点把握事实。

根据系统分析法,我们首先要把数字出版内容国际传播看作一个复杂的系统,它由多个子系统——各个国家的对外传播系统——构成,各个国家的对外传播系统相互依存并存在着信息交换;同时,这个复杂的系统又受到更大的系统——全球传播环境乃至全球政治、经济环境——的制约与影响,并与之产生交互作用。引入系统的观念,有助于我们对数字出版内容国际传播现象进行更宏观的考察分析,从系统与系统、系统与环境的交互作用中把握它的特征与规律,从而避免认识上的主观性和片面性。

比较研究法

所谓比较研究法,就是确定事物异同关系的思维过程和方法。具体来说,就是根据一定的标准,对照彼此有某种联系的事物,确定其相同或相异之处,在此基础上把握事物之间的内在联系,认识事物的本质。

数字出版内容国际传播的特点之一是既受国界限制,又不受国界限制。受国界限制,是因为每个国家的对外信息传播都要适合本国的国情;不受国界限制,是因为在数字出版内容国际传播的过程中,有许多共同的原则对世界各国普遍适用,而且数字化技术的国际传播过程也很少受到国界的制约。进行比较研究的实质,就是运用共性与个性辩证统一的原理,考察分析各国数字出版内容国际传播的理论成果与实践经验,以区别哪些东西是受国界限制的(个性),哪些东西是不受国界限制的(共性),从中得出带有规律性的认识与结论。为此,本书将对国际传播中不同的传播主体,对影响传播主体行为的各种因素(包括社会制度、文化传统、风俗习惯等),对不同传播生态下的受众及其接受心理,对不同的传播手段,对传播效果测量的途径与方法等进行比较。通过比较和掌握共性原则,取人之长,补己之短,为提高我国的数字出版内容国际传播水平提供有价值的参考。

定性与定量研究法

任何事物都有质的规定性和量的规定性,量超过一定的度,事物的性质就会起变化。因此,在考察任何一个现象时,都必须进行细致的定性、定量研究,搞清楚质和量的规定性,以把握住它的度,形成正确的认识,提出解决问题的可行方案。

定性研究法是对研究对象进行"质"的分析,通常运用归纳和演绎、分析和综合、抽象和概括等方法,对所获得的各种素材进行逻辑加工,通过由此及彼、由表及里、去伪存真、去粗取精的思维过程,达到认识本质、揭示规律的目标。而定量研究法是对研究对象进行量化的分析研究,进一步精确化人们对研究对象的认识,更科学地揭示其规律、把握其本质,进而预测事物的发展趋势。

定性研究与定量研究是对立统一的。定量研究是在定性研究的指导下进行的。如果定性错了,定量再准确也没有用。例如,要想了解数字出版内容国际传播的对象对所传信息的接受程度,首先要对国际传播中的受众进行准确的界定,说明这一特殊群体"质"的规定性,然后再建立一套能够全面地、准确地评价其接受效果的指标体系,进行科学的评估。如果仅仅用对待一般受众(国内受众)的调查统计方法对待他们,就不能得出可靠的结论。

数字出版内容国际传播研究是对传播内容、方式与效果等进行定性、定量的研究,目的是对它们作出正确的解释,搞清楚它们质和量的规定性。如果研究方法不科学,那么国际传播的研究和应用就会陷入混乱,其发展也就无从谈起。

深层访谈法

深层访谈法是指运用一定的调查追问技巧,对调查对象进行的无结构的、直接的、个人的深度访问,以揭示其对某一问题的潜在动机、信念、态度和感情,用于获取对问题的理解和深层了解的探索性研究。这一方法适用于了解复杂、抽象的问题,通过自由交谈拓宽问题的深度和广度,深入探讨所关心的主题,解读受访者的行为含义,从中概括出所要了解的有价值的信息。

深层访谈法有助于研究者收集到访谈对象的非文字性资料,深入了解当事人的经验、体会以及对某一事物的细致看法。对于数字出版内容的国际传播,笔者对中国以及国外从事相关研究的学者、官员以及数字出版公司专业高端人士进行了深度访问。

四　文献综述

近年来,随着中国数字出版业"走出去"的逐步深入,中国数字出版内容国际传播的各种情状及其理论研究受到了越来越多学者的关注。对中国数字出版内容国际传播的策略、途径、问题、目标、具体案例的关注构成了此类研究的主要内容,研究者可从中获得诸多启示。

一个目标:推动出版强国建设

中国数字出版内容国际传播研究的目标,是让中国文化与科技以数字出版的形态和方式走出去。我国数字出版产业缺乏国际传播能力,难以满足和激发国际市场需求,处于世界数字出版产业格局的边缘位置,居于全球数字出版产业价值链的低端环节。中国数字出版业应在现有国际传播成果的基础上,吸收国际社会的先进出版技术与传播经验,构建立体化的数字出版内容国际传播渠道,提升中国数字出版内容的国际传播水平与国际竞争力。

两个视角:文化权力与国际传播

在现代思想理论界,文化与权力的关系问题早已成为学术研究的热点,并且在西方形成了文化与权力相互建构的主流性看法。尤其是在葛兰西提出"文化霸权"概念之后,文化与权力的内在关联性更是得到西方学界的普遍认可。在这方面,福柯、布尔迪厄、鲍曼和萨义德等人的探讨和论述产生了较大影响。

福柯在《知识考古学》中以考古学的方法梳理人类知识的历史,并引入"权力"概念和"社会机制"概念。汤林森在《文化帝国主义》中将文化帝国主义分为四个层次加以解剖和分析：媒介帝国主义、民族国家的话语、批判全球资本主义的话语以及对现代性的批判。作者认为，文化帝国主义致力于从一个权势中将某种特定的社会体系扩散到全球各地，而"全球化"则指涉全球各地域的相互关联与相互依赖，其发生过程相对来说没有那样明确的目的，但削弱了各自文化上的同一性。由此观之，现代性已经转向了后现代性，帝国主义也已经转向全球化，文化帝国主义变成了文化的全球化。

国内学者对文化与权力的关系也多有论述，张曙光在《权力话语与文化自觉——关于文化与权力关系问题的哲学思考》一文中指出，当代学术界突显出的从权力的角度解读、叙述现代文明乃至整个文化的叙事方式和权力话语，既是对传统文化观的突破，又包含着新的矛盾和问题。要想让现代话语突显出现代道理，意即现代良性的社会生活秩序，使权力在其中合理地运作，就应当秉守"和而不同"的文化观。这种观点支持的是全球范围内知识和文化的平等交流与交叉传播。

另一种研究视角是国际传播。侯东阳的《国际传播学》一书把文化权力和国际传播完美地嫁接在了一起，作者不仅对国际传播的概念、形式、特点、功能、起源与流变进行了分析，进一步把国际传播与文化权力理论结合了起来，论述了文化帝国主义的由来及其消解，同时论及了世界文化同质化、多样性与本土化的问题，提倡建立中国文化的全球话语权。其他国际传播学领域的学者主要探讨了国际传播的理论和模式问题。关世杰在《国际传播学》一书中通过历史方法与理论方法，对国际传播中的要素，诸如信息的传播者和接收者、传播的文化、传递的信息、传播渠道、国际组织、国际法、信息出境策略、信息入境控制等进行了系统的论述，并试图提出新的国际传播模式。程曼丽的《国际传播学教程》一书从国际传播学的基本概念、基础理论及其学科属性出发，对国际传播的传播主体、传播内容、传播手段、受众及传播效果作了系统的阐述，并通过大量的例证分析，总结、归纳出国际传播的一般规律与特征。总体来看,国际传播学的相关理论对于数字出版内容国际传播来说,既具有理论指导意义,又具有方法论意义。

中国数字出版内容国际传播研究正是从文化权力和国际视野这两个角度出发,通过借鉴文化权力理论和国际传播学领域的理论成果,全面考察国际数字出版业的国际传播现状与趋势,进而探讨我国数字出版发展的现状与问题,探索我国数字出版内容的国际传播战略。跨学科的学术成果对丰富我国数字出版内容国际传播研究具有重要理论意义,对这些成果的利用有助于数字出版研究领域的拓展。

三个范畴:可能性、现状、策略

进入 21 世纪后,我国出版业进入数字化和全球化发展的转型期,数字出版内容国际传播领域的研究由此兴起。这些研究大致从三个方面展开。

一是对我国数字出版内容国际传播的必要性与可能性的探讨。柳斌杰、李云华和马莉、左文等人认为,顺应全球化潮流、发展数字出版是我国建设新闻出版强国、提高综合实力、推动中华文化走向世界的需要;秦燕华认为,我国须全面适应当今经济全球化发展的要求,创新出版发展的战略思维;陈昕认为,与发达国家相比,我国数字出版产业发展具有市场和技术后发优势,其突破需要通过全球化途径实现。柳斌杰在《数字时代的全球出版走势》一文中指出,全面跟进数字化新趋势,大力发展数字出版产业,已成为我国实现向新闻出版强国迈进的重要战略任务,也是世界出版业自我发展的必然选择。陈洁、谢铝菁在《数字出版"走出去",世界进展照进来》一文中指出,中国出版"走出去"建构起的出版文化形象是中国形象中的关键构成,图书是中国形象传播的重要媒介。尼葛洛庞帝的数字化生存早已不是一种预言,而是很多人的真实体验。多种载体呈现形式的图书作为数字出版的主要终端产品,在文化传播中具有传输便捷、形象新颖等特点。数字出版"走出去"关键是要产品"走出去",数字内容相关的数据库、数字资源建设是重要的,然而在"走出去"时,产品内容的承载少不了网络营销和最终的表现形式。

二是对我国数字出版内容国际传播的现状与问题的研究。其中最具代表性的是中国新闻出版研究院自2006年以来对我国数字出版业发展进行的跟踪研究,在其每年发布的《国际出版业发展报告》《中国出版业发展报告》《中国数字出版业年度报告》等系列调研成果中,可以概览全球化趋势下我国数字出版业及数字出版内容在世界出版格局中的地位、现状和问题。肖洋、谢红焰在《入世十年我国数字出版"走出去"现状及问题研究》一文中,集中论述了我国数字出版内容国际传播的现存问题,该文指出,我国数字出版"走出去"演绎出从科技到人文、从产品到资本、从欧美到全球的发展轨迹,也暴露出版权纠纷频发、内容与文化水土不服、盈利模式不明晰、体制与观念滞后等突出问题,未来阶段实施数字出版"走出去"的优先策略是政府要加大力度扶持赞助出版产业输出,出版企业要创新数字出版产品形式,集中资本、品牌、人才等资源合力出击。

三是对我国数字出版内容国际传播策略的研究。作为我国政府确立的数字出版发展战略之一,"走出去"被研究者看作我国数字出版业国际化战略的形象化表述。范军、潘文年、张洪波、肖洋、邓秀珍等人从政府、企业、市场等角度,为我国数字出版内容国际传播提出了很多具体策略。唐圣平、刘伯根等人则从出版企业的角度,分析了数字出版内容国际传播的具体方式方法和国际竞争力问题。刘伯根在《国际数字内容传播渠道的合作与共生》一文中指出,传统出版的国际合作已经证明,中国广阔的市场、深厚的文化积淀和经济社会的快速发展,为国际出版业与中国出版业的"引进来"与"走出去"提供了坚实基础。在数字时代,更丰富的资源、更多样的载体、更便捷广阔的渠道,为中国出版业与国际出版业的合作开辟了更为广阔的空间。实际上,数字产品的合作在专业出版领域早已展开且发展迅速。黄孝章在《数字出版产业发展模式研究》一文中,对国内外数字出版产业的发展现状及存在的问题进行了深入分析,并以国内外知名企业为例,介绍了数字出版产业链、数字出版平台、产品发展及经营模式。

四个问题:理论、方法、成果与深度均有不足

目前国内关于中国数字出版内容国际传播研究虽取得了一定的成果,但也存在着一些明显的问题。

第一个问题是研究理论欠缺。在中国知网的中国学术期刊网络出版总库中同时搜索"数字出版"与"国际传播"两个关键词,只能命中两篇文章。一篇是三四百字的会议报道《北印参与数字出版内容国际传播平台项目》,另一篇为赵树旺的《从英国视角看中国数字出版内容的国际传播》,主要探讨了中国数字出版内容的国际需求问题。虽然只有两篇有关此类研究的文章,但并不能就此得出此类研究成果罕见的结论。出现这种现象的原因其实是用词差异。本文进行相关研究时使用了"国际传播"一词,但因为出版研究主要还是应用型研究,所以国内大多数研究者主要使用了"走出去"这个词汇。"走出去"一词虽然比较形象,但显然也比较直白,欠缺理论深度。

第二个问题是研究成果不够丰富。在第一个问题的基础上,笔者继续在中国知网的中国学术期刊网络出版总库中同时搜索"数字出版"与"走出去"两个关键词,相关研究成果仅有45篇,其中论文标题中含有"走出去"这个关键词的文章不过28篇。当然,这仍旧不能得出数字出版"走出去"的关注者和研究者较少的结论。首先,研究者们可能使用了"学术出版""数据库""数字平台"等其他词汇对"数字出版"的"走出去"进行相关研究。其次,笔者分别在《中国新闻出版广电报》《中华读书报》《中国出版传媒商报》的网络平台上对上述两个词语进行搜索,发现大量文章。这当然大大有助于本书研究的进行,但问题是,这些报纸文章主要集中于现象和案例的报道与描述,疏于理论研究。

第三个问题是研究深度不够。正如第二个问题所述,数字出版内容国际传播方面的新闻报道与案例分析不能证明研究的深度,同时,目前该领域的研究尚无专著出现,绝大多数研究为篇幅非常有限的单篇论文,间或有硕士论文,但显然深度不够。目前国内这方面的研究主要集中在中国数字出版"走出去"的策略和战略上,对国际传播过程中的问题与困境等研究并不多见,即使偶有涉及,在论述上也只是蜻蜓点水、泛泛而谈,缺乏理论上的探索和挖掘。

第四个问题是研究方法单一。此类文章多数只是就事论事,就现象谈现象,就问题论问题,几乎没有运用其他领域的相关理论进行跨学科研究。数字出版内容国际传播既是文化传播活动,也是一种国际经济活动,涉及文化学、传播学、国际贸易、国际投资等诸多领域与学科,如何运用这些领域的理论来研究中国数字出版内容国际传播是一个值得思考的命题。

五个方向:视野、视角、理论、学科与方法

基于上述分析,本书试图从五个方向进行延展与研究。

一是研究视野的拓宽。受我国数字出版业发展水平较低和政府主导的影响,现有研究多集中于国内数字出版业的相关分析,缺乏全球性、前瞻性的战略研究。实际上,谷歌、亚马逊、苹果、培生、爱思唯尔、施普林格等全球数字出版巨头的国际传播经验应会对我们有颇多启示。我们不仅不该忽略,而且应该重视对国际经验的学习、借鉴和研究。

二是研究视角的多元。原有研究视角比较单一,研究大多从提升国家综合实力或中国文化传播的宏大角度切入,缺乏数字出版企业角度和消费者需求角度的研究,缺乏对数字出版内容全球传播的动力、机制和方

法的研究,从而使一些研究成果有空疏之憾。本书将专门探讨国内、国际数字出版业如何看待和解决用户需求的问题。

三是研究理论的深入。现有研究往往止步于事实的描述和价值判断,研究成果缺乏理论深度与针对性。本书将文化与权力、软实力等理论引入到研究之中,或许能发现一些不同之处,并期望能借此丰富我国数字出版内容国际传播的相关研究。

四是研究学科的融合。作为应用学科的研究,当前大多数研究成果只是就出版谈出版,就数字出版谈数字出版。实际上,数字出版内容国际传播是一个涉及多学科的现象与问题,本书将结合传播学与文化学等多学科知识,尝试为数字出版业研究呈现一个不同的视界。

五是研究方法的完善。当前大多数谈及数字出版"走出去"的文章只是采用了新闻报道的写作方法,论述难以深入。本书将采用系统分析法、比较研究法、定性定量研究法、动态研究法、深层访谈法获取相关文献,从典型实例的调查研究入手,学习国际数字出版商的先进经验,最终提出建构中国数字出版内容国际传播策略的框架与路径。

第1章 中国数字出版内容国际传播的动力与机遇

中国数字出版内容国际传播是全球化背景下中国数字出版业无法回避的现实课题，是中国数字出版业国际化进程的一部分，是在经济全球化、出版国际化以及国内出版体制改革、数字出版市场日益开放和市场竞争日趋激烈的新形势下进行的，面临着全新的内外环境。

当前最主要的国际环境，就是经济全球化与文化全球化的快速发展。随着中国的日益开放，英美等西方发达国家纷纷进入中国文化市场，尤其是具备数字化时代特征的海量数字出版内容大规模进入中国，给中国人固有的思维方式和阅读方式带来很大冲击，中国已完全处在国际文化的包围之中。面对方兴未艾的网络化与数字化趋势，我们要不断提高中国文化的数字化国际传播能力，将中国文化以数字化形式传播出去，增强中国文化的国际影响力与竞争力，营造有利于中国经济发展的外部环境，进而完成从文化大国向文化强国的转变。在人类文明发展史上，科技的创新促进着出版内容与传播方式的革新,随着云计算技术与移动互联网技术的推广,出版业数字化时代的到来,中国已不能满足于传统出版内容的国际传播,而要进行数字出版内容的国际传播,这既是中国数字出版业必须完成的任务,也自有其动力所在。同时,数字化传播技术与形式的成熟为中国数字出版内容的国际传播提供了重大机遇。

一 文化自觉的动力

当今世界,国际局势变化莫测,造成如此复杂的国际环境的根本原因就是各民族之间文化背景、文化信仰的差异、摩擦与冲突。激烈的国际竞争表面上看似国家利益之争,归根结底还是文化之争,因为文化属于上层建筑。民族文化是一个民族和国家存在的标志和符号,它关乎民族的存亡与国家的兴衰。在全球化浪潮下,各国间的文化有了不少沟通与交流,但碰撞与摩擦也日益频繁,甚至火星四溅。为了扩大本国文化在世界范围内的影响,欧美等发达国家纷纷将本民族的优秀文化推出国门,在全球范围内进行传播。

文化自觉的必要性

从近几年的国际形势来看,国际竞争愈演愈烈,国家之争、民族之争归根到底是文化软实力的较量。透过人类几千年的文明史,我们可以清晰地看到,一个国家的崛起往往伴随着文化的迅速崛起。较之中国,美国是一个年轻的国家,但其文化的世界影响力和传播能力远远高于中国,这一切都是因为美国经济在二战后迅速崛起,不仅在政治上推行全球霸权主义,还在文化上推行霸权主义。

中国为文化"走出去"跃跃欲试的时候,一些老牌发达国家、新兴工业化国家也加快了文化输出的步伐,迅速向我们"走过来"。20世纪90年代以来,他们纷纷调整文化政策,在开展经济竞争的同时,又在文化全球化传播方面展开了新一轮的博弈。美国、新加坡等积极推动文化软实力竞争,日本、韩国确立了"文化立国战略",法国等确立了"国家资助文化输出战略",这些都是很明晰的国家行为,也是这些国家自觉推动文化输出的证明。

尤其是进入21世纪后,欧美的文化产品更是通过互联网在全球范围内广泛传播,它们潜移默化地影响着那些传播实力较弱的国家的文化变迁和民众思维方式。调查显示,在当今世界文化市场中,近90%的信息被欧美媒体垄断。美国、欧盟、日本、韩国所占比重依次为43%、34%、10%和5%,而我国仅为4%,位列第五。[1] 中国文化的对外传播不仅数量上较少,而且总体水平不高,不仅比不过欧美,而且不如日韩,这不禁引发我们深思。

随着西方国家文化的强势传播与中国文化市场的日益开放,中国已完全处在全球文化的包围之中。很多中国人自出生之后就一直受到西方文化的影响,其行为模式与思维方式往往带有西方文化的印迹。由此可知,一国文化的全球化传播绝不仅仅是简单纯粹的文明传承,更是提升国家软实力与竞争力的有效手段。

文化的全球化传播和国家文化软实力的建构,都需要从内力与外力两方面进行建设。文化内力建设的一个重要前提就是树立文化自觉意识。我们应该充分认识到,五千年文明的深厚积淀为中国留下了大量宝贵的文化财富。当代中国的崛起绝不应该仅仅是经济的崛起,而应是将古今文化充分结合起来的中华文明的全面崛起。全民族都需要树立和提升文化自觉意识,对提高国家文化软实力和成为文化强国充满自信。文化外力建设就是文化传播能力与文化影响力的建设。只有把内力与外力合二为一,才能大大提高中国文化的软实力,使中国在综合国力竞争中占据优势地位。

---

[1] 朱春阳:《中国"文化逆差"几个反思》,《人民论坛》2012年第21期。

中国数字出版业应树立文化自觉意识

自改革开放以来,中国经济飞速发展,国际地位和影响力明显提升。随着经济实力的增强,我国正在把注意力转到中国文化的全球传播与文化软实力的提高上,其中一个重要表现就是越来越重视出版业的国际化发展以及出版内容的国际化传播。近些年来,我国出版业发生了翻天覆地的变化,不仅传统出版物的品种和印数有了显著增加,数字出版内容生产也日益增多。当然,在取得一系列成绩之后,我们也应该清醒地认识到,我国虽是一个出版大国,但还不是一个出版强国,较之于国际同类产业,中国传统出版业和数字出版业的规模、实力与水平都是相对较弱的,而内容的贫乏与创意的缺失更是我国出版业亟须解决的问题。我们还应该清醒地认识到,中国出版业的生产力还没有完全释放出来,中国文化在国际上的传播力和影响力还没有得到充分发挥,包括出版业在内的文化产业的整体发展态势与我国日益提高的国际地位和形象还不匹配。

在此背景下,中国推出了文化强国战略。十六大报告正式提出了发展文化产业的要求。十七大报告肯定了文化作为综合国力竞争的重要因素,及其对提升民族凝聚力、激发民族创造活力与提高国家软实力的战略意义。2009年《国家文化产业振兴规划》的出台,标志着国家将振兴文化产业提升到国家战略层面,文化"走出去"成为全民族的共识。十八大报告明确提出构建和发展现代传播体系,提高传播能力,树立高度的文化自觉和文化自信,向着建设社会主义文化强国的宏伟目标阔步前进。由此可知,作为文化自觉意识的推动者,国家已把"文化自觉"列为新形势下中国文化国际传播体系与传播能力建设的关键因素,同时也对中国文化的国际传播提出了更高的要求。

国家推动的最终目的就是提高全民的文化自觉意识,使中国文化生产与传播机构不仅停留在内容的生产与创意层面,更要将中国文化产品与内容的传播自觉地融入到自身的企业文化、经营思维与国际传播行为中去,使之成为一种根深蒂固的文化自觉意识。作为中国文化代表之一的中国出版业,更要以负责任的态度树立文化自觉意识,担负起中国文化国际传播的神圣使命。

文化自觉推动数字出版内容国际传播

一个国家的文化影响力取决于其传播能力,谁的传播能力更强,谁的文化就能传播得更广泛,谁就更有能力去影响世界。因此,建构现代传播体系,提升中国国际传播能力是文化自觉的结果。出版业作为文化产业的核心部分,对中国文化的全球传播起着重要作用,而今天的数字出版内容国际传播对中国建设文化强国起着更为关键的作用。

作为出版业与新技术相结合的产物,数字出版内容国际传播已成为文化全球化进程中的重要力量与象征。历史悠久的文化资源本身并不能直接形成文化影响力,只有通过创造性的内容生产与全球传播,才能被世界普遍认同,才能形成文化软实力。文化自觉要求我们认识到,要想有效传播中国文化的核心价值与内容,必须提升传播理念、改善传播渠道、更新传播方式、创新传播内容,而数字出版内容的国际传播恰恰能满足所有要求。这就要求中国数字出版业做文化自觉的践行者,要以高度的文化自觉和文化自信,加快推动当代中国数字出版内容走向世界。

数字出版从业者要具备开拓创新的出版观念和国际传播理念。我国出版业长期实行计划经济体制,使得出版业形成了封闭意识、保守意识、本土意识、个人经验主义等不利于国际传播的思想观念,与数字出版内容国际传播的要求格格不入。因此,我们必须解放思想,更新观念,树立国际化的规则意识、经营理念、人才观念、市场意识、竞争与合作意识等,只有这样,才能推动数字出版内容走向世界。

在传统出版内容的国际传播中,我们往往过分重视中国古代文明与文化的国际传播,如《论语》《道德经》或者中医等,对中国现代文化与科技成果的国际传播重视程度不够,或者说传播效果不够理想,而数字出版形态的国际传播给了我们一个向世界完整呈现中国文化的契机。数字出版内容具有海量化的特点,既能容纳我国从古至今在农业、工业、天文、地理、文学、艺术等不同领域取得的辉煌成果,又能容纳当代中国所取得的一切科学与文化成果,只要再辅之以有效的国际传播方式与渠道,就能使国际社会对中国科技与文化的真实状态、完整内容有一个深入全面的了解。

提高文化自觉意识、增强国家文化软实力是一项复杂的系统工程。当数字出版业担负起中国文化国际传播的重任后,文化的对外传播就变成了政府、企业、市场共同的行为。在此过程中,我们既要坚持政府主导,又要发挥数字出版企业与社会各界的力量;既要加强数字出版内容建设,又要应对来自国际市场的各种挑战。只有让作为市场主体的数字出版企业自觉地行动起来,产生"走出去"的欲望,并在全体数字出版从业者中强化和普及这些新观念,才能形成对外开放的共识和推动数字出版内容国际传播的内在动力。只有处理好这些错综复杂的关系,数字出版内容才能更好地走向世界。

随着数字化时代的到来,在文化自觉的大背景下,在市场竞争、国家支持、国际需求等一系列因素的推动下,我国数字出版内容的国际传播必将加快中国文化"走出去"的步伐,提高中国文化海外传播的能力,让世界上越来越多的人加深对中国的认识与了解,并最终助力中国提高文化软实力,在国际社会构建起中国文化的话语权。

二 国家支持的动力

中国数字出版内容国际传播既是数字出版企业的市场行为,也是国家行为,自然离不开国家的大力支持。国家不仅应该从政策、制度等方面提供便利,还应不吝物力、财力,为数字出版内容国际传播提供各种服务与支持。

政策和资金支持

早在2004年,全国新闻出版局长会议报告中提出了推动我国新闻出版业进一步发展的"走出去"战略,号召和鼓励国内出版业加快对外开放的步伐,鼓励外向型出版单位特别是实力雄厚的出版集团去海外发展,与国外企业同台竞争。积极培育和发展电子音像出版业、网络出版业等新的经济增长点,进一步壮大出版产业的实力。坚持"引进来"和"走出去"相结合,积极参与国际出版产业合作和竞争,提高利用国际国内两个市场、两种资源的能力。①

2004年,原新闻出版总署和国务院新闻办公室共同启动了"中国图书对外推广计划",这是中国政府首次资助中国图书的对外传播。该计划主要通过资助翻译费用的方式鼓励国外出版机构翻译和出版中国的图书,使国际读者可以用自己的母语阅读中国图书,有助于国际社会更好、更多地了解中国。最开始的"中国图书对外推广计划"还未提及对中国数字出版内容国际传播的支持与资助,因为当时数字出版业的发展刚刚起步。2007年的"中国图书对外推广计划"工作会议提出了鼓励出版业"走出去"的八大政策,已经可以看到支持数字出版内容国际传播的影子,如八大政策提出"鼓励国内出版机构创办面向海外市场和海外读者的内容各异、形式多样的外向型外语期刊;外向型出版企业、出版工程项目需要信贷资金支持时,积极协调国内相关金融机构给予帮助和配合;提供更多的政府资金,竭力办好国际书展,努力打造形式多样的中国图书对外推广平台"。其中,"内容各异、形式多样的外向型期刊"已经包含了数字出版

---

① 石宗源:《今年新闻出版业七大工作》,《文汇读书周报》2004年1月12日。

内容。近些年,国家的确通过很多国家级项目支持数字期刊的外向型发展,如国家投入巨资支持的"CNKI 工程"。该工程通过多年努力,建成了世界上全文信息量规模最大的 CNKI 数字图书馆、中国知识资源总库及 CNKI 网络资源共享平台,并通过产业化运作,成为全世界中英文知识资源的高效共享平台及数字化学习平台。八大政策中提及的"信贷资金支持"后来也得到了充分的呈现,如原新闻出版总署、文化部、原广电总局、进出口银行、商务部于 2009 年共同搭建文化、金融合作平台,为文化企业和项目"走出去"提供便捷全面的融资服务,以满足文化企业的多元融资需求。而八大政策中"提供更多的政府资金,竭力办好国际书展"一项,对中国数字出版内容国际传播的推动作用尤为巨大。后来,在 2011 年的"图书对外推广计划"中,国家正式提出在扶持纸质图书的同时,加强对数字出版产品的支持,更有力地推动中国图书"走出去",足见国家越来越意识到数字出版内容国际传播的重要性。国家还在"中国图书对外推广计划"的基础上,于 2009 年推出了"中国文化著作翻译出版工程",该工程旨在采取政府资助、联合翻译出版、商业运作发行的方式,资助书稿的翻译和图书的出版及推广,把中国文化推向世界。但这个项目并未涉及对中国数字出版内容国际传播的支持,直到 2011 年,该工程终于明确把数字产品作为支持对象。

2006 年年底,原新闻出版总署《新闻出版业"十一五"发展规划》提出要立足于增强自主创新能力,大力推进数字出版,打造现代内容产业,提高民族新闻出版业的核心竞争能力。大力发展以互联网、通讯网、电视网为基础的电子报纸、电子期刊、网络文学、网络数据库、手机报纸、手机期刊、手机小说等新型数字媒体,明显提高中文内容在国际互联网上的比例和影响力。[①]

2010 年 8 月 16 日,原新闻出版总署《关于加快我国数字出版产业发

---

① 《新闻出版业"十一五"发展规划》,http://www.gapp.gov.cn/news/2065/115776.shtml。

展的若干意见》,鼓励企业充分利用国内、国际两种资源和两个市场,借助网络传输快捷、覆盖广泛和无国界的特性,加快推动优秀出版物通过数字出版方式进入国际市场,参与国际竞争,不断增强我国出版的传播能力,提高中国文化的国际影响力;重点扶持和培育在"走出去"方面措施得力、成效显著的数字出版骨干企业和示范单位,对切实跨出国门并取得显著成绩的重大项目和重点企业予以资金资助、税收减免和其他奖励。①

2010年10月9日,原新闻出版总署颁布《新闻出版总署关于发展电子书产业的意见》,支持和鼓励电子书企业"走出去",拓展海外市场,提高我国电子书产业的国际竞争力。

2011年4月20日,原新闻出版总署《新闻出版业"十二五"时期发展规划》指出,"十二五"时期的主要目标之一是重点支持企业以动漫、网络游戏、期刊数据库、电子书等数字出版产品和服务开拓海外市场,进入国际主流市场。②

2012年,原新闻出版总署《关于加强我国新闻出版走出去的若干意见》推出十项新政,明确提出鼓励和支持有条件、有实力的网络出版单位努力开拓国际市场,研发、出版适应国际市场需要的、能够产生稳定境外流量的数字、网络出版产品;鼓励和支持有国际在线内容增值服务市场需求的网络出版单位建立境外服务网站。实施骨干带动战略,推动数字出版重点企业和产业基地走出去。加快研发数字、网络出版核心技术,积极参与国际标准化事务,占据国际竞争制高点。搭建数字出版"走出去"内容平台,加快整合传统出版企业内容资源,发挥规模优势,扩大优质在线出版内容增值服务范围、增强内容增值服务能力,全面提升我国数字出版

---

① 《新闻出版总署关于加快我国数字出版产业发展的若干意见》,http://www.gov.cn/gongbao/content/2011/content_1778072.htm。
② 《新闻出版业"十二五"时期发展规划》,http://www.gov.cn/gongbao/content/2011/content_1987387.htm。

产品的核心价值和数字出版企业的国际竞争力。①

2014年3月,《国务院关于加快发展对外文化贸易的意见》提出着力培育外向型文化企业,鼓励各类文化企业从事对外文化贸易业务,到境外开拓市场,形成各种所有制文化企业积极参与的文化出口格局。坚持市场运作,进一步发挥市场在文化资源配置中的积极作用,激发社会活力,创新文化内容和文化"走出去"模式,努力打造我国文化出口竞争新优势。鼓励和引导文化企业加大内容创新力度,创作开发体现中华优秀文化、展示当代中国形象、面向国际市场的文化产品和服务,在编创、设计、翻译、配音、市场推广等方面予以重点支持;充分发挥财政资金的杠杆作用,加大文化产业发展专项资金等支持力度,综合运用多种政策手段,在文化服务出口、境外投资、营销渠道建设、市场开拓、公共服务平台建设、文化贸易人才培养等方面给予支持。②

国家对我国数字出版业提供的政策与资金支持,减轻了它们的后顾之忧,大大调动了全行业进行内容生产及国际传播的积极性,使其更有自信面对激烈的国际竞争。

服务支持

国家对数字出版内容国际传播不仅提供了政策支持和资金支持,同时还在服务方面进行了各类支持。

各种国际书展和会展是中国数字出版业向国际社会展示自己的最好平台。国内一年一度的北京国际图书博览会(BIBF)自2007年开始设置数字出版专业展区,现在,中国每年都在BIBF中规划10000平方米以上的数字出版专业展区,为中外数字出版单位提供展示、交流、合作的平台,

---

① 《关于加快我国新闻出版业走出去的若干意见》,http://www.chinaxwcb.com/2012-01/10/content_236045.htm。
② 《国务院关于加快发展对外文化贸易的意见》,http://news.xinhuanet.com/shuhua/2014-03/25/c_126314187.htm。

助力中国数字出版内容进行国际传播。2012年,《关于加快我国新闻出版业走出去的若干意见》(以下简称《意见》)提出,要强化北京国际图书博览会的品牌效应。通过国际化品牌运作,创新展示形式与手段,提高市场化程度,进一步将北京国际图书博览会打造成国际图书版权交易的重要平台和展示中国文化的重要窗口。[①]

《意见》提出对新闻出版企业参加法兰克福书展、伦敦书展、美国书展、波洛尼亚书展、美国电子娱乐展览会(E3)、科隆游戏展(GamesCom)等重要国际书展和国际数字出版产品展给予支持,对在境外重要展会上实现版权输出、实物出口成绩显著的单位和个人给予奖励。[②]书展类平台的搭建大大扩展了中国数字出版内容国际传播的半径,为我国数字出版业逐鹿国际市场提供了更大的机会。

《意见》提出建立和完善国际新闻出版资讯库,实现对重点国家和地区新闻出版市场情况的动态了解;强化对国际文化市场、主要国家文化政策和国际重点新闻出版企业的研究;加强对"走出去"投资风险和防范手段的研究;建立"中国出版物国际传播力监测系统",对我国新闻出版产品在国外各个渠道、市场的销售情况进行监测,及时掌握国际市场对我国新闻出版产品的需求。[③]北京外国语大学中国海外汉学研究中心承接的国家社科基金特别委托项目"中国文化海外传播动态数据库",即为该类资讯库。该数据库首期建成了7个子数据库,包括国外中国主题外文出版物数据库、国内中国主题外文出版物数据库、国外中国学家资源库、国外中国主题出版机构数据库等。[④]同时完成多种类别的调研报告。该数据库秉持"中国立场、全球视野、数据为本、服务学术"的理念,体现"专业化、权威性、公益性、开放性"的特点,主要面向国内外从事中国文化海外传播研究的专家学者和实际工作者,旨在通过收集和分析中国文化海外传播

[①②③] 《关于加快我国新闻出版业走出去的若干意见(摘登)》,http://www.chinaxwcb.com/2012-01/10/content_236045.htm。

[④] 《"中国文化海外传播动态数据库"助力"走出去"》,《光明日报》2011年8月9日。

情况的相关数据,为对外文化交流合作提供资源信息,为国家实施文化"走出去"战略提供决策咨询。该数据库在开发和运行上注重对相关数据的及时抓取和定期更新,以动态性提升可靠性,并逐步扩大和完善使用功能,同时加强对数据库信息资源的二次开发。其设置了快捷检索和分类统计功能,用户除了可以顺序浏览外,还可以通过书名、关键词、学科、语种、年份、国别、出版机构等字段进行快捷检索,也可以直接查询使用数据库已经完成的大量数据统计分析信息,为实际工作提供了很大便利。[①]应该说,该数据库对中国数字出版企业进行国际传播具有重要的指导意义。

《意见》还提出要搭建信息服务平台。新闻出版信息服务机构要以信息共享、互联互通为重点,构建翻译人才库、版权交易信息库、重点项目库、中外作家库;搭建多语种的国家级"走出去"信息服务平台,为企业提供市场供求、版权贸易、政策咨询、法律服务、翻译服务等全方位信息服务。[②]

国家还通过在海外设立文化中心的方式,助力包括数字出版内容在内的中国文化国际传播。1988 年,我国在毛里求斯和贝宁设立了第一批文化中心,为海外中国文化中心建设积累了宝贵的经验。进入 21 世纪以来,海外文化机构的布局不断完善,文化中心建设迅速发展。截至 2012 年年底,我国共与 26 个国家签署了单设或互设文化中心的政府文件。海外正式运营的中国文化中心总数达到 13 个。根据文化部制定的《海外中国文化中心发展规划》,至 2020 年,海外中国文化中心将形成覆盖全球主要国家和地区的传播和推广中国文化的网络,总数将达到约 50 个。[③] 海

[①] 高远:《"中国文化海外传播动态数据库"首批子数据库投入使用》,《光明日报》2012 年 12 月 12 日。
[②] 《关于加快我国新闻出版业走出去的若干意见(摘登)》,http://www.chinaxwcb.com/2012-01/10/content_236045.htm。
[③] 肖连兵:《"让外国朋友零距离感知中国文化"——文化部赵少华副部长谈海外中国文化中心建设》,《光明日报》2012 年 8 月 27 日。

外中国文化中心是一个文化交流中心,通过举办展览、文化节、图书节、文化产品推介会等活动,积极展示和推介中国优秀文化,增进驻在国公众对中国的全面了解和理解。实践证明,在海外设立中国文化中心,既能满足外国公众对中国文化的现实需求,又有利于推动中国文化走向世界,进一步扩大中国文化的国际影响力。

数字出版作为一种战略性新兴产业,已经成为新闻出版业发展的主要方向,是国民经济和社会信息化的重要组成部分。大力发展数字出版产业,已成为中国实现向新闻出版强国迈进的重要战略任务。中国政府部门应继续加大对数字出版业的支持力度,以加强数字出版业的健康发展与中国数字出版内容的对外传播。

三 国际竞争的动力

出版形式的国际化和出版技术的数字化促使全球出版业迎来了新一轮的竞争与较量。在人类未进入数字化时代之前,各国的出版人才、出版创意、版权、内容等出版资源在有限的国际范围内流动,竞争关系并不充分。互联网的飞速发展推动人类进入"地球村"时代,国际化的发展趋势使各国发生了紧密的联系与激烈的竞争。数字出版内容作为一种新兴的文化形态,自然承担起了网络时代国际市场中交流与竞争的角色。开放的环境与阅读群体的需求差异,使各国数字出版业的国际竞争日趋激烈。

全球竞争格局:西强我弱

出版形态的变化并未改变传统出版时代的世界格局。欧洲和美国仍旧延续着他们世界出版强国的地位,在数字出版理念、内容、技术、管理等方面持续创新,推动着数字出版业的全球化强势发展,并不断巩固其文化在世界范围内的影响力与竞争力。有研究显示,中国文化产业竞争力指数在 15 个国家(比较样本为中国、新加坡、南非、巴西、美国、英国、印度、日本等)中居末位,竞争力指数仅为美国的 24%、英国的 29%、日本的 38%,与印度和南非接近。①

强者愈强的趋势越发显现,进入榜单的所有企业都是各地区、各出版领域的市场领导者。2015 的排名报告显示,前十强在出版领域所专注的板块有如下发展特征:最顶尖的仍然是国际上几家主要出版商,要么是专注于教育的培生,要么是在科技和专业信息板块发力的汤森路透、励讯(原励德·爱思唯尔)或威科。专业信息服务提供商的增长最为瞩目,以汤森路透作为标杆,其延展了产业的广度,并且在数字化转型、续费收入模式(订阅模式)上大有斩获。② 中国有 4 家出版商榜上有名,包括凤凰出版传媒集团、中南出版传媒集团、中国出版集团、中国教育出版传媒集团,但中国出版企业的数字出版内容运营情况远不如世界出版强企,在技术升级和内容生产上普遍落后于欧美国家,亟需提升。

从中国自身来看,根据《2012 年全国新闻出版业基本情况》,数字出版内容的进出口差距依然较大。2012 年,全国累计出口音像制品、电子出版物与数字出版物 26.15 万盒(张)、2 191.50 万美元,与上年相比,数量增长 214.30%,金额增长 45.86%;全国出版物进出口经营单位累计进口音像制品、电子出版物与数字出版物 18.56 万盒(张)、16 685.95 万美元,与上年相比,数量下降 53.15%,金额增长 18.05%。其中,进口数字出版物金额为 16 433.12 万美元,占音像、电子、数字出版物进口金额的 98.48%。③ 以上数据说明两个问题:一是我国数字出版内容的国际竞争力有所增强,出口数量和金额都有明显增加;二是数字出版内容进出口金

---

① 陈小申:《文化产业集团化建设中存在的几个问题》,《编辑之友》2009 年第 10 期。
② 吴妮:《2015 世界出版 50 强排名全球同步发布,凤凰中南两集团进入全球十强》,http://www.bookdao.com/article/94214/。
③ 《2012 年全国新闻出版业基本情况发布》,《中国新闻出版报》2013 年 7 月 25 日。

额的绝对差距仍然较大,进口金额约是出口金额的8倍。在数字出版内容市场迅速扩张的今天,中国数字出版内容还远未获得广阔的全球市场。审视这严重的文化"赤字",其背后的深层次矛盾就是中国数字出版内容的生产与传播缺乏国际竞争力。

中国数字出版业的对外开放和国际化趋势不可逆转,数字出版市场国际化意味着即使我国出版业不主动"走出去",外国出版商也要走进来抢占我们的市场。按照2001年加入WTO时做出的承诺,中国出版市场将逐步对外开放。随着中国出版政策的开放,越来越多的国际知名出版商将发展的目标选在了中国。20世纪90年代以来,培生、励讯(原励德·爱思唯尔)、汤森路透、威科、威利、施普林格等全球领先的出版集团纷纷在中国设立代表处。据统计,全球出版50强中,已有三分之二在中国设立了各种形式的"代表处"或相关机构。这些代表处的设立成为国际出版企业进军中国市场的标志,发挥着三个方面的主要作用:一是在中国寻求作者,如施普林格在中国成立作者学院,爱思唯尔也通过在中国开展语言润色服务,发掘了大量的中国作者;二是开展出版及教育服务等项目合作;三是与中国出版进口企业合作推广数字平台和产品,比如英国科技出版集团与中国图书进出口(集团)总公司的平台合作。[①]

外国出版商在进入中国市场的同时,也带来了一些负面影响,其中比较典型的是国际出版界大鳄、知名出版商爱思唯尔。该公司在2000年进入中国内地时,允许每个高校每年在至少订购两万美元纸质期刊的基础上,另付3万美元左右便可获得ScienceDirect整个数据库的使用权。超低的门槛使得中国高校图书馆等机构用户快速跨入爱思唯尔的大门,用户数量从2000年时的11家,增至2010年时的200多家,用户类型以大学图书馆为主,还包括国家图书馆、各部委图书情报中心、中国科学院、中国社会科学院等。但该公司在2010年7月突然变脸,给中国用户发了一

[①] 刘伯根:《国际数字内容传播渠道的合作与共生》,《中国出版》2013年第19期。

个新订阅方案,提出其全文数据库在下一个合同期(三年)内每年涨价14％以上。由此看来,爱思唯尔当初的低价登陆只是一块敲门砖,是市场营销的一种技巧而已,并不是其社会公德心的体现。混成"脸熟"之后,仰仗着"东西好",爱思唯尔不再"温文尔雅",相继拿出强硬条款,包括"只许增不许减":订户购入哪些期刊,每年可自行调整,但只许在总费用之内进行,等等。随后,爱思唯尔又接连推出捆绑期刊订购、涨价的"霸王"条款等举措。①

面对爱思唯尔科技期刊及其全文数据库价格的不断提高,2010年9月2日,中国图书馆界终于忍无可忍,由国家科技图书文献中心、国家图书馆、中国科学院国家科学图书馆、北京大学图书馆等33家图书馆联合署名,在互联网上发布了一封"致国际出版商的公开信"。公开信指出,最近个别国际期刊出版商利用自己的垄断性地位,不顾在上一个合同期年度涨价幅度已达百分之十几的事实,提出其全文数据库在下一个合同期(3年)内每年涨价14％以上的要求。个别出版商完全不顾中国还是一个发展中国家、人均GDP和人均教育科研投入远远低于国际发达国家人均水平的现实,提出要在2020年把中国用户使用其全文数据库的篇均成本提高到欧美发达国家的篇均水平。其完全不顾中国科技教育发展还处在初级阶段、中国R&D投入支付需求范围远大于发达国家同类机构支付需求范围的事实,提出科技期刊价格要按照中国R&D投入名义增长幅度来同步增长。但这样的对话毫无结果。最后,为了获得爱思唯尔的学术文献数据库,各高校不得不忍气吞声地接受爱思唯尔的提价决定,签订使用合同。过了一阵子,事情就渐渐平息了下来,国人又回复到使用爱思唯尔数据库进行学习和研究的状态中。

反思一下,爱思唯尔何以做到如此骄傲而蛮横,置国内众多高校"停用"的威胁于不顾?要知道,不只是在我国,爱思唯尔在全球各个国家都

---

① 庄建:《外刊及数据库涨价太离谱》,《光明日报》2010年9月6日。

推行高定价的价格政策,国际学术界对它的批评甚多。2012年1月21日,剑桥大学数学家、数学界的诺贝尔奖——菲尔兹奖的1998年得主提摩西·高尔斯博士发表博文,列举了自己长期抵制爱思唯尔学术期刊的原因。爱思唯尔旗下共有2 000多本期刊,其中不乏《细胞》和《柳叶刀》这样的顶级刊物。然而,高尔斯博士却对爱思唯尔毫无好感,并希望自己的博文能激励其他学者联合抵制爱思唯尔。高尔斯博士对爱思唯尔的不满主要有三点原因:首先,爱思唯尔的期刊要价太高;其次,爱思唯尔一贯将期刊捆绑销售,图书馆其实只需要订阅某一种期刊,却不得不全套购入;再次,爱思唯尔支持一些法案的订立,诸如《研究成果法案》,这项法案一旦获得美国国会通过,将禁止政府免费公开受纳税人资助的科研成果。一石激起千层浪,受到高尔斯博士文章的启发,响应者云集。数学家泰勒·内伦起草了一份在线保证书,截至2012年7月,全球已有12 000名研究者签署了这份保证书,承诺不再向爱思唯尔的期刊投稿,也不再帮助爱思唯尔审稿和编辑论文。然而,无论学界如何抵制,爱思唯尔依然有理由继续掌控大局。学界对于只在网络开源媒体上发表论文仍旧心存偏见,相对于印刷出版物,人们往往不那么看重网络出版。研究者们希望自己的研究成果出现在最负盛名的期刊上,以擢升自己的事业。这一点至关重要,因为大学院系评估既看重发表论文的数量,也看重论文发布期刊的声望。年轻人有可能更加喜欢新鲜事物,但若想获得认可和晋升,他们仍需在现有的有声望的期刊上发表文章。而所谓"声望"的获得是个缓慢的过程,因为最负声望的期刊有权挑选最新最好的文章,在他们的领域继续保持必读性,并借此掌控定价权。

面对强势的高价政策,中国高校与爱思唯尔对话的一败涂地其实并非意外。我们确实没有谈判的筹码。爱思唯尔掌握了中国高校外文刊物的59%,垄断地位决定话语权,中国高校当然只能言听计从。更深一层来说,因为国内缺乏一个有国际话语权的国际性学术刊群和数据库交流平台,国内的学术论文和科研成果要发到国外的期刊上才能产生影响力,这使得整个学术界对国外期刊和期刊数据库的依赖程度很高,本国的知识版权掌握在外国出版商手里,自然没有本钱威胁对方,和对方议价。

此类事件提醒我们,只有培养起成熟的知识产权保护意识,建立起强大的数字出版内容国际传播平台,才能自保,也才能在与国际出版巨头的对话中有发言权。与其被动地在国际化浪潮冲击下仓促应付,不如做好准备主动出击,借数字出版内容国际化传播的机遇发展和壮大自己,尽快熟悉国际市场的游戏规则,学会在国际商海中搏击。

弥补差距,提高国际竞争力

我们在数字出版内容国际传播的全球竞争中面临很大压力,一个重要方面就是与西方发达国家之间的科技差距,既包括科技创新的差距、科技普及的差距,也包括科技应用的差距。只有加快数字出版内容的开发和应用,才能不断提高我国数字出版内容国际传播的影响力。此外,我国出版企业的市场化和国际化程度都远不如国外出版强企。从做大做强的角度来看,我国数字出版企业在并购等方面仍处于初级阶段,大规模的海外并购尚未展开,这对以国内市场为主的中国出版业来说,无疑是迅速提升影响力并打开国际市场的重要途径。一方面我们要在打造合格市场主体上下功夫,另一方面也要在打破封闭和垄断的市场格局上下功夫,只有让数字出版内容具有垄断性,才能具有国际范围内的吸引力。[1]

中国数字出版内容国际传播的要求是多方面的,包括传播视野和传播观念的国际化、传播领域和传播活动的国际化、传播战略和传播手段的国际化、内容资源开发和人才选用的国际化、资本运作和品牌营销的国际化、产品研发和市场拓展的国际化等,所有这些因素构成了国际化经营的能力。对目前绝大多数中国数字出版企业来说,国际传播都是严峻的挑

---

[1] 王玉梅:《中国出版在世界舞台奏响强音 我国三家出版企业入选"全球出版业50强"》,《中国新闻出版报》,2013年7月3日。

战,任重而道远。

传播视野和传播观念是首要因素。数字出版内容国际传播要求从业者具备开拓创新的国际化出版理念。在长期的事业体制和计划经济下形成的封闭意识、保守意识、本土意识、个人经验主义等思想观念,与数字出版内容国际传播的要求格格不入,必须解放思想,更新观念,才能推动数字出版内容走向世界。与国际传播相适应的观念应该是开拓创新意识、国际规则意识、全球视野、国际出版理念、国际经营管理理念、国际人才观念、国际市场意识、国际竞争意识、国际合作意识等。中国出版业要想真正融入国际市场,仅靠政府推动是不够的,必须让作为市场主体的企业自觉地行动起来,产生"走出去"的渴望,必须在全体出版从业者中强化和普及这些新观念,形成对外开放的共识和推动数字出版内容国际传播的内在动力。

传播视野和传播观念的创新是为了适应出版数字化、国际化的需要。目前全球数字出版业的国际化、网络化、数字化、创意化、品牌化、资本化等发展趋势日益明显,有力地推动着数字出版业态与经营管理不断创新,不断拓展出产业发展的新境界。为了与时俱进,紧跟国际数字出版产业发展的步伐,适应产业发展趋势和国际竞争需要,我国的数字出版企业必须坚持不懈地进行出版经营管理创新,破除不适应社会主义市场经济发展需要、不符合国际数字出版产业发展趋势的旧体制,建立充满活力的、规范的现代企业制度和完善的内部运行机制,使中国数字出版业能够与国外出版业在共同的国际规则下进行合作交流和展开竞争,为中国数字出版内容走向国际市场消除障碍、铺平道路。

从这个角度来看,检验数字出版业改革成效的标准和改革的目标定位也必须是国际化的,衡量一个数字出版企业建立的新体制、新机制是否科学和先进,不仅要看在国内市场竞争中是否有竞争力和生命力,还要看能否适应国际市场竞争的需要,是否符合国际数字出版产业发展趋势,是否具有国际竞争力。同时,要广泛借鉴国际数字出版业的成功经验,结合中国数字出版业自身实际,在内容生产、国际传播、资本运作等方面探索建立成熟的商业模式和盈利模式,全面提升数字出版内容在国际市场中的生存能力和竞争能力,以国际化、现代化的传播方式推动中国数字出版内容走向世界,并在国际市场上逐步站稳脚跟,成长壮大。

四 国际需求的动力

中国数字出版内容在世界上具有庞大的需求网络,如何从这个巨大的世界市场中获得自己的一份蛋糕,是所有中国数字出版企业都需要思考的一个问题。

全球图书馆对数字资源的需求急剧增加

从以纸质资源为主的传统图书馆向数字化图书馆转型,是目前海外图书馆发展的总趋势,其中的重要指标是图书馆用于采购数字化资源的经费占购书总经费的比例逐年增高。在北美和欧洲地区,数字出版内容的采购预算已经全面超过纸质资源的预算,出版内容数字化日益成为打开全球机构市场的必要方式。调查统计显示,在全世界范围内,学术图书馆采购数字资源的费用占总资源费用的比例,从 2004 年的 27% 逐年上升到 2010 年的 49.3%。[①] 以北美 114 家精英学术图书馆组成的"北美研究型图书馆协会"提供的统计数据为例,1992 年其成员馆购买或订阅电子资源的经费仅占其总采购经费的 3.6%,然而到了 2010 年,这一比例已剧增至 62.24%,其中伊利诺伊州立大学芝加哥分校图书馆的电子资源采购经费占采购总经费的比例甚至高达 94.48%。[②] 一些图书馆甚至

[①] 孙赫男:《初始阶段的最后时刻——构建赢利的国际化数字出版》,《中国出版》2012 年第 9 期。

[②] 郑力人:《东亚图书馆与中国出版业数字化合作途径》,《中国新闻出版报》2013 年 8 月 29 日。

关闭了原来以纸质资源为主的分馆,将节省下来的费用用于购买更多的电子资源。

为了满足读者不断增长的电子阅读需求,在采购资金没有增加的情况下,加拿大绝大多数图书馆只能不断压缩纸质印刷品的购买量。国际图书馆协会联合会(IFLA)主席、加拿大英属哥伦比亚大学图书馆馆长英格丽德·帕伦特认为,大数据环境对读者利用图书馆的行为与方式产生了巨大影响,用户通常使用搜索引擎进行学习、研究和工作。在英属哥伦比亚大学图书馆,每年电子资源的点击量是700万次,而纸质书的借阅率已经从每年20万次下降到了8万次,用户对纸质印刷品和视听产品的需求越来越小。2008年,该图书馆50%的采购资金用于购买电子资源,现在用于购买电子资源的资金已占总采购资金的75%。与此同时,其他的社区图书馆和公共图书馆也把更多的人力、财力投入到了电子资源的购买中。[①]

国际需求是中国数字出版内容国际传播的根本动力。面对如此庞大的国际市场需求,中国数字出版企业自然不能无动于衷,而应积极了解与捕捉国际需求,推动中国数字出版内容走向世界。

中国数字出版内容的国际需求状况

过去,中国传统出版内容和版权输出多局限于海外华文图书市场,而不是英文图书市场。随着全球经济一体化和中国经济的快速发展,我国政治、经济、科技、文化等方面的国际影响力日益增强,世界上越来越多的国家渴望了解中国,其对中国文化的需求不断增长,已经形成了一个最基本的初始国际市场,这也为中国数字出版内容"走出去"提供了可能。

中国数字出版内容的国际需求群体可以细分为海外图书馆及专业研究群体、贸易合作群体、中国语言文化学习群体、3000万海外华人群体及

---

① 王玉梅:《学术型图书馆如何适应大数据》,《中国新闻出版报》2013年8月29日。

外国大众读者群体。① 这些群体在了解中国、认识中国、研究中国、把握中国等方面有着不同的需求。不同的客户需求对数字出版内容的阅读方式、获取方式、传播方式与付费方式有着不同的要求。相对于传统出版产品,数字出版产品更能适应这些差异化需求。

国际机构群体的需求

国外大学与学术图书馆是中国数字出版内容重要的机构需求者。作为科学研究的服务提供者,学术图书馆帮助读者获取、分类以及归档纸本与数字化的研究文献,并向特定范围内的科学团体和研究者免费开放。

在英国,中文研究已受到越来越多的关注,甚至已处于比较高的战略地位。很多英国学者和专家从事中国研究,甚至全欧洲很多地方都在做当代中国研究,这是近 10 年来发生的重大变化。在这样一个数字化时代,研究者和学习者们日趋倾向使用数字化资源,而数字资源的主要获取来源是图书馆。英国大学图书馆对纸本及数字出版内容资源的配备,都是根据相关专业的学生和研究者数量而定的。近些年来,英国各大学都面临中国学生和中文研究者日趋增多的情况。对于大学图书馆来说,有了相应的读者就必须配备相应的研究资源,所以,英国各大学图书馆都在购进越来越多的中国数字出版内容资源。总体来看,英国各大学图书馆采购中国数字出版内容的情况大同小异,牛津大学、剑桥大学、伦敦商学院和爱丁堡大学等四所大学的中国数字资源较好,其他大学图书馆稍差。②

在美国高校图书馆体系中,有一类以研究中国、日本、韩朝为主的图书馆,名为东亚图书馆,其收藏的资源不是西文,而是东亚文字,因而与中国数字出版业在数字化合作上是天然的伙伴。目前,为建立一个数字化的图书馆,东亚图书馆正大量购买或订阅数字化资源以扩大馆藏。据

---

① 刘伯根:《国际数字内容传播渠道的合作与共生》,《中国出版》2013 年第 19 期。
② 赵树旺、余红:《从英国视角看中国数字出版内容的国际传播》,《出版广角》2014 年第 5 期。

2012年的数据统计,名列北美馆藏量前15名的东亚图书馆(国会、哈佛、加大伯克利、普林斯顿、芝加哥、密西根、耶鲁、哥伦比亚、康奈尔、斯坦福、多伦多、卑诗、加大洛杉矶、华盛顿、匹兹堡)共购买或订阅了339个中文电子库,涵盖了期刊、报纸、论著、古籍、历史档案、方志、文史资料、年鉴、经济数据、法律法规、硕博论文、会议论文、辞典、佛经等资源。但东亚馆用于数字化资源的经费仍远低于其所属的总馆。在2010—2011财政年度中,52个东亚馆中的26个上报了其用于中日韩数字化资源的经费,总计1 324 677美元,仅占其总采购经费9 392 301美元的14.10%,而同期其所属的总馆则投入总计214 701 868美元用于数字化资源的采购,占其总采购经费387 751 347美元的55.37%。[①] 由此可见,在协助美国东亚图书馆发展数字资源方面,中国数字出版内容国际传播大有可为。

从全球范围来看,一份基于全世界2.5万家图书馆书目数据形成的《中国出版世界影响力报告》很能说明问题。其中有一个全球对中文数字出版内容资源(互联网在线数据库、电子书、影视光盘)2008—2013年间的品种需求图[②](如图1—1所示)。

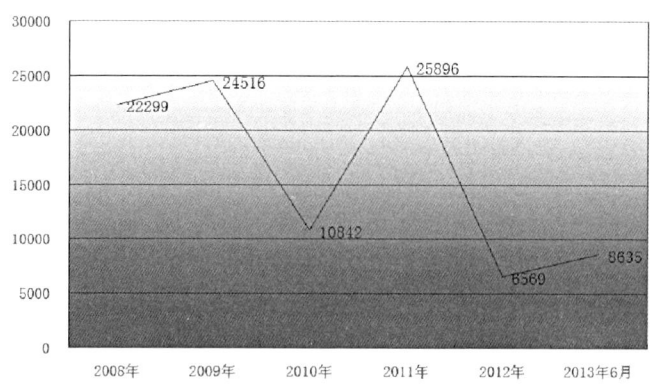

图1—1 全世界图书馆系统每年新增中文数字品种趋势图(2008—2013.6)

---

① 郑力人:《东亚图书馆与中国出版业数字化合作途径》,《中国新闻出版报》2013年8月29日。
② 何明星:《〈2013中国图书世界馆藏影响力报告〉权威发布》,《中国出版传媒商报》2013年8月27日。

由图1—1可知,自2008年以来全球图书馆对中文数字资源的需求一直维持在较高水准,因为2013年只统计了前半年,所以不能充分说明问题。但在2010年和2012年下滑明显,之所以出现下滑,是因为品种的开发是一个大问题。所以,基于国际需求,品种的开发很重要,品种开发越多就越能刺激国际需求。

全球各类企业是中国数字出版内容的另一类机构需求者。他们的主要需求为中国医药、化学、科技等方面的专利与科技信息数据库。此类数字出版企业主要通过搜集中国各类企业和组织的专利与科技信息,提供覆盖全产业的数据库等服务,可以帮助各国政府和企业及时了解中国专利和科技动态,并促使其发生购买行为。

其中最典型的企业为知识产权出版社。随着专利越来越被重视,专利数据库在全球越来越受欢迎。知识产权出版社的知识产权类专业数据库的主要服务对象包括四类:一是全球各大知识产权局,如美国知识产权局、欧洲知识产权局、日本知识产权局、韩国知识产权局等;二是信息服务商,如汤森路透、律商联讯、美国化学文摘社等,它们向知识产权出版社提出定制服务、数据翻译与情报提取加工的要求;三是国际化企业,如日本的一些企业对中国的知识产权数据库非常重视;四是大学、研究机构以及个人用户。虽然知识产权出版社每年的生产码洋只有7 000万元左右,但其利润却占到生产码洋的25%,这得益于知识产权出版社数据库的垄断性。

其他群体的需求

在世界范围内,除机构群体、贸易合作群体外,海外华人群体、中国语言文化学习群体、外国大众读者群体等也都对中国的数字出版内容有着阅读需求。

近百年来,全球华人华侨的总数一直在持续上升,尤其在改革开放后,更是出现了国际移民大潮。调查显示,全球约有华人华侨5 000万。

在以往传统出版传播时代,海外华人阅读中文图书的机会相对较少。数字化时代的到来为海外华人提供了阅读数字内容的途径,盛大文学等在线内容平台在海外比较受欢迎,这极大拓展了全球华人与中国文化保持联系的渠道,中国数字出版机构可以由此继续推进,通过提供优质的数字出版内容来满足海外华人的需求,使这一广大市场得到进一步的挖掘。

随着中国政治经济的快速发展,中国在国际舞台上发挥着越来越重要的作用,更多的外国人希望深入学习中国文化,了解中国,由此掀起了"汉语热"。全球范围内还分布着很多中国文化的外国学习者,其中规模较大、影响最大的当属孔子学院。截至2015年12月1日,全球134个国家(地区)建立500所孔子学院和1 000个孔子课堂。孔子学院设在125国(地区)共500所,其中亚洲32国(地区)110所,非洲32国46所,欧洲40国169所,美洲18国157所,大洋洲3国18所。孔子课堂设在72国共1000个(科摩罗、缅甸、马里、突尼斯、瓦努阿图、格林纳达、莱索托、库克群岛、欧盟只有课堂,没有学院),其中,亚洲18国90个,非洲14国23个,欧洲28国257个,美洲8国544个,大洋洲4国86个。孔子学院迅速发展,在世界各地培养出了大量中文研究者,巨大的市场需求为中国数字出版内容的国际传播开拓了广阔的国际市场。

国际需求是扩大中国数字出版内容国际市场的一个前提,可以借此发现中国数字出版内容在世界市场上的竞争优势。中国数字出版业可以参照多样化、差异化的国际需求进行数字出版产品线与品种规划,也可以清楚地规划参与世界数字出版内容竞争的路径。

五 产业拓展的动力

过去的十年是中国数字出版业发展最快的十年。十年来,伴随着我国经济、科技、文化的发展,我国的数字出版业从幼稚渐渐走向成熟,在产品形态、商业模式、运营渠道、产业环境、内容生产等方面都有较快的发展。这些都为中国数字出版内容的国际传播奠定了坚实的基础。

数字出版内容走向极大丰富

近年来,中国数字出版保持着快速发展,中国新闻出版研究院自2006年开始推出的历年《中国数字出版产业年度报告》显示,我国数字出版产业总值逐年提高,并且增速越来越快。2014年度数字出版内容总收入已达到3387.7亿元,除去网络游戏、互联网广告、移动出版(含手机彩铃、铃音、手机游戏等)等三项收入,其余包括互联网期刊、电子书(含网络原创出版物)、数字报纸、博客、在线音乐、网络动漫等各项在内的收入已达到193.4亿元。其中,数字出版产业收入占新闻出版产业收入的比值由2013年的13.9%提升至17.1%。[1] 这说明我国的数字出版内容已极大丰富,在满足国内市场的情况下,应该积极探索与挖掘更加广阔的国际市场。

数字出版基地致力于打造全球化品牌

近几年,国家在政策和资金方面给数字出版业提供了大力支持。截至目前,中国国家数字出版产业基地已有12个。实践表明,这些基地能有效提高产业集中度,打通产业链,带动整体和辐射周边,其集群效应成为带动中国数字出版产业发展不可忽视的力量。国家数字出版基地所在地政府对基地发展都十分重视,纷纷出台一系列扶持政策,解决配套资金问题,创造各方面的条件大力支持和推进当地数字出版产业发展。国家数字出版基地在全面推动传统出版向数字化转型升级的过程中,一直力求构建数字出版内容生产的完整产业链,形成产品影响力广泛的数字出版龙头企业,打造一批具有国际影响力的、能够"走出去"的数字出版产品和品牌。

---

[1] 《魏玉山:2014—2015中国数字出版产业年度报告》,http://www.chuban.cc/cbsd/201507/t20150715_168554.html。

网络文学兴盛

数百万作家构成的原创阵容,再加上专业编辑的"上帝之手",最终呈现出来的网络文学想象力恢宏,故事新奇,动辄百万字计算,涵盖几乎所有的类型。最重要的是,网络文学还有着高效率的分发平台。一是在传统互联网上分发;二是在移动互联网上分发,移动互联网是一个发展迅速的市场;三是高效独特的商业模式。作者以连载的形式将作品上传到平台,刺激了作者强大的创作力和读者阅读的向心力。在线出版内容国际传播的前景广阔,以盛大文学、红袖添香等为代表的在线出版企业,通过不断推出廉价通俗的数字阅读内容,吸引着越来越多的全球网络阅读用户和手机阅读用户,尤其是为海外华人用户提供了全新的数字"悦"读体验,使得他们身在异乡也能同步阅读到国内的数字出版内容。

学术出版具有了国际影响力

我国学术出版的数字化产品水平不断提高,结构日益优化,其"走出去"的主客观条件不断成熟。近几年,我国科研人员的学术水平有了显著提高,不断涌现出世界一流的科研成果,具备了"走出去"的水平。同时,中国学者国际化背景越来越强,其英文写作能力也在不断提高,这就大大增强了我国数字出版内容的国际影响力,以及参与国际竞争的能力。国际知名科技出版商也敏锐察觉到了这一重要变化,纷纷来到中国寻求科技出版的优质内容资源。如爱思唯尔出版集团,其科技部中国区承诺将以"把中国最需要的科技信息引进来,让中国最优秀的科研成果走出去"为"首要战略任务"。[①]

中国学术期刊电子杂志社、中国科学文献计量评价研究中心与清华

---

① 王洪波:《中国科技成果到了走出去的时候》,《中华读书报》2012年8月29日。

大学图书馆于2012年12月26日共同发布了《中国学术期刊影响因子年报（2012版）》和《中国学术期刊国际引证报告（2012版）》，同时还首次发布了2012年度中国最具国际影响力学术期刊和中国国际影响力优秀期刊。此前，我国对于学术期刊国际影响力的评价，多以SCI（科学引文索引）、SSCI（社会科学引文索引）等国际权威检索机构收录与否作为唯一衡量标准，很多未被收录的期刊往往不被看好。《中国学术期刊国际引证报告》的发布是我国学术期刊乃至学术评价领域的一个突破性进展，既是我国也是国际上第一次从文献计量的角度，全面、系统、深入地向社会揭示中国学术期刊走向世界所取得的成果和存在的问题。此举标志着我国学术期刊有了统一的国际影响力认证标识。[1]

中国学术期刊（光盘版）电子杂志社、清华大学图书馆、中国科学文献评价中心于2013年12月30日发布的"2013中国最具国际影响力学术期刊""2013中国国际影响力优秀学术期刊"发现，不少非SCI和SSCI期刊的国际影响力，已经比肩甚至超过SCI和SSCI收录的众多国际期刊。中文期刊的国际影响力已平均高于大部分日文、俄文、法文等非英语WOS期刊。这意味着，我国学术期刊正积极跻身国际品牌阵营，不少国内期刊已具有了高于某些SCI、SSCI期刊的国际影响力。[2] 这有力地证明了我国学术传播体系在国际上的重要地位。

中国学术出版必须以数字化形式"走出去"，否则难以造就世界一流的学术研究与学术出版商。中国学术出版必须与全球同行同场竞技，尤其是在数字出版领域内的百舸争流。

数字出版内容国际传播的增长较快

虽然与国际数字产品的引进相比，中国数字出版内容的国际传播尚

---

[1] 王保纯：《我国学术期刊有了国际影响力认证标识》，《光明日报》2012年12月28日。
[2] 陈香：《中国学术期刊国际影响力被严重低估？》，《中华读书报》2014年1月1日。

处于起步阶段，但也呈现出数字产品出口增长较快的趋势。

从英国图书馆的整体情况来看，中国的数据库比其他亚洲国家和欧洲国家都要好，英国大学图书馆几乎没有或很少有日本、韩国的数据库。[①]

对于中国数字出版业来说，数字出版内容即是最大的资本。资本极大丰富的时候，总要寻找出口。当前中国的数字出版内容已经极大丰富，也面临着寻找出口的问题，国际传播成为一种自然的选择。

六　数字化技术创造国际传播新机遇

现代科学技术的迅猛发展，正带来全球文化竞争格局的重大调整。各国都在谋求借助高新技术的发展来增强自身的文化软实力，科技已经成为文化核心竞争力的重要方面。从一定意义上讲，谁拥有了高新技术的优势，谁的内容传播效率就越高，谁就占据了文化发展的制高点、掌握了文化发展与传播的主动权。

互联网技术和云计算技术的广泛使用，缩短了国际传播所需的时间和空间距离，促进了数字出版内容在全球范围的传播。这不仅有助于将大众出版内容打造为全球畅销出版物，更有助于学术性强、受众范围狭窄的专业出版内容寻找到世界范围的读者群。一方面，在全球范围内同步发布信息、同步出版电子出版物、同步发行纸质出版物成为现实；另一方面，受众能够以很快的速度在互联网中获取跨国家、跨地区的信息。

从世界格局来说，有些资源的配置已经没有调整的空间。新一轮资源的占有需要有新的机遇，数字出版就是这样一个机遇。中国是一个出版大国，但远非出版强国。我国的传统出版要赶上西方发达国家的水平

[①] 赵树旺、余红：《从英国视角看中国数字出版内容的国际传播》，《出版广角》2014年第5期。

比较困难,想要达到世界出版的先进水平,抓住数字出版非常关键,完全可以借此实现跨越式发展。相比传统出版,数字出版业拥有更丰富的内容资源、更多样化的载体、更便捷广阔的传播渠道,在为国际数字出版商创造国际传播便利的同时,也为中国数字出版内容的国际传播开辟了更为广阔的空间,为中国出版业赶上欧美出版业提供了重大机遇。

数字出版场域的传播特色

从技术层面看,数字出版内容国际传播具有三个明显特征。一是网络化,数字出版内容主要是通过网络进行生产和传播;二是无国界,能实现文化资源的全球共享;三是多渠道立体化传播,数字出版商为用户提供的是一种更加丰富的内容体验和服务。

首先是网络化。数字出版内容国际传播体现了内容数字化、流通网络化等特点,大大"缩短"了国际传播的物理距离。传统出版在"走出去"的过程中,由于市场分散在全世界各个地方,因此运输本身是个很大的问题,而数字出版内容的网络传播方式解决了海外市场过于分散的难题。新技术和新渠道的结合为中国出版业带来了新市场,中国数字出版内容得以更便捷地在国际舞台上展现自己的优势,覆盖更多的人群,促进中国科技与文化的国际传播。

其次,网络化传播的特色决定了数字出版内容国际传播具有无国界的特性,这使得国际出版业可以实现及时、有效、便捷、经济、全方位、多向度的合作,全球受众也将更加便捷地获取来自中国的出版信息与出版产品。文化资源的全球共享对中国数字出版内容国际传播是一个巨大的机遇,因为这意味着中国的出版业可以在全球数字出版技术的浪潮中进行资源重组和产业布局,抢占行业发展制高点,从而促进整个中国数字出版内容资源的丰富。一方面,数字出版打破了地域局限,为出版产业打开了国际化的大门;另一方面,只有国际化,才能发挥数字内容的最大价值和市场潜力,两者之间的密切关联是与生俱来的。数字出版内容国际传播的基础是数字技术应用的普及和发展,以及国际数字出版方式的创新,前者为数字出版内容的国际传播提供了技术支持,后者则关乎到内容的生产与传播过程,两者结合才能实现数字出版内容真正的国际化。中国数字出版内容正值"走出去"和技术转型的关键时期,如何将两者有效地结合起来,构建全新的国际传播模式,是值得我们进行战略性思考与布局的重要问题。

再次,数字出版内容传播渠道呈现多层次立体化的特点。数字出版内容提供商会利用一切可以利用的渠道进行传播,因为数字出版内容的优势就在于兼容并包。互联网只是数字出版内容传统的发行渠道,数字出版内容国际传播平台与社交网络平台相结合,将成为一个重要的发展趋势。

数字出版内容可以利用优质的传统出版内容资源,在结合全媒体技术的基础上,呈现出满足市场个性化需求的多样化数字产品,同时提供个性化的定制信息和多样性的阅读体验。电子图书、数字报纸、数字期刊、数据库、在线服务等,是与数字出版相伴生的新型出版产品形态。对于这些新产品形态,业内要深入研究其特质以及对出版产业链的相关影响,并密切关注海外发展轨迹,结合国内实际做好趋势预判和合理的发展规划,引导数字出版内容国际传播的良性发展。

有一点可以肯定的是,未来的国际用户将会越来越多地使用平板电脑和各种手持阅读终端,他们对内容的需求也将会越来越高,因此平台发展会影响数字内容国际传播的深度与广度。同时,通过数字出版内容国际传播平台的国际传播,大量中文数字资源可以进入国际市场,这有助于在国际范围内提高我国的认知度,从而大幅提升中国文化的国际竞争力。

数字出版内容国际传播以其跨越国界、快捷便利的特性,为世界各国了解中国文化提供了重要契机。数字出版内容国际传播是帮助国际社会认识和理解当代中国的最佳渠道。只有抓住数字化时代的重大历史机遇，积极实施数字出版战略，大力发展以数字化生产和网络化传播为主要特征的数字出版内容，才能实现我国数字出版业的跨越式发展。所以，如何依托先进的数字技术进行内容生产与国际传播，进一步推动中国文化"走出去"，走向国际舞台的中央，成为中国数字出版内容国际传播的工作重点。

依托数字技术进行国际传播

数字出版是当前重要的出版形态，且日益成为国际文化传播的重要载体。其表现为内容生产数字化、管理过程数字化、产品形态数字化和传播渠道网络化。因此我们要积极依托不断更新的传播技术和传播手段进行文化内容的生产和流通，形成新型的传播模式。

中国数字出版的整体发展态势已经比较清晰。新技术的应用开启了数字出版的全新业态，数字出版内容国际传播平台成为推动产业发展的突破口。目前，中国已基本形成了运营商型内容国际传播平台、文学创作型内容国际传播平台、技术服务型内容国际传播平台、信息服务型内容国际传播平台和电子商务型内容国际传播平台等五大类型，呈现多元化的发展态势。

中国正在积极建设数字出版内容国际传播平台，其目标是打造一个或多个中国数字出版内容"走出去"的、有国际影响力的数字传播平台品牌。多年以来，由于缺乏为国际图书用户所认同的数字出版内容传播平台，我国的数字出版产品数量虽然居世界前列，但大多没有进入全球视野，这也限制了中外出版交流的广度与深度，不利于我国出版与文化事业的进一步发展。究其原因，这与我们不了解国际终端用户的消费行为大有关系。所以，数字出版内容国际传播平台的建构与应用，具有现实意义与战略意义。

对于数字出版内容的国际传播，从企业认识到企业自觉行为是一个过程。作为处于历史变革时期的出版企业,我们应该发现和利用数字出版给我们带来的国际化机遇,借助技术变革带来的产业空隙,以及政府战略决策的有力支持,与国际出版业进行平等的对话与交流,推动中国出版产业实现国际竞争地位的全面提升。

在人类文明发展史上,出版业一直与科技创新相伴而行,数字出版正在国际出版传播中发挥重要作用。数字出版内容国际传播将推动和创新传播模式,最终促进相关产业加快发展方式的转变,推进中国文化在全球范围内的传播。

第 2 章 中国数字出版内容国际传播模式

鉴于中国文化海外传播和文化软实力提升的迫切需要，中国数字出版内容国际传播的步伐明显加快，基本模式日渐清晰，包括数字版权传播模式、平台传播模式、在线教育与服务模式。探讨这些模式的运行规律和特点，分析各自的优势和劣势，有助于国内数字出版企业在国际传播过程中趋利避害、做出理性的模式选择，有助于形成新的覆盖广泛的数字出版内容国际传播体系。

一 数字版权产品传播模式

数字版权是数字出版内容国际传播最本质的经营资本，数字版权传播是中国数字出版内容国际传播的主要模式之一。数字版权即《著作权法》规定的信息网络传播权，是指将作品数字化以后进行传播的权利。数字版权是数字出版产业发展的基础，离开数字版权，数字出版业就会失去竞争力。数字版权的国际传播是指，国内出版企业通过签订许可合同或转让合同的方式,把自己拥有的数字版权授予目标国(或地区)出版机构,允许其在支付相应报酬的情况下,使用自己的数字版权从事相关出版活动。

数字出版内容国际传播的过程就是获得、创造和营销数字版权资源的过程,首先需要获取数字版权,同时争取获得数字版权更多的邻接权,然后才是进行数字版权多元开发与国际传播。在这个信息多元化的时代,数字版权产品日趋多元化,包括数字版权、电子书、数字应用及按需出版等。

数字版权传播模式

面对数字时代的深刻变革,我国数字出版业越来越重视国际市场,参与国际传播的数字出版商日渐增多,数字版权国际传播的数量和种类也一直呈现增势。具体而言,数字版权传播模式主要体现在以下三类出版产品中。

一是词典类产品的数字版权传播。中国人民大学出版社早在2006年就开始销售《21世纪英汉大词典》的数字版权,将词典的数字版权卖给多国服务商,为人大社带来了丰厚的版税收益。[①] 国防工业出版社自2009年以来,与30多家海外出版商建立了长期、稳定的合作伙伴关系,其数字版权产品也实现了成功输出。该社曾在2010年一次性向美国一家科技公司出售了13种英汉科技词典的电子版权,收入版税200多万元。2012年,机械工业出版社将《英汉电工电子缩略语词典》和《最新英汉综合经济词典》非独家电子版权授予美国某工程咨询公司,取得了理想的经济效益。

二是科技与法律类书刊的数字版权传播。2011年5月,商务印书馆与荷兰威科集团签署了《中国版权新问题:网络侵权责任、Google图书馆

---

① 黄禾青:《我国图书出版业"走出去"的内容创新策略》,《观察与思考》2012年第9期。

案、比赛转播权》和《中国法律与中国社会》两本书的英文纸质版和数字版的版权销售合同，实现了传统出版与数字版权同时"走出去"。2011年12月，浙江大学出版社与美国一家科技公司签订了《中药质量现代分析技术：中国药典一部参考手册》外文数字版权的输出协议，版税收入15万美元，[①]不仅创科技图书单本数字版权输出收入新高，而且为数字版权国际传播打开了新视角。2013年，上海交通大学出版社将数百种精品科技专著投放到爱思唯尔出版集团的ScienceDirect数字出版平台上，供全球科研人员下载使用，取得了丰厚的经济收益。

加快英文版学术期刊的数字版权输出，是中国出版商国际化发展的基本策略。多年以来，由于缺乏为国际学术界所认同的英文学术出版平台，我国的科研成果发表量虽居世界前列，但大多没有进入全球视野，这也限制了中外学术交流的深度与广度，不利于我国学术、科研事业的进一步发展。为了改善这一情况，由教育部启动、高教社承担的中国学术前沿期刊（*Frontiers in China*）应运而生，现已初步形成规模化出版、有国际话语权、有竞争力的英文期刊出版品牌，不仅在学术期刊数字出版的海外销售方面取得了突破性的成就，而且使中国的学术论文进入了全球论文检索系统。目前，中国学术前沿期刊系列部分期刊已为EI（《工程索引》）所收录，部分期刊进入了ISI的评估环节，还有部分期刊进入了10种国际重要的摘要和索引系统。

在学术期刊的数字出版环节上，高教社采用了国际学术期刊数字出版领域先进的排版和数字加工技术。该技术可以有效提高对论文内容的精确索引和内容重用，方便与国际第三方平台的数据交换。为改善我国学术期刊出版界一直缺乏面向海外的学术期刊数字出版平台和销售渠道的境况，高教社在学术期刊项目立项伊始就明确了国际合作的思路，并最

[①] 张鸽、张凌静、李峰伟：《〈中为质量现代分析技术〉中国药典一部参考手册》《中华读书报》2013年8月28日。

终选择施普林格公司作为合作伙伴。双方的合作模式很明确,高教社承担学术期刊的出版环节,并负责学术期刊的国内销售;施普林格公司负责开拓期刊的海外销售渠道。这对提升中国学术出版的数字传播能力具有积极意义。①

科学出版社也是中国科技出版界开展对外合作的先行者之一,该社出版学术期刊235种,包括42种英文期刊,其中已有17种期刊与施普林格达成了合作出版协议,7种与爱思唯尔达成合作出版协议。这些英文科技期刊借助国际知名科技出版集团的平台和营销手段,实现了数字版权的国际传播,其发行量与影响因子都有了显著提升。以《中国科学》和《科学通报》两刊为例,在施普林格的科技论文数字化平台SpringerLink上,两刊的全文下载量由2006年的不足9万次上升到2011年的72万余次,其中《科学通报》一直是该平台被下载最多的中国期刊,被誉为"明星期刊"。② 两刊由此逐步打开海外市场,2010年的销售收入达到了142.70万美元,数字版权的版税收入近50万美元。③ 另外,科学出版社还汇聚该社优质内容资源"科学e书房"系列产品,力争在数字版权国际传播上取得更大成效。

《浙江大学学报》英文版A辑(应用物理与工程)也采取了与科学出版社相同的国际传播策略。该刊于2006年和施普林格进行合作,借SpringerLink数字化出版平台向全球发布该刊内容,实现了数字版权国际传播,在较短时间内被全球29家国际权威检索库评估收录,在60多个国家和地区的学术圈有了认知度,产生了广泛的国际影响。④

三是教育出版内容方面的数字版权传播。安徽教育出版社全资控股的安徽教育网络出版有限公司,在数字版权国际传播方面进行了有效的

---

① 赵树旺:《高教社数字出版传播平台的建构与应用》,《神州》2012年第11期。
② 林鹏:《〈中国科学〉:打造科技期刊的旗舰》,《光明日报》2012年10月23日。
③ 柯吉:《林鹏:数字化、国际化推动"走出去"》,《中华读书报》2011年8月31日。
④ 武文茹:《人文社科学术期刊"走出去"的路径》,《出版广角》2013年第11期。

探索,并初显成效。该公司将传统出版与数字新媒体技术结合,先后打造了"时代 e 博"、时代空中课堂、少儿互动阅读等数字出版平台,大力开展数字版权输出业务。①"时代 e 博"面向全国整合具有版权的内容资源,为全球读者提供海量的、支持多终端的正版数字阅读出版物与数字教育出版物。该平台的运营模式引起了国际出版机构的兴趣,澳大利亚、加拿大等国外数字出版企业纷纷与安徽教育网络出版公司签订了"时代 e 博"数字出版战略合作协议,此举创新了中国数字出版内容的国际传播形式。

在汉语教材方面,传统版权输出正向数字版权输出方向发展,这有助于扩大汉语和中国文化在全世界的受众面和影响力。数字版权合作已经成为北京语言大学出版社对外传播汉语教学产品的重要形式。早在 2008 年,北语社就加强了汉语辞书的数字版权输出,其中《汉英双解词典》《部首三字经》《汉语 8000 词词典》以数字版权形式(主要在电脑软件、掌上学习机、手机上使用)分别卖给德国和俄罗斯。②

目前,随着图书出版数字化进程的加速,数字版权国际传播的进程也相应加快。根据国际市场的新变化,中国数字出版商正在深入探索数字版权的国际传播模式和版税支付方式,探索面向海外图书馆、国际数字出版商的数字版权合作模式。

电子书传播模式

电子书是数字出版内容国际传播重要的组成部分。比起传统纸质图书,电子书更适合走出去。中文电子书往往集阅读、视听、检索等数字化优势于一身,成为我国出版业"走出去"战略优先发展的重要方向。近几年来,我国以中文电子图书为主体的数字出版产业发展迅猛。电子图书

---

① 朱昌爱:《从版权"走出去"到产业"走出去"——安徽出版集团"中国图书对外推广计划五周年"综述》,《出版广角》2011 年第 4 期。
② 苗强:《北语社:根据市场变化 及时调整输出策略》,《出版参考》2011 年第 22 期。

数字化所形成的全新技术平台和传播媒介,已经充分彰显了未来数字出版互动快捷、内容丰富、功能完善的多方面优势和巨大商业潜力。探索中文电子图书的国际传播策略与方式,既是我国电子图书产业现实发展的客观需要,也是实现我国出版产业"走出去"战略的必然选择。

电子书传播模式主要适用于大众出版内容。京东图书的海外网站自2012年10月上线以来,文学类图书销量位居榜首,占图书总销量的24.4%,主要购买群体为海外华人以及对汉语和中国文学感兴趣的海外人士。①

国内各家出版商都在致力于拓展电子书国际传播的种类及覆盖范围。2010年,安徽出版集团与韩国最大的政府漫画事业机构富川漫画情报中心联手打造"学习型漫画品牌系列之《魔术笔记》",在中韩两国同步发行,并成功借助iPad实现了电子书的全球发行。在该项目的带动下,一批原创本土漫画如《黑脸大包公》《啊拉唧嘶系列幽默漫画》相继登陆各种传媒终端,实现全球同步销售。皖版集团每月还会定期整理、筛选、上线近20种图书,使其登陆各种传媒终端。② 2011年年初,山西科学技术出版社的一批武术保健类图书引起加拿大一家电子公司的兴趣。经过多次协商,山西科学技术出版社与这家公司签署了网络电子出版协议。至2011年年底,山西出版传媒集团共有36种电子书实现输出,其中13种武术图书输出到加拿大,是晋版图书电子版首次走向欧美市场。③ 科学出版社的重量级图书《中国植物志》《中国出土玉器全集》等都已做成了离线数字阅读产品,受到海外读者的关注。截至2012年,该社已累计出口在线及离线数字产品200余项。④

---

① 宋平:《图书版权如何走向海外》,《中华读书报》2013年12月4日。
② 陈香:《六大亮点、五大路径辟出"走出去"新图景——时代出版"点兵"今秋博览会》,《中华读书报》2011年8月31日。
③ 赵玉:《山西出版传媒集团:在走出去道路上求索》,《全国新书目》2012年第9期。
④ 王志欣:《积跬步方能至千里——科学出版社"走出去"经验》,《出版参考》2012年第21期。

有些国际数字出版商或数字图书馆成为中国电子书国际传播的重要合作对象,如美国圣智学习集团。2012 年,新华文轩出版传媒股份有限公司在数字出版领域与美国圣智学习集团开展深度合作,积极利用圣智学习的电子书平台——圣智盖尔电子图书馆,为海外用户提供能够反映当代中国经济、社会、文化发展的大批量权威电子书。[1] 2013 年,江苏人民出版社出版的 78 卷、4000 万字的《南京大屠杀史料集》和 10 卷、500 多万字的《中国近代通史》进入圣智盖尔电子图书馆,全球读者可通过该电子平台阅读和利用这两部大型出版物。[2] 2013 年 3 月,安徽教育网络出版有限公司向美国圣智出版集团输出了《李鸿章全集》《胡适全集》等电子书,加强了该公司在国际市场中的认知度。

同时,中国文著协已经与亚马逊展开合作,着力打造"中国电子书海外版权推广平台",致力于利用海外资源和渠道,为广大作者和中小出版社搭建电子书传播平台。

数字应用传播模式

新技术浪潮下,中国数字出版内容一直在通过新兴的多媒体平台开拓更大的国际市场,借此弘扬中华民族的优秀文化。尤其是数字应用类产品,备受各家出版机构的青睐。美国苹果网上应用商店(App Store)已成为中国数字应用国际传播的绝佳平台。此类应用传播模式适用于文化、生活、旅游类特色内容的传播。

首先是文化类数字应用。华语教学出版社"博古通今"丛书的电子版权多次输出,并已在苹果应用商店成功上线,全球 iPhone 用户均可付费下载阅读其电子版本。该丛书共 4 册,精选汉语中最有价值的、常用的、

---

[1] 《新华文轩 600 种图书参展 BIBF 数字出版签约"走出去"》,《中国出版传媒商报》2012 年 10 月 16 日。
[2] 王洪波:《出版,为了人的现代化——访江苏人民出版社总经理徐海》,《中华读书报》2014 年 1 月 8 日。

表现力强的成语、谚语、歇后语、典故各100则。每则均附英文释义、精美插图及难解词语的中英文注释。它有助于对中国语言感兴趣的国际用户提高语言表达能力,了解汉语背后深层次的文化内涵。中国外文出版发行事业局在苹果应用商店推出了"老人家说"系列丛书的数字应用程序,该程序包括《孔子说》《孟子说》《老子说》《庄子说》《孙子说》,配以注释、英文译文和精美插图,可满足对中国传统文化感兴趣的国际读者的需求,帮助他们了解中国传统文化的精髓,iPhone 手机用户对该应用程序的下载量十分可观。[①] 北京语言大学出版社的汉语学习应用也已于2012年登陆苹果商店。

其次是旅游类数字应用。中国对外翻译出版公司于2011年9月2日在苹果应用商店推出了自主开发的《中华文明博物馆之清代卷》应用,该应用以英文搭配精美图片和3D视频的形式,从文化、历史、建筑、人文等多个角度对清代皇家建筑及园林进行了全方位介绍,内容包括《故宫——皇家宫殿》《颐和园——皇家园林》《天坛——皇家祭坛》《清东陵、清西陵、清北陵——皇家陵寝》以及介绍清朝历代统治者的《中国帝王图》,国际用户可以通过 iPad 或 iPhone 下载使用。

再次是生活类数字应用。2013年,中国国际图书贸易集团有限公司完成 iOS 应用产品"iChinese cooking"的设计制作,并在苹果应用商店上线销售。"iChinese cooking"是以喜欢中国菜的外国人为主要对象的新媒体应用产品,分中、英文两个版本,适用于苹果公司的各种移动终端设备。该款产品收录、分类了中式家常菜,可进行分步教学,并有提醒、分享等功能。随着程序升级,"iChinese cooking"还将不断更新菜品内容,国图集团公司也将同步开展产品在线推广营销活动。[②] 江苏科技出版社在苹果应用商店推出了《针灸经络穴位》应用程序,60%的下载用户来自欧

[①] 《"老人家说"系列:成功推动中国传统文化"走出去"》,《中华读书报》2011年8月31日。
[②] 《国图集团公司新媒体应用上线苹果店》,《中国出版传媒商报》2013年7月5日。

美地区,[①]取得了比较理想的国际传播效果。

按需出版传播模式

按需出版是中国数字版权国际传播的创新业务模式之一。按需出版能够在整合中国出版资源的情况下进行数字化的全球传播,国内出版机构主要负责数字版权资源的吸收与整合,国际机构负责数字版权资源的全球出版与发行。对于中国出版业而言,按需出版的价值在于,促进中国出版内容充分利用海外出版发行资源推广中国数字版权。

按需出版以其产品数字化、流通网络化、交易数字化等特点,大大缩短了出版内容国际传播的距离,也解决了国际市场过于分散的难题。同时,按需出版能够充分利用数字出版技术,打造先订后产、以销定产的业务模式,极大降低了中国出版内容的国际化运营成本和投资风险,也为小众化的专业出版商提供了广阔的发展空间。

最典型的案例是钟书国际出版网,该网站是中国合作出版商与美国钟书国际出版公司(Booklover International Press Inc.)联合建立的创新型国际化按需出版平台,致力于将中国数字出版内容资源带入国际主流渠道,扩大中国文化的全球影响力。该网站与北大方正、清华知网、中文在线、汉王科技等中国数字出版商合作,通过运用维基出版的新型商业模式与核心技术,根据国际出版市场需求策划选题,征集中国作者的开放式创作,然后将作品内容上传到网络平台,由平台编辑出版,并在美国亚马逊等国际主流发行体系进行售卖,获得订单后直接在当地进行按需印刷和配送,同时也供 Kindle、iPad 等阅读器进行国际付费数字下载阅读,在获得图书销售收入后,平台按协议比例转交中方合作出版社与作者。钟书国际正在实施和计划中的国际发行渠道包括美国的亚马逊网络书店、英格拉姆、贝克泰勒、巴诺书店,英国的布莱克威尔、水石书店,韩国的教

[①] 王珺:《2012 年新闻出版走出去亮点解析》,《出版参考》2013 年第 7 期。

保文库等国际出版物发行网络。① 截至2011年3月,该平台已将上百种中国出版物以按需出版的形式,成功输出到美国第五大道国际出版平台上,并通过亚马逊等国际渠道进行全球销售。

另外,中国出版机构与美国全球按需出版集团(PODG)在全球范围内的按需出版合作也有很多。美国全球按需出版集团是一家全球领先的按需出版公司,已经通过按需出版技术协助诸多作者和出版商打入纸质书和电子书领域的全球市场。2011年,福建教育出版社把《中国传统乐学》《当商帮已成浮云》《影像辛亥》《中国陶瓷艺术简史》等10多种图书的版权授予美国全球按需出版集团,允许其在除中国大陆以外的其他国家和地区进行按需出版与发行。通过这次合作,福建教育出版社尝试与美方共同拥有英文版权,在全球范围内以按需印刷形式出版图书。2012年,安徽科技出版社的《中国盆景金奖集》、小说选刊杂志社出版的《爱情到处流传》以及34本获得"中国图书对外推广计划"翻译资助的图书,由美国全球按需出版集团推出面向全球市场发行的、按需出版的英文版电子书。

二 平台传播模式

数字出版内容传播平台是融合内容创作、生产、管理、传播和服务的出版支撑平台,不仅包含数字出版物,更包含由数字出版物衍生的一系列服务的出版生产过程和商业模式。其主要传播目的是通过数字化传播方式精准定位国际读者和消费群,并以消费者的需求为出发点,生产、传播内容。

无论是传播距离、品种丰富程度,还是交易成本,数字出版内容传播

---

① 韩晓东:《数字化战略:中国出版"走出去"的新方向——钟书国际出版网的探索意义》,《中华读书报》2011年8月31日。

平台都远比传统出版平台优越。一般而言,数字出版内容传播平台都是开放的系统,具有一定规模的平台可以吸引更多的参与者,更多参与者的加入可以扩大用户基础,用户基础的扩大又可以提升平台上所有用户的价值,从而形成良性循环。当平台发展壮大到处于支配性地位时,传者与受者都会与平台形成一种相互关联的共生关系。对内容提供商来说,传播平台预示着低廉的交易成本与海量的用户,而退出成熟的传播平台意味着海量用户的失去和交易成本的上升。基于以上分析,谁控制了传播平台,谁就控制了内容市场。

从现实情况来看,目前我国数字出版内容国际传播平台主要包括期刊数据库、数字图书馆、复合型数字资源平台、网络文学传播平台、数字资源交易平台等几种模式。从国际传播视角看,这些平台的职责不只是提供数字化的产品,而是要建立一个能够与爱思唯尔、谷歌、亚马逊、苹果等相提并论的平台。

期刊数据库

期刊数据库是数字出版内容国际传播的重要形态。期刊数据库立足于期刊的海量信息,能进行相关文献的全文检索,有的可以免费阅读,有的需要付费下载阅读,有的可以买断。我国期刊数据库平台中,中国知网期刊杂志库、万方数据、维普资讯网、龙源期刊网占据了全国电子期刊市场90%以上的份额。[①]

经过多年发展,中国知网期刊杂志库已经成为大规模、国际化的期刊数据库平台。1999年6月,清华大学、清华同方发起成立中国知识资源总库,并将其定位于为海内外各界人士提供知识与情报服务的专业平台。至今,知网期刊杂志库在全球已设有10个服务站点,包括美国、德国、中东、日本、韩国、澳洲、香港、台湾和巴西等,并且与施普林格、威利、剑桥大

[①] 章永宏:《内容战略转型:平台竞争背景下出版社的生存之道》,《出版广角》2011年第11期。

学出版社等国际著名数字出版平台实现了内容整合与共享的一体化服务。这种平台合作模式通过相互开放检索接口,共享数据,达到方便用户使用、扩大各自市场的目的。另外,中国知网与 EBSCO、Proquest、iGroup 等国际数据库整合服务平台实现了渠道、订购平台与用户资源共享和联合服务。①

以海量信息与搜索技术为支撑,中国知网期刊杂志库已在数字出版内容国际传播中拥有举足轻重的地位。其在全球范围内的注册用户数已超过 4000 万,中心网站及设在全球的镜像站点年文献下载量突破 30 亿次,成为全球都很推崇的知识服务品牌。② 截至 2011 年年底,稳定使用并且每年连续订购其数字产品的海外大型机构用户达到 1200 余家,分布在 42 个国家和地区。用户类型包括高等院校、科研机构、政府机构、公共图书馆、医院、企业等,如哈佛、剑桥等 400 多所国际知名研究型大学,白宫、欧盟等政府机关,美国国会图书馆、德国柏林图书馆等国家级公共图书馆,兰德公司等著名企业。此外,其用户类型也开始向中小国家的中小机构和个人扩展。③ 世界前 500 强大学中,共有 171 家是平台的机构用户,占有率为 34.2%;美国卡耐基分类一类院校总计 151 所,其中 102 家是平台的用户,占有率为 67.5%;日本、韩国、澳大利亚等高端市场占有率更高,均超过 70%;港澳台高等院校和研究机构已实现 100% 覆盖。④

中国知网已经形成了相对成熟的国际传播模式,包括单本检索与订阅、按图书数据库子类别订购、主题数据库订购等,并建立了符合国际规范的内容揭示与选购、订购流程、版权与使用授权、订户稳定服务等一整套标准化服务,甚至还包括最新出版内容的定向推送、用户个性化选购、订单处理等全套数字出版发行与服务流程。正是这种细致全面的传播模

---

① 何翠:《跨语言数字出版国际营销平台的营销模式》,《新闻世界》2013 年第 4 期。
② 《中国知网产品与服务》,http://ec.cnki.net/cp&fw.html。
③ 王明亮、汪新红:《探索期刊优先数字出版模式》,《传媒》2010 年第 11 期。
④ 何翠:《跨语言数字出版国际营销平台的营销模式》,《新闻世界》2013 年第 4 期。

式,让知网建立了全球化服务网络。

相比中国知网期刊杂志库,万方数据、维普资讯、龙源期刊网等数据库也各有其国际传播特色。

万方数据整合了中国学位论文数据库、中国会议论文数据库、中国科技成果数据库、专利技术数据库、中外标准数据库及科技文献数据库等。① 万方数据已设立海外市场部,主要针对亚太和欧美等海外市场进行拓展。

维普资讯网成立于2000年,其核心业务内容是中文科技期刊数据库,现已成为全球著名的中文信息服务网站、全球图书馆建设的核心资源之一。维普资讯的外文科技期刊数据库为联合国的20余个著名图书情报机构提供方便快捷的原文传递服务。维普资讯还与全球最大搜索服务商谷歌展开合作,成为谷歌学术搜索频道(Google Scholar)最大的中文内容合作平台。

龙源期刊网的定位是要将优质的中文内容与中国文化传播出去,"龙源"名字也由此而来。2011年,龙源调整了当初为海外华人提供数字期刊阅读服务的定位:不仅要面向海外华人市场,更要赚外国人的钱;不仅包括中文内容,还要包括所有中国生产的、关于中国的内容。② 龙源电子期刊数据库一直遵循着这样的定位进行全球拓展,主要瞄准欧美市场。自2004年美国纽约皇后公共图书馆和布鲁克林公共图书馆签约购买龙源电子期刊阅览室后,龙源期刊网现已覆盖美国、加拿大、澳大利亚、新加坡、新西兰等国家的600多家主流机构,美国纽约70%的公共图书馆、加拿大多伦多60%的公共图书馆均已使用。

同样具有国际传播宏大构想的期刊数据库平台是国家哲学社会科学学术期刊数据库。该数据库立足于2012年3月启动的国家社会科学基

---

① 《数字出版解读》,http://www.docin.com/p-707298291.html。
② 李淼:《"走出去":我们在路上》,《中国新闻出版报》2011年8月31日。

金特别委托项目——国家哲学社会科学学术期刊数据库,定位于整合全国社科研究学术期刊数据资源,致力于推进学术资源的公益使用、开放共享,提升哲学社会科学信息化水平,切实增强国家文化软实力。截至 2013 年 7 月 10 日,该数据库已与 425 家学术期刊社签署了合作协议,并与数十家科研机构进行了深入交流,于 2013 年 7 月 16 日正式上线运行。承建方不断拓展与国内外学术研究机构的交流与合作,宣传推广数据库,致力于把数据库打造成社科期刊界专家学者的成果展示平台,打造成中国哲学社会科学"走出去"的强劲助推器,推动优秀学术成果更快走向世界。[①]

数字图书馆

数字图书馆是用数字技术处理和存储各种图书的虚拟图书馆,实质上是一种多媒体制作的数字信息资源库。纵观全球,数字图书馆以其信息量大、方便检索、便于保存等技术优势,成为全球图书馆建设的重要生力军。目前,在我国的数字图书馆市场上,方正阿帕比、书生公司、超星、中文在线四大数字图书馆拥有上百万的图书资源,占据了全国电子书市场 90% 以上的份额。[②] 另外,中国知网的数字图书馆以及中国数字图书馆的国际业务发展也很快。中文数字图书馆作为文化传承的载体,已经被国际用户普遍接受。

技术运营商致力于数字图书馆的国际化

方正阿帕比数字资源平台是方正集团旗下专业的数字出版技术及产品提供商,成立于 2006 年 4 月,其前身是成立于 2001 年的北京北大方正电子有限公司数字内容事业部。方正阿帕比在继承并发展方正传统出版印刷技术优势的基础上,自主研发了数字出版技术及整体解决方案,现已

[①] 张雁:《打造公益开放的国家级学术期刊数据库》,《光明日报》2013 年 7 月 17 日。
[②] 章永宏:《内容战略转型:平台竞争背景下出版社的生存之道》,《出版广角》2011 年第 11 期。

发展成为全球领先的数字出版内容和技术提供商。该数据库收录的图书以 2000 年后出版的图书为主，共 23 大类，学科涉及文学艺术、语言、历史、经济、法律、政治、哲学、计算机等多个类别，总量达百万本，且每年都有 10 多万的电子书不断加入。方正阿帕比还新增了中国工具书资源全文数据库、中国年鉴资源全文数据库等全新的产品系列，构建起一个结构完整、规模庞大的精品数字资源体系。

方正阿帕比多年坚持在数字出版领域不断创新，同时推动中华文明的全球传播。目前，阿帕比电子书产品已在全球 3 000 多家学校、公共图书馆、教育城域网、政府、企事业单位等机构应用，①包括牛津大学图书馆、纽约皇后区图书馆、德国国家图书馆、新加坡国家图书馆、加拿大麦吉尔大学图书馆等，为中国文化"走出去"做出了贡献。②

方正阿帕比电子书及数字图书馆系统——"中华数字书苑"，曾数次被作为国礼赠送给国际用户。2009 年 2 月，前总理温家宝访问英国期间，将一套由其亲笔题字的"中华数字书苑"作为国礼赠送给剑桥大学。2009 年 10 月 15 日，原中国新闻出版总署署长柳斌杰在法兰克福国际书展上，向德国柏林国家图书馆赠送了包含 20 000 多种精选中文书籍的"中华数字书苑"。2009 年 10 月 8 日，习近平主席向比利时鲁汶大学赠送了"中华数字书苑"。该校汉语系学生齐声诵读"有朋自远方来，不亦乐乎"等《论语》名句表示欢迎和感谢，并表达了对中国文化的热爱。可见，电子书及数字图书馆作为一种新兴的数字出版物，已成为向世界传播中华文明的渠道和载体。

超星数字图书馆开通于 2001 年 1 月。截至 2011 年年底，超星数字图书馆已拥有 260 多万种中文图书的全文信息和 330 万种书目信息。从资源内容上看，超星电子图书不仅包含许多经典著作，也包含大量新近出

---

① 《阿帕比数字资源平台"关于我们"》，http://dlib.apabi.com/nlc/foot.aspx。
② 王化兵：《方正阿帕比电子书成为国礼 温总理赠予剑桥大学》，《出版参考》2009 年第 6 期。

版的学术著作,其优势在于文献量非常大、覆盖时间段长且内容范围比较广。超星数字图书馆通过读秀学术搜索平台为全球用户提供服务,国际用户可以通过该搜索引擎实现对超星电子图书、期刊、学位论文等各种数字资源的一站式检索,极大地提高了国际用户的检索效率与用户忠诚度。

另外,中文在线、书生、知网等都基于自身的中文信息与数字化技术建立了全球性数字图书馆。中国知网按"中国图书分类法"将海量资源分成了168个学科数字图书馆和3000多个子专业数字图书馆,国际用户可以根据自己的研究领域,选择进入某学科专业领域的数字图书馆,既可纵览本学科全部文献内容,又可涉猎本学科的相关领域。各馆可向用户一目了然地、详细地揭示该学科及其边缘、交叉学科的重要研究成果、进展与动态,并可使用户了解、掌握重要项目和相关研究人员与机构的研究历史和最新动向。[①] 这些都极大地方便了使用者的深入研究。

传统图书馆向国际化数字图书馆转型

除了上述技术运营商搭建的国际化数字图书馆,传统图书馆在向数字图书馆积极转型的同时,也在谋求国际化发展。其中具有代表性的是由中、美两国计算机科学家倡导的中国大学数字图书馆国际合作计划(China Academic Digital Associative Library,简称CADAL)。该数字图书馆与"中国高等教育文献保障系统(CALIS)"一起构成了中国高等教育数字化图书馆的框架。CADAL项目建设的总体目标是构建拥有多学科、多类型、多语种海量数字资源的学术数字图书馆。该项目由浙江大学和中国科学院研究生院牵头,与北京大学、清华大学、复旦大学、南京大学等16所国内高校和美国哈佛大学、伊州大学香槟分校图书馆、德国柏林中央图书馆、瑞典皇家工学院图书馆等国际教育机构,展开资源共建共享合作。CADAL网站收录的中文图书包括珍贵古籍、民国时期出版的图

[①] 《中国知网"产品与服务"》,http://ec.cnki.net/cp&fw.html。

书、现代学术著作文库、博硕士学位论文及其他特色文献资源；英文图书则包括美国大学图书馆核心馆藏、技术报告等进入公共领域的图书资料。该数字图书馆对全球用户开放。用户进入该网站服务平台后，可以享受到全方位、个性化的文献检索浏览、电子资源导航、个性化定制等服务，其电子书字迹清晰，阅读效果良好。[①]

全国图书馆联合编目中心数据库是另一个典型的国际化数字图书馆发展模式。计算机与互联网技术的迅猛发展，将文献编目从各自为阵的手工操作中解放出来，机读化、网络化、标准化、集成化成为新潮流。国家图书馆作为国家总书库和国家书目中心，自觉地担负起为图书馆系统提供服务支撑、引领业界实现图书馆价值再造、增强行业话语权的职责。联合编目使一个图书馆的信息，延伸为可以让全世界图书馆和读者共享的信息。在世界最大的图书馆合作会员制组织——计算机在线图书馆中心（Online Computer Library Center，简称 OCLC）的多次邀请之后，国家图书馆于 2008 年正式与其签署数据合作协议，将近 230 万条中文书目数据进行格式转换并上传至 OCLC 的 WorldCat 资源共享网络中，极大地方便了海外用户对中文文献的检索、获取。2008 年，国家图书馆馆际互借中心的国际互借量由上一年的 744 次增至 1932 次。[②]

网络文学传播平台

网络文学传播平台充分体现了产品数字化、流通网络化、交易数字化等特点。在国际传播过程中，网络文学平台能充分发挥互联网的传播优势，将中国文学内容以最小的成本、最快的速度向全世界传递。其中，盛

[①] 百度百科：《大学数字图书馆国际合作计划》，http://baike.baidu.com/link? url=Pr2Mfs9nvkecITmPcJF3SRKP_ZvvMDOZYgQIqRcK_xFPyBJgYBW65－FngwqMnjOIyp2bUEvEmVVF_PK2UaPcyK。

[②] 庄建：《走进信息资源共知共建共享时代——记全国图书馆联合编目中心》，《光明日报》2013 年 6 月 13 日。

大文学是一个标杆式的文学平台,值得借鉴。

盛大文学是盛大集团旗下文学业务板块的传播平台,自2008年7月成立至今,盛大文学运营的原创网站包括起点中文网、红袖添香网、言情小说吧、晋江文学城、榕树下、小说阅读网、潇湘书院等七大原创文学网站以及天方听书网和悦读网。在国际出版市场,盛大文学已不再是一个无名小辈,其读者遍布全球200多个国家和地区。[①] 盛大文学的商业模式已经可以和亚马逊、苹果相提并论,被业界誉为国际三大主流数字出版模式。

作为中国网络文学国际传播的一面旗帜,盛大文学不仅拥有数字出版内容国际传播的成熟商业模式,而且围绕版权运营这个核心,建立了一条集网络文学出版、手机阅读、传统图书、影视文化等为一体的产业链,代表了中国数字出版内容的发展方向。

网络文学国际传播面临的第一个问题是传播渠道。借助2009年法兰克福书展,盛大文学第一次走向国际,在全球征募合作伙伴,推动其国际传播战略的实施,并成功吸引到了很多国际合作商。通过与国际数字出版平台的对接,盛大文学不仅将中文内容传播给国外的公共图书馆、学校图书馆以及海外华人,还将盛大文学作品的影视游戏改编权推向国际市场,并在全球市场复制盛大文学的商业模式。

在推广产品的同时,盛大文学还在全球进行品牌推广。此举让国际用户了解了盛大文学的优势所在,有需求的国际企业开始主动找到盛大文学进行合作。2011年,盛大文学与国际上最大的数字内容发行商之一签订了提供5000部中国作品电子书的协议。[②] 此外,盛大文学还与台湾和香港最大、最有影响的无线阅读发行平台建立了合作关系,与新加坡发行量最大的华文报纸《联合早报》强强合作,与日本、法国等国展开合作,源源不断地将中国网络文学作品传播出去。同时,盛大文学还开办了华

[①②] 朱烨洋:《盛大文学:数字出版行业的中国"名片"》,《中国新闻出版报》2012年2月21日。

语和英语双语网站,为其国际传播插上了腾飞的翅膀。

除了盛大文学,百度阅读、中文在线等众多传播平台都致力于中国网络文学的国际传播。从定位上说,百度阅读致力于成为全球最大的中文电子书阅读平台,以满足国际互联网用户的阅读需求。中文在线以"数字传承文明"为企业使命,致力于成为全球领先的中文数字出版机构,2009年荣获"国家文化出口重点企业"奖项。

从内容上来说,百度阅读包括小说、文学、生活、社科等,其丰富的内容资源和背后强大的品牌知名度成为国际用户认同的数字阅读平台。中文在线的数字内容类型覆盖面广,包括名家经典、青春言情、历史军事、官场职场、经管励志等,可以满足不同知识层次、不同年龄段、不同阅读目的的国际读者需求。

数字资源交易平台

除了期刊数据库、数字图书馆、网络文学传播平台等几种典型模式,数字资源交易平台也是一种常见的模式,其可为不同地区、不同语言的读者提供在线检索、信息查询、情报搜索等数字服务。

中国图书进出口(集团)总公司于2013年8月正式启动运营自主研发的"易阅通"(CNPeReading)国际数字资源交易与服务平台。该平台聚合全球优秀数字内容,引领构建多方共赢的商业模式,上游服务于国内外一流的出版商、集成商,为他们提供一体化推广、营销解决方案;下游服务于国外4万多家图书馆等机构用户和上万家国内图书馆、科研院所以及外籍人士和高端消费群体,为他们提供荐购、阅读、管理、整合一站式服务方案,充分运用"共建、共享、共赢"理念,为数字时代中外文化交流和中国文化"走出去"搭建便捷的桥梁,实质性推进中国数字出版内容的国际传播。

凭借60多年积累的广泛客户资源、进出口渠道和服务能力,"易阅通"以"一个平台、海量资源、全球服务"为定位,通过全新的合作方式和服务理念,致力于成为国际一流的数字资源聚合、加工、交易、服务平台。"一个平台"是指"易阅通"平台,该平台针对国内外出版社、图书馆等机构的不同需求与习惯,通过量身定制个性化功能满足国内国际用户的多样化需求,提供全方位服务解决方案。另外,"易阅通"平台还开通了一个名为"易阅客"(eReaker)的子平台,专门服务于外籍人士和高端阅读群体。同时,该平台正在开发服务于高端音乐消费群体的音乐平台等一系列子平台。[1] "海量资源"是指"易阅通"平台已经聚合的 130 多万种国内外数字资源,其中 30 多万种电子书、6 000 多种电子杂志已经上线运营。[2] 在依托其母公司中国出版集团公司的资源优势的基础上,"易阅通"与国内出版社合作打造中国古籍、法律、文学等多种专业数据库。"全球服务"指"易阅通"平台通过与 Overdrive、DawsonBooks、IngentaConnect 等国际数字集成商达成双向合作协议,打通了中国数字资源销往国外 4 万多家图书馆等机构用户和 100 多万个人用户的渠道,并为国内外公共数字图书馆和院校以及专业数字图书馆资源建设提供专业解决方案,为国内外科研和文化项目需求提供个性化解决方案,为大众阅读提供全媒体解决方案,为数字出版商的全球销售提供最广阔的渠道。

另外,经过多年发展,中国知网也已经完成蜕变,从当初单一的、代表性的数字期刊杂志库转变为大型的、复合型的数字资源平台,既有内容整合、平台共享,也有销售与服务渠道共享。通过与期刊界、出版界等内容提供商达成合作,中国知网现已发展成为集期刊杂志、博士论文、硕士论文、会议论文、报纸、工具书、年鉴、专利、标准、国学等优质内容为一体的,具有国际领先水平的跨语言检索的数字出版资源平台与国际营销平台。该平台主要包含四种类型的知识库:一是面向学者的学术性知识库;二是面向大众的知识库;三是面向企业的商业情报知识库;四是面向非华语读

---

[1] 方菲:《全新走出去数字平台"易阅通"启动运营》,《中国出版传媒商报》2013 年 9 月 3 日。
[2] 李苑、王晓芸:《图博会打造国家文化交流名片》,《光明日报》2013 年 9 月 2 日。

者的英文知识库。① 该平台借助"作品评价"和"定向推送"等个性化功能,将海外机构图书馆的大量读者吸引过来。国际用户可以利用该平台强大的智能搜索引擎,检索并发现自己需要的数字出版内容,然后订购阅读。知网借此实现了数字出版内容的主动国际营销。

中国文著协已经和亚马逊展开合作,着力打造"中国电子书海外版权推广平台",致力于利用海外资源和渠道,为广大作者和中小出版社搭建数字出版内容国际传播平台。

为了方便国际用户检索和阅览中国专利文献,知识产权出版社于1999年6月创办了中国知识产权网(China Intellectual Property,简称CNIP),率先实现了中国专利文献的定期公开、检索、阅读和下载。依托知识产权出版社,中国知识产权网一直以中、英、日三种语言在世界范围内提供知识产权的国内国际资讯、中国专利分析数据、国内外专利信息检索以及社区论坛等。② 知识产权出版社于2013年中国专利信息年会(PIAC)上推出了《中国药物专利数据库》。作为该出版社专利信息服务平台的一部分,该数据库立足于"全面覆盖数据以及高附加值的专利信息,具有特色的检索及分析功能,可以满足客户专利检索、分析及可视化等各种需求",还可以根据客户需求定制专属平台。专利数据库通过搜集来自全球各个国家和组织庞大的专利文献信息,提供数据加工、数据库建设、增值咨询服务、培训服务及整体解决方案等覆盖全产业链的专利信息服务与产品,其主要客户为国内各级政府、大中小微企业及国外用户。③

---

① 何翠:《跨语言数字出版国际营销平台的营销模式》,《新闻世界》2013年第4期。
② 单玉秋、王彤:《中国知识产权网获"优秀数字出版平台"荣誉》,http://www.cnipr.com/gonggao/201401/t20140127_179831.htm。
③ 马丽:《国际巨头和国内企业争夺中国专利数据库市场》,http://ip.people.com.cn/n/2013/0913/c136655-22916117.html。

三　在线教育与服务模式

在线教育与在线服务实质为数字出版内容国际传播模式的一种延伸。其收入有二,一是网上增值服务的直接收入,二是促进纸质图书销售的间接收入。我国众多的专业出版社在各自的领域都有信息资源优势,已具备在国际范围内开发在线教育与在线服务的条件。

在线教育模式

汉语教育的国际化是中国文化国际传播不可分割的组成部分。随着数字出版技术的发展,汉语教育正日益变得网络化。整个国际教育的趋势也正向全球在线教育发展,全球排名第一的培生教育出版集团更是从中国获益良多。

从汉语在线教育维度来看,北京语言大学出版社是代表性机构。该出版社一直在多方位积极探索国际在线汉语教育,构建了多元化的汉语教育数字产品格局和立体化的国际传播模式,有效地推动了汉语和中国文化的国际传播。

早在 2008 年 6 月,北语社就启动了"网络出版工程",为版权通过网络这一渠道对外输出打下了基础。同时,北语社进一步加强了网站的国际推广,充分利用北语社汉语教材遍布世界的优势,让更多的国际出版商了解北语社和北语社的在线教育产品,由此进一步扩大汉语在线学习产品和中国文化产品的数字版权输出。

随着世界范围内语言学习者在学习习惯上的改变,韩国和日本等经济相对发达的地区,网络课堂作为一种新兴学习方式,得到越来越多的汉语学习者的认可。随着数字技术的迅猛发展,北语社适时针对海外市场的需求调整版权策略,将数字版权输出作为一个新的经济增长点,并对其进行分析与运营,实施立体化发展战略,积极推动从传统出版教育模式向数字出版教育模式的转型。

2010年上半年,北语社的《汉语会话301句》除实现了纸质课本、纸质练习册、录音CD、情景会话DVD的立体化输出外,还向韩国某出版社输出了数字版权,授予其网络课堂使用权。[①] 该韩国出版社支付《汉语会话301句》的网络课堂版税为2 880美元,北语社的实际销售总收入为36 000美元。此外,该社还支付北语社另外一本教材《汉语口语速成》网络版版税共计4 660美元,版税率为8%—10%,该系列网络课堂的半年实际销售收入为58 000美元左右。[②] 通过与韩国几家出版社的合作,北语社摸索出了一些灵活多样的合作模式,分别为以版税形式分享销售收入的版权合作模式,以使用人次为变量进行固定收费的版权合作模式,具体域名下使用权买断形式的版权合作模式,免费网络课堂使用或MP3下载带动本版纸质图书、版权输出的部分授权合作模式,以网络课堂为基础的远程教育合作模式。[③] 通过这些多样化的针对性合作模式,北语社在数字版权国际传播中既实现了利润最大化及合作双赢,也为整个中国数字出版业数字版权的国际传播提供了经验与启示。

为推进中国文化"走出去",中国外文局与美国耶鲁大学联手打造多媒体汉语教材《环球汉语——汉语与中国文化》,探索在国家支持下按照市场规律运作的文化"走出去"之路,该书以纸质书、DVD、配套网站、播客、说唱歌曲等全媒体立体化形式出版,主要面向国外中学生和大学生,兼顾来华或与华有业务往来需要学习汉语的各界人士。

人民教育出版社于2013年8月推出《中文在手》系列丛书的纸质版和数字版,该丛书主要供国际读者使用,包括基础篇、交通篇、生活篇和旅游篇4个分册,既可以作为实用汉语交际手册使用,也可以作为专题式短期汉语

---

① 王珺:《2012年新闻出版走出去亮点解析》,《出版参考》2013年第7期。
②③ 苗强:《北语社:根据市场变化 及时调整输出策略》,《出版参考》2011年第22期。

教材使用。该丛书纸质版和数字版相得益彰,汉语和外语对照呈现,体现了国际汉语教材有声化、立体化、数字化和多语种化的发展趋势和走向。①

知网的数字化学习与研究平台E－Study(原E－Learning)以文献为出发点,通过科学、高效地研读和管理文献,理清知识脉络、探索未知领域、管理学习过程,最终实现探究式的终生学习。E－Study基于全球学术成果,为读者提供研究课题,收集、管理学术资料,深入研读文献,记录数字笔记,实现面向研究主题的文献管理和知识管理,为国际用户提供与CNKI数据库紧密结合的全新数字化学习体验。②

在线服务模式

随着数字出版、开放获取以及跨媒体融合的加速发展,数字出版内容国际传播最终颠覆的将是国际文化的生产方式和消费方式。随着国际社会对知识服务的需求越来越多,数字出版机构需要根据用户个性化的需求提供有针对性的、精细化的、个性化的在线服务与解决方案,具体包括知识服务、信息服务、技术服务与语言服务。

数字出版解决方案

"方正全流程数字出版解决方案"是为全球传统出版业向数字出版转型提供全新理念与技术支持的解决方案。该方案通过一次制作、多次使用、多渠道传播、多媒体发布的方式,从根本上解决了传统出版的内容平台与互联网的信息平台之间的融合与共存问题,并为传统出版业的数字转型提供了技术可能与保障。其"方正飞翔排版软件"可应用于出版产业链前端的编辑排版环节,是中国第一个面向全球的、拥有自主知识产权的专业排版软件,能同时适用于纸媒和电子媒体的"中英文混排",如同输入法一样方便快捷的"公式列表编辑"技术为国际用户提供了"在线排版"的

---

① 吕慎:《对外汉语出版:学院派VS实力派》,《中华读书报》2013年8月28日。
② 《E－Study——数字化学习与研究平台》,http://elearning.cnki.net。

创新型服务。

近年来,中国知网在整合海量知识资源的基础上,确立了以数字化经营和精准快速实现国际化营销为主要目标的经营方针,构建了新的运营模式。借助"腾云数字出版解决方案",知网以海量数字知识资源库为基础,囊括动态重组、多元发布和内容发现等多项核心技术,通过 XML 协同编撰平台和结构化加工系统,在形成基于自身知识资源的网络型数据库的同时,为出版机构向全球发布电子书、知网书、知识库等产品服务。

知识产权出版社在 2014 年推出了一个专利文献手机搜索服务平台,该平台允许国际用户通过手机搜索查找专利。借助这个手机服务平台,任何产品只要在手机上一查,就可以知道该产品是什么样的专利,什么时候授权,保护期到什么时候。类似的在线服务不断为知识产权社开拓着新的经济增长点,也在不断扩大着中国科技的全球影响力。

在线翻译平台

中译语通科技(北京)有限公司在整合中国出版集团与中国对外翻译出版有限公司的优势资源的基础上,将世界创新技术引入语言服务领域,建立了以"语言"为核心的"云服务平台"——"译云"。作为快速实现跨文化无缝沟通的多语种智慧语言网络服务平台,"译云"以互联网和现代通信技术为基础,涵盖三大云平台和两大资源库。一是多语言云呼叫中心和视频会议平台。该平台旨在解决中国文化走向世界过程中基本的实时电话、短信、邮件、传真、远程视频会议等语言沟通问题,从而达到企业间高效、便捷、经济沟通的目的。二是多语言资讯分析管理平台——"译世界"。该平台通过海量的互联网语言数据与译者资源,实时提供国际多语种行业资讯、产业情报及舆情分析,包括文化产业、国际出版、版权等前沿技术与产业发展信息,为产业与企业发展决策提供智力支持。三是云语言教育资源平台。该平台汇集线上线下海量的语言教育资源,提供最权威的国际语言认证和最专业的职业培训。两大资源库分别为云语言数据库和全球翻译专家人才资源库,他们基于创新领先的互联网语言数据搜索查询技术与机器辅助翻译分析技术,建立动态国际翻译专家资源库,为中国文化走向世界提供最为广泛和有效的专家资源支持。①

知识产权出版社也建立了专利文献的机器翻译系统,一些国际信息服务商经常请该社提供数据翻译类的定制服务。2013年,美国专利局把几百万件英文专利文件交给知识产权社翻译。依靠类似的数字产品,知识产权出版社取得了比较好的收益。

中国数字出版内容国际传播的多元化模式正是传播生态丰富的体现。值得注意的是,国际传播的实现往往要求各传播模式之间融合发展、协同并进,以便更好地提升中国数字出版内容的国际影响力。

---

① 金霞:《中版集团紧扣数字内容资源集聚》,《中国出版传媒商报》2013年8月23日。

第3章 中国数字出版内容国际传播困境分析

中国数字出版内容的国际传播进行了十几年,中国政府与数字出版企业为此做了很多努力,也收获了很多成果,但仍旧有很多问题困扰着我国数字出版内容的国际传播进程与传播水平。需要从中国数字出版内容的生产与传播、国内国际环境的差异着手,才能看到自身的不足,找到努力的方向。

一 国际传播力不足

虽然中国已有很多数字出版内容可见于国际市场,但远远没有达到俯拾皆是的程度,更遑论在国际社会产生多大的影响力。究其原因,主要还在于我国数字出版内容的国际传播能力不足,特别是与欧美数字出版内容国际传播相比,我国数字出版内容的竞争力较弱,明显表现出传播模式和渠道不足、不了解国际购买力、忽略传播效果等症候。

传播渠道和模式落后

我国数字出版业起步较晚,在数字技术、经营理念、传模式与渠道等诸多方面都落后于发达国家。在国际数字出版商已垄断国际传播的渠道和客户资源的情况下,国内数字出版商要想拓展国际传播渠道成为一件尤为困难的事,同时缺乏谈判的话语权和定价权,往往被迫与国际数字出版商进行合作,沦为国际传播渠道控制者和平台运营商的宰割对象,这无疑剥夺了国内数字出版商的很大一部分利益。

从我国数字出版业自身发展来看,数字出版产业链的各个环节发展很不平衡。相对于数量日益增长的国际需求群体,上游的内容缺乏,没有形成规模化的数字出版内容生产能力;下游的国际传播领域渠道单一,甚至存在针对国际机构用户的营销恶性竞争的问题。

2012年,我国数字产品出口虽达到2 157.96万美元,但与进口的16 539.85万美元相去甚远。不论是传统出版物出口还是数字产品出口,我们都还没有进入国际主流传播渠道。①

欧美数字出版内容的国际传播已经非常成熟。数字出版从来不缺传播模式,成功的数字出版企业都有自己独特的传播模式,如谷歌的数字图书馆模式、亚马逊和苹果的"内容平台+终端设备"模式、爱思唯尔和施普林格的专业数据库模式,都是经典的数字出版内容传播模式。国内也有方正、超星中文在线的数字图书馆,同方知网、龙源、万方的数据库,汉王、爱国者的电子阅读器,盛大、红袖添香的网络原创文学,中国移动、中国电信、中国联通的移动阅读等。其区别在于谷歌、亚马逊、苹果、爱思唯尔和施普林格早已是国际传播大鳄,而中国大多数数字出版企业还没能走出国门。当然,也有方正、超星、知网、盛大等企业能做到全球传播,但无论是可选择的传播渠道、可操作的传播模式还是可感知的传播效果,均无法与那些国际传播大鳄相提并论。

随着中国在世界舞台上日益受到瞩目,西方社会和研究者们需要了解中国,就需要中国的数字出版内容。世界并非不需要中国数字出版内

---

① 刘伯根:《国际数字内容传播渠道的合作与共生》,《中国出版》2013年第19期。

容,只是我们的传播模式需得法,才能尽快打破"走出去"的瓶颈,扩展与世界文化的融通。

受制于国际社会的有限经费和低价格需求

经费与价格是影响国际用户购买中文数字资源的两个要素。国际用户到底有多少经费购买中国数字资源,购买的原则是什么,他们愿意为这些数字资源支付怎样的价格,这些问题都值得我们认真思考。

国外比较重要的数字内容采购者是大学图书馆。国内数字出版商往往认为国外高校图书馆和公共图书馆数字内容需求比较大,经费充足,但实际情况并非如此。典型个案的观照或能为此命题带来更深刻的普适性启示。以英国为例,作为重要的机构需求者,英国大学图书馆往往受到经费不足与中文数字资源高价格的困扰,公共图书馆则为追求到馆人次而排斥数字资源。

国外大学图书馆受到经费有限与数字资源高价格的困扰

与中国一样,英国各大学图书馆间的数字资源并未实现全国共享,也就是说,数字资源需要各大学图书馆单独购买。很多中国数字出版公司不太了解牛津大学、剑桥大学、爱丁堡大学等名校图书馆的中文数字资源采购经费,其实,欧洲所有图书馆的此项经费都不太多。

在牛津大学,只有牛津大学图书馆中文分馆购买中文图书资源,其纸本与数字资源的采购经费主要来自总图书馆,经费多少取决于从事中国研究的群体大小,这个群体包括中国学生、华人以及从事中文研究的英国学者。近年来,这个群体有所扩大,牛津大学的中国学生已有800多人,按常理中文图书的采购经费应该增加,但由于牛津大学图书馆的总预算下降了,所以中文分馆的经费也有所减少,原来每年采购经费在10万欧元(约83万人民币)以上,现在不到10万欧元,英国各名校的中文资源采购经费大都在此数额上下波动。有限的经费导致他们很难大规模购买中文数字资源,也很难满足馆藏要求。牛津大学用这笔经费的50%购买中文数字资源,主要通过数据库公司购买中国知网、方正阿帕比、超星等数据库,有的是一次性付款,有的是按年付款;还有一些购买决策要考虑教师们的想法,即牛津大学的学者是否适用,牛津大学各学院可能需要中文资源但并不自己购买,而是要求牛津中文图书馆购买。所以,一部分数字资源是常规购买,一部分是为学者的研究课题购买。这给与牛津类似的欧洲大学的中文图书馆或中文藏书库都带来很大压力。因为大学内各学院各专业都不太愿意自己花钱购买中文资源,他们更希望中文馆或中文藏书库购买中文资源,这导致中国数字资源在英国的全球数字资源中占比仍旧很小。无论如何,从事中文研究的学生比例总归还是少数,人数增长需要一个过程,而且不太可能变成很大的群体。

爱丁堡大学的情况稍有不同。通常,如果爱丁堡大学图书馆的中文藏书库管理员看中某个中文资源,他首先要做的就是筹钱,然后购买试用,试用一段时间觉得特别想要,就会和图书馆采购部门一起处理购买事宜,并由采购部门最后把关。购买相应的数字资源是有固定预算的,爱丁堡大学每年会拨给图书馆相关经费。另外,如果大学里的一些学院来自中国的生源比较好或者招收从事中国研究的学生比较多,那么学校就会给予该学院比较多的国际学生培养费用,同时学院本身也会给图书馆一点经费,支持跟该学院相关的数字资源的购买,所以这两年爱丁堡大学图书馆中文藏书库基本维持了中文数字资源的购买力。爱丁堡大学图书馆现有电子书30万册以上,其中包括已购买的中文数字资源,如中国超星、方正阿帕比、知网、博硕士学位论文全文数据库、上海图书馆的晚清期刊全文数据库以及四库全书电子版等数据库。

价格是影响中文数字资源购买的另外一个要素。即便能够维持一定的购买力,爱丁堡大学仍然认为中文数字资源涨价很厉害,使得图书馆中文库的采购经费总是不太宽裕,很多资源都不能很爽快地购买,要经过反复斟酌和讨论,甚至因为价格太高不得不放弃购买中国的民国期刊数据库。中国数字资源被认为价格太高的原因有二。首先,英国各大学图书馆普遍认为中国数据库的数据量较少,所以中国的数字资源比其他国家的数字资源相对价格要高;其次,英方认为中国数据库存在双重价格,即在中国国内销售的价格和在国外不一致。中国数字出版企业则认为国外图书馆经费充足,所以对国外的定价比国内高。但英方认为,英国从事中文研究、利用中国资源的人数毕竟有限,一个大学的几万学生中,充其量只有几百人在使用中文资源,而英文资源在全大学都可以使用,所以英文资源定这个价格就没有问题,而中文资源则不行。因此,数字资源的价格不能依据大学的大小,而应通过人均使用价值进行判断,中文数字资源海外定价高,但下载量少,致使人均使用价值太低,人均使用成本太高,再加上图书馆分配到中文数字资源的采购经费有限,最终影响了英国大学图书馆对中文数字资源的采购。就目前情况而言,有限经费与高价格之间矛盾的解决尚需时日。

公共图书馆追求到馆人次,排斥数字资源

英国国家图书馆是世界上最大的图书馆之一,但其数字资源的储备并不太充分,英国公共图书馆的情况都差不多。之所以如此,是因为英国公共图书馆和大学图书馆的评价标准大相径庭,公共图书馆的评价标准是借阅量或到馆访问人次,并借此证明公共图书馆的存在价值,而大学图书馆的评价标准是藏书量。目前,英国各公共图书馆还未把网站的访问人数或电子书下载量算作到馆人数,所以,尽管各公共图书馆的网络平台通常有少量英文电子书供读者下载,但各图书馆对于电子资源的开发并无热情,甚至还有排斥情绪。英文数字资源尚且面临如此窘境,遑论中国数字资源。

一个典型的案例是伦敦威斯敏斯特区的查宁阁图书馆(Charing Cross Library)。作为英国最大的中文公共图书馆,该图书馆向伦敦及周边区域提供中文图书免费借阅服务。英国政府每年给查宁阁的拨款为 7

万英镑左右。在伦敦威斯敏斯特区13个公共图书馆中,查宁阁获得拨款数额是最多的,这是因为华人爱好读书,导致查宁阁借阅量较高,而拨款额度主要参考图书馆的借阅量和会员数量。查宁阁图书馆每年都要考核工作量,还要求工作量每年有所提升,所谓工作量就是借阅量和到馆人次。查宁阁全馆藏书保持在7万余册,中文期刊70多种,但该馆并没有中文电子书,也没有中文数据库,因为网站访问人数和下载量不计入到馆人次。此外,查宁阁知道那些中文读者们早已精通从起点中文等网站寻找数字资源的各种办法,因此,中文数字资源的配备就变得更不实用。读者的这些做法甚至还影响到了纸本书采购,查宁阁从2013年已停止采购纸本的浪漫小说,因为那些浪漫小说大部分都来自网络,读者早已看过,即便购进也不会产生借阅量。

一些中国数据库的封闭性也削弱了英国公共图书馆的购买动力。查宁阁图书馆每年订阅70多种中文纸本期刊,这笔期刊订阅费用可以换购中国知网400多种数字期刊,但换购的尝试并未成功,原因是双重的。一方面,中国知网的理念是校园网或局域网内的有限开放。因为担心公共图书馆对全世界的免费开放会导致版权的失控,知网并不愿意把数据库卖给查宁阁,后来,知网只同意授权查宁阁官网对外开放20个免费账户的权限;另一方面,查宁阁的理念是免费提供中文纸本书刊借阅服务,如果在官网开放中国知网的数字期刊资源,其对外开设多少个账户,就意味着相应减少了多少数量的到馆人次,等于减少了查宁阁的工作量,即便20个网络阅读账户,也是现有体制下的查宁阁无法接受的,而申请下载量等同借阅量的报告也未获得伦敦威斯敏斯特城市委员会批准。于是,双方无法对接,无果而终。所以,除非将来可以把下载量算作借阅量,否则英国公共图书馆不太可能对中国数字资源感兴趣。但要实现比较困难,城市委员会在这方面的进展比较缓慢,也还需要向英国政府汇报。

英国视角下的个案研究或能让中国数字出版企业感知整个国际社会

的采购经费与价格需求的情况,也希望种种国际传播的现实能为中国数字出版内容的国际传播解疑释惑,提供方向性的建议。

只问传播,不问效果

以为国际受众一打就中

长期以来,中国数字出版内容国际传播走进了一个误区难以自拔,这个误区就是自负于"魔弹论"。"魔弹论"又称"皮下注射论""靶子论""枪弹论"或"机械的刺激——反应论",盛行于20世纪20年代至40年代,是一种有关媒介具有强大效果的理论,其核心观点是传播媒介拥有不可抵抗的强大力量,其所传递的信息在受传者身上就像子弹击中身体、药剂注入皮肤一样,可以引起直接快速的反应,能够左右人们的态度和意见,甚至直接支配他们的行动。受众的性格差异并不重要,受众只会消极被动地等待和接受媒介所灌输的各种思想与知识,对大众传媒提供的信息产生大致相同的反应。讯息才重要,讯息可以直接改变态度和行为。

中国数字出版内容国际传播进程深受"魔弹论"所害。中国的传播组织者往往乐观地认为他们输出到国际受众那里的讯息会被毫无保留地接收,即他们传播什么国外受众就接受什么。这种想法完全忽略了国外受众的主动性,只关注数字产品是否输出到国外,而不关心其被接受程度如何。这种错误理念直接影响了中国数字出版内容的传播效果,严重阻碍了真正打开国际市场的速度和效率。

我国数字出版商往往只是充当政府文化输出代言人的角色,所谓国际传播,不过是在政府扶持下才得以生存的面子工程。有的数字出版商几乎把自己的内容免费送给国际用户,不管对方是否真的需要,也不管对方是否有能力推广,只要能签合同、能给个平台作为数字内容国际传播的载体就行,他们就可以以申请国家翻译经费和出版对外传播补贴的形式向国家伸手要钱。这是交"政治功课",不是推动数字内容"走出去",这和我们想要的国际传播和文化软实力构建完全是两码事。

忽视国际传播效果

国内数字出版商往往只关注于产品是否走向国际市场,不关心其产品在国际市场上的传播效果。"走出去"不能止于输出,不能只问耕耘不问收获,还要问"走出去"之后的实际传播效果如何,要问是否撬动了国际市场。国际化发展将集中在效益和影响上拼功夫,从数量向质量、效益升级,从版权向项目、实体升级,从形式向市场、价值升级,从出版向文化、影响升级。谁能打造具有国际效益、国际影响的数字出版内容,谁就能在国际市场上掘到金,谁就能抢到国际化发展先机。[①]

要提高数字出版内容国际传播的效果,努力打造国际一流数字出版企业是前提,构建系统高效的国际传播体系是基础,提高国际传播能力是关键。衡量一个数字出版企业的国际化程度和国际传播能力主要有三个标准:第一,在国际上有很强的投资能力,这是产业的标准;第二,相关产品在国际市场有较大的市场占有率,这是市场的标准;第三,具有很强国际文化影响力的明星产品,这是文化的标准。[②] 根据这三个标准,我们可以建立相应的评估体系,以判断和衡量一个数字出版机构的国际化程度和传播效果,包括对一个数字出版企业的国际市场投资能力的评估、国际市场占有率的评估、具有很强文化影响力的标志性产品数量的评估,只有基于产业的标准、市场的标准、文化的标准这三个评估指标,我们才能很好地评价、衡量、保证整个中国数字出版内容国际传播的可持续性与科学发展。

改进传播模式,拓展传播渠道

中国数字出版内容国际传播的模式与渠道往往缺乏针对性和有效

---

① 王亚非:《黄金十年 五大畅想 三点自律》,《中华读书报》2014年1月29日。
② 朱音、敬甫:《打造国际一流出版传媒企业——专访中国出版集团公司总裁聂震宁》,《中国出版》2010年第13期。

性。一般来说,中国数字出版商目前仍处于单方面输出的阶段,不能和国外用户实现良好有效的互动,在不了解国外读者需求的前提下,盲目传播换来的往往是无效传播。如果只用传统出版时代的传播经验指导数字出版内容的国际传播,则既不能在传播的互动性和个性化上有所提高,又不能把握数字传播的规律,其结果必定是与数字出版内容的国际用户之间形成一道藩篱,最终影响到中国数字出版内容的国际化。

中国数字出版内容国际传播的效果有赖于实际的运作。国际传播是很不容易的,我们对国际市场与读者缺乏了解。另外,我们大都是小额资本,实力不够雄厚;体制、机制也还有不适应的地方。国际市场与国内市场迥然不同,我们需要根据国际市场的需求确定传播模式,开辟传播渠道。

第一,西方市场跟中国市场不一样,需要根据国际市场需求制定传播模式,采取多种渠道、多种方式。同时,可以将政府和企业的力量整合起来,形成一整套有效的国际传播机制,充分利用网络书店、图书馆馆藏渠道、代理公司以及进出口公司等发行体系,做好数字出版内容的国际传播业务。

第二,要充分利用现代数字技术做好国际传播。数字出版商可以建构内容传播平台,将产品投送给国际消费者,在线实现完整的传播过程,如可以通过电子书平台为国际读者提供下载服务,通过数据库为国际用户提供在线服务,也可以通过按需印刷系统提供全球定制印刷服务。总之,通过先进的国际传播平台,数字出版内容可以形成强大的资源聚集效应,有望迅速提升国际影响力。

第三,合作传播是国际传播的一个重要战略。为了进一步提升数字出版内容的国际市场地位,中国数字出版企业可与国内及国际权威数字出版企业和机构积极开展合作,追求专业化、国际化、数字化的有机协调。如人民军医出版社仅在2012年与中国知网的合作中,数字出版产品就回款数百万元,而此前与另一家渠道商合作,6年才收回62万元。[①] 上海交

---

① 王玉梅:《海外图书馆与国内出版社的对话》,《中国新闻出版报》2013年8月29日。

通大学出版社将该社学术图书放到爱思唯尔的 ScienceDirect 平台上,为全球科研人员提供下载服务。[①] 另外,海外大学里有很多知名的中国研究学者,还有很多海外大学图书馆的中文馆员是华人,他们可以帮助中国数字出版商与海外图书馆建立联系,推动国际传播的展开。

第四,可以尝试弹性价格。"在美国大学,真看得懂中文的不超过 200 人,做东亚研究且用到数据库的不会超过 50 个人。"[②]海外使用者有限凸显出中文数据库价格过高,海外图书馆压力较大。中国数字出版商可以建议几家海外图书馆联合购买某些数据库;或者采用打包销售与单本、单篇付费下载相结合的形式;允许个人用户采用租借的方式"购买"中文数据库,用一次付一次钱,这样可能会提高个体用户的使用意愿。或者当然,这样可能会损害中国数字出版商的利益。

面对来自国际数字出版商和国际市场的压力,我国数字出版业需要紧紧把握住提高国际传播能力这个关键。这既是提升中国文化国际竞争力的必要手段,又是发展国家文化软实力的客观需要。

二 内容与格式之困

观念、技术、标准、版权、内容、人才和管理是制约我国数字出版内容国际传播的几个要素,其中,内容决定着国际用户的兴趣与需要,标准化格式决定着国际用户的使用与满足。

内容需求与满足需求的冲突

数字传播手段不能弥补内容的重要性

中国数字出版商以为数字出版即为实现国际传播的一条捷径,因此

[①] 韩建民:《大学社要成为母体大学走向世界的桥头堡》,《中华读书报》2013 年 8 月 28 日。
[②] 王玉梅:《海外图书馆与国内出版社的对话》,《中国新闻出版报》2013 年 8 月 29 日。

一直在尝试用数字传播手段弥补此前国际化经验的不足,弥补世界对中国内容理解的不足。的确,数字传播手段解决了传统出版物运输不便、海关限制的问题,但并不能就此证明我们就顺利实现国际化了。现实告诉我们,对文化、对出版物来说,传统的准则对纸质内容和数字内容来说是等同的。

无论在何种情况下,内容是本、载体是末的准则都是一致的。出版业最核心的价值永远指向内容。数字出版业实际上是一种内容产业,是靠销售内容为生的产业,如果内容不过硬,单靠先进的技术是难以在国际市场上立足的。所以,数字出版内容国际传播的核心竞争力在于内容,而非技术。技术运营商能够给予内容提供商最先进的技术生产工具和最快最好的传播工具,但绝不可能替代内容的价值创造。说到底,数字出版最有价值的还是内容,真正的国际传播还是要靠内容去实现。

过多强调和渲染技术的作用,会引发一系列错误的认识和行为,好像掌握技术的运营商在控制着中国的数字出版业,这是完全错误的。数字技术和数字传播仅仅是手段和产业链的一部分而已,永远不可能成为内容产业的核心,关键还是要看内容是否是国际用户所需要的,是否能够满足国际市场的需要。数字出版业的核心仍旧是内容提供者,其角色没有发生变化,变化的只是表现形式、生产方式和传播方式。

数字时代,以人为本,以技术为动力,以内容为王,推动中国出版更好更快地"走出去",这就是我们的主要理念和做法。[①] 只有我们的内容足够好,国际市场才会定制和购买,所以,检验我们数字出版内容的好坏,只要看国际市场欢迎不欢迎就可以知道。

不了解国际市场最需要的是专业出版内容

当今国际社会需要什么样的数字内容以及什么样的内容最适合进行

[①] 聂震宁:《数字时代:今天我们怎样"走出去"》,《出版广角》2010年第9期。

国际传播,是我们首先要搞清楚的。只有了解国际市场需要什么,才能有的放矢,取得良好的社会效益与经济效益。

荷兰鹿特丹伊拉斯穆斯大学的两位学者迪克·凡·莱特和弗雷·德胡耶提出的"出版三角"模型①(如图3-1所示),为我们审视适合国际传播的数字出版内容提供了思路。在此三角形模型中,四个不同层级分别代表着不同的数字出版内容,越靠近顶部层级的国际化程度和数字化程度越高;越靠近底部层级对本国市场和传统出版模式越依赖。处在三角模型最顶端的是学术出版,其平均利润率也较高,大概在30%~40%之间,主要由少数几家大出版商垄断,其进入壁垒较高,但出版物内容的国际化程度也很高,几乎不受地域限制。三角模型最底部的是大众出版,这类出版的平均利润率只有7%~15%,市场竞争激烈,而且由于语言、文化差异等原因使其国际化传播具有较大局限性。处在三角模型中间两层的是行业出版和教育出版。②

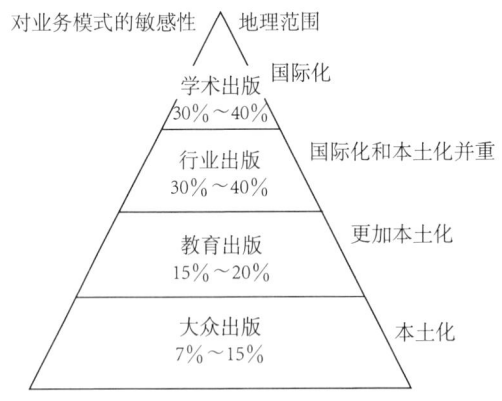

图3-1　出版内容国际传播类别比例

---

① 〔荷兰〕Dick van Lente, Ferry de Goey: *Trajectories of Internationalization: Knowledge and National Business Styles in the Making of Two Dutch Publishing Multinationals*, 1950—1990, Oxford University Press, 2007.
② 许洁:《不同类型出版商实现"走出去"战略的差异化路径选择——以两大国际出版集团为例》,《出版发行研究》2010年第12期。

也就是说，学术出版最容易"走出去"，然后依次是行业出版、教育出版、大众出版。之所以如此，原因在于学术出版需要具备世界范围内关于某一学科的更加精细和具体的知识，而行业出版需要更多关于法律、习惯等本地化的知识。因此，行业出版不适宜采用集中的国际化战略，而学术出版则可以。[①]

这说明，在数字出版内容细分领域的国际传播中，最易传播、最受欢迎的是专业出版内容。励讯（原励德·爱思唯尔）被公认为全球最大的科学与医药信息出版商，从2000年到2013年，短短10余年时间，励讯已经从一家传统出版公司转型为一家大型数字出版公司，2000年数字出版收入只占集团总收入的20%，到2013年已超过60%。如果不算励展这块不直接与出版挂钩的收入份额，集团数字出版收入已占到总收入的80%以上。[②] 施普林格和剑桥大学出版社的数字化历程也证明了这一观点，并清晰地展现出专业出版数字化的优势和竞争力。据统计，国际五大商业出版商数字化程度几乎都接近100%，同时，各家重点学科、核心刊物的中期和远期的过刊数字化都已基本完成。成立于1842年的施普林格出版集团，完成数字出版转型分三个时期：1997年施普林格建成第一个数字出版平台，2004年施普林格将旗下所有期刊数字化，2005年又将所有图书数字化。现在，施普林格已拥有世界上最大的电子书数据库。[③]

学术出版推动着科学发展、文化繁荣，也推动着社会经济的进步。如今，学术出版已成为一个庞大的产业，也是整个出版业中市场最稳定、利润率最高、回报最可靠的产业部门。中国数字出版企业或许受到政府推动的太多影响，总是执着于把中国的传统文化等大众出版内容以数字化

[①] 许洁：《不同类型出版商实现"走出去"战略的差异化路径选择——以两大国际出版集团为例》，《出版发行研究》2010年第12期。
[②] 雷萌：《励德·爱思唯尔数字化转型后的取胜诀窍》，http://roll.sohu.com/20141201/n406535337.shtml。
[③] 杨晓芳：《数字出版将呈大整合大平台态势——2012数字出版与文化传播国际学术论坛侧记》，《中国出版》2012年第17期。

形式传播出去,从以上论述来看,这是一件费力不讨好的事情。其实,科技出版与专业出版内容同样可以代表中国文化与中国价值,也许比抽象难懂的传统文化更有说服力。无论是从学术内容的世界话语权角度,还是从产业的经济效益角度,我们都不应放弃中国学术出版的国际传播之路。

数字出版内容的不足与缺失

一边是中国数字出版商对国际市场的乐观预期,一边则是中国数字出版内容在数量、层次、经济收益等方面的显著差距。国家出台了一系列支持数字出版内容"走出去"的政策和巨额资助项目,可以说,数字出版内容的国际传播不缺钱,关键是钱怎样才能花得值,怎样才能真正提升国际竞争力与话语权。

数字出版内容产品不足,一直是近年来困扰数字出版发展的核心问题。传统出版单位虽然拥有大量内容资源,但其中能转化为数字产品且适合国际化传播、带来收益的却不多。目前,传统内容资源的数字转化率偏低是普遍存在的现象。原因在于传统出版社对新媒体的特性认识不足,对日益转向新媒体的国际用户需求把握不够,所提供的内容在选择与加工制作上与国际市场需求存在很大偏差。

中国数字出版2012年的收入规模已经达到1 935.49亿元人民币,但除掉互联网广告、网络游戏、手机铃声下载等类型,真正属于出版内容产品的电子书、数字报纸、在线期刊收入只有57.73亿元人民币,仅占2.98%;传播到海外的数字产品只有2 157.96万美元(约合人民币1.32亿元),占数字出版总收入的1‰还不到。这一数据提供给我们两个信息:一个是中国出版的数字化仍然处在初始阶段,第二是适合国际传播的数字产品还非常少。[①]

从"内容为王"的角度来看,学术出版内容更具有代表性,虽然中国已

[①] 刘伯根:《国际数字内容传播渠道的合作与共生》,《中国出版》2013年第19期。

成为全球第二大论文生产国,但严格意义上的创新成果不多。与国际上实力较强的学术期刊全文数据库相比,中国的学术期刊全文数据库在技术上差别不大,但内容则落后很多。国内高水平的论文绝大部分为 SCI、EI 等国外各大学术期刊全文数据库所收录。这就使得中国知网和万方数据等国内学术期刊全文数据库在收录国内高水平论文上并不占据优势,而对于国外优秀论文则需要通过国际合作数字出版平台检索,下载全文时还要跳转到国外期刊全文数据库。如此匮乏的内容资源,使得国内学术期刊全文数据库在文献检索上的优势更为微弱。

中国学术出版内容的不足表现在两个方面。首先,外国出版商普遍认为中国学者的学术观不是主流观点,学术研究不够严谨,表达方式也和西方学者大相径庭,这些都影响着学术数字出版内容在国际社会上的传播,从而影响我国在世界学术界的话语权。其次,中国学术的水平与层次还不足,不被国际学术界重视。一般而言,国际顶级期刊无论论文是多还是少,平均被引频次总是很惊人。中国期刊的论文量不少,但平均被引频次和总被引频次远远低于国际顶级刊物,且差距巨大。这说明,中国学术出版内容的质量和水平普遍较低,尤其是我们的被引频次本身还存在刊物自引率太高的问题,扣除自引率的比例,我国学术出版内容的实际影响因子与国际同学科知名刊物的差距会更大。[①] 所以,数字化的学术出版内容要"走出去",内容建设一定要跟上。

之所以存在如此大的质量差异,主要在于我们的学术出版缺乏原创性、科学性与国际化的表述。这里面有作者的问题,有学术出版机构的问题,有数字出版商的问题,还有国内学术大环境的问题。

中国数字出版商的产业集中度太低,对内容的掌控能力不足,缺乏规模实力,也就丧失了与国际市场的谈判能力。一是数字内容资源不够多。国内出版社大都规模较小,积累下来的数字内容资源比较少,而且许多内

---

① 肖宏:《关于我国学术期刊"走出去"的思考》,《编辑之友》2012 年第 10 期。

容资源并未得到作者的数字授权。一些出版社在清理内容资源时发现，拥有自有版权以及获得数字代理权的作品少得可怜。二是数字内容资源不够强。一些老牌出版社虽然掌握了大量内容资源，但有开发价值的作品很少。国际用户对中国的大众出版类内容往往缺乏兴趣。三是数字内容资源管理不规范。大部分内容没有取得数字版权的授权，部分拥有授权的作品也多已到期，而未能及时补签相关协议。既无海量的内容，又无排他性、独占性的资源，国际传播中自然就处于劣势。

数字出版商必须认识到，丰富数字出版内容是当务之急，真正具有竞争力的并不是资本，而是内容的创新。国际传播首先要抓好数字出版内容的生产，建立生产好内容的大环境与体制机制，数字出版内容是需要创新的，要把内容是否有创新，形式是否有创新，有没有真正的成果作为核心去抓，然后才是努力开拓数字出版内容的国际市场。

内容与呈现方式需要并重

中国数字出版内容多是针对中国市场消费需求制定的，这样原封不动地推到国际市场去，效果并不会很好。在内容设计制作上，业内有一个普遍的现象，希望做出的好书既是中国的又是世界的，希望两全其美。一般来说，这样的情况并非全是非分之想，确实有过这样的辉煌业绩，但那绝对是少数。不同国家的读者，阅读习惯和文化习惯并不相同，要想让中国数字内容为国外的读者接受，就要根据国外读者的特点进行调整，这样的内容才能在国际市场上站稳脚跟。

欧美数字出版商很少会把中国内容带到国外出版，他们认为大部分内容不适合。而且，一些欧美数字出版商意识到他们必须越来越独立，而不是寻找中国的合作伙伴，因为他们要和中国竞争。这要求中国数字出版商要做出改变。

第一，中国数字出版商要做很多外国的工作，了解国际市场，以国际市场的需求去制作内容。中国数字出版商需要了解国际社会需要怎样的学科和内容,特别是那些具有批判性思维的、独创性的内容,因为国际读者大都是很有批判性的。同时还应该加深对跨文化的理解,打破跨文化的障碍。许多时候,我们在设计数字出版内容时,如果对国际市场需求不了解或了解甚少,只是凭着想象去工作,想象外国人对中国什么内容感兴趣便去制作什么东西,往往事倍功半或无功而返。所以,了解是成功的开始。

第二,中国数字出版商对外传播的内容既要有传统文化,又要有当代科技。长期以来,我们习惯于对外传播那些传统的、经典的内容,以至于现实的、当代的科技与专业出版内容往往被忽略。

第三,要抓住好的内容。由于宏观评价政策的导向,以及国内缺乏一流的、有影响力的学术期刊,导致国内最新、最前沿科研成果的发表呈现出大量外流的现象。这说明,我国学术期刊的现状还不足以吸引到国内的优秀成果,在浪费国家有限资源和财力的同时,也带来了国家信息安全问题。因此,提高我国学术出版的层次与水平,才能吸引到好的内容,才能有助于对外传播。

第四,要注意内容的呈现方式与传播方式,尤其是要不断提高内容设计和向世界讲"中国故事"的本领。中国数字出版内容走出去不能仅仅依靠翻译,有时候语言翻译得再好也没有用,因为国外读者的需求不一样,思维方式也有所不同。有了国外读者感兴趣和接受的内容,再辅以数字化传播方式,才能建立通畅的数字出版内容传播渠道。

数字出版业的各种变化,需要我们进一步共同努力,来推动这种变化的深入发展,最终的目的是生产适合国际传播的优质内容。这种变化与我国国际传播的要求是吻合的,对学术出版内容的国际传播将起到重要作用。

标准化格式缺失

标准化格式是一个产业成熟与否的重要标志,元数据、编码、作品格式等数字出版技术的各个环节都需要标准化,标准的缺失将阻碍数字出版内容国际传播。标准化格式是一种非常重要的国际市场策略,尤其在数字化时代,经济的竞争已经转向专利之争和标准之争。数字出版内容的国际化发展离不开标准格式的制定和执行,然而我国数字出版内容的标准格式制定及统一明显滞后,难以与国际使用习惯接轨,这直接影响了国际用户购买和使用的积极性。所以说,数字出版内容对外传播首先面临的问题就是标准化格式。

既无统一格式,又无统一系统

标准化格式在国内已是一个热门话题,走出去之后更变成了一个问题。首先,各个中文数据库没有统一的、固定的格式,或者说,每个数据库的格式都不一样,也很少有哪个中国公司能提供统一的格式。这导致包括图书馆在内的国际用户每买一个新的中文数据库,就要安装一个新的应用,非常麻烦。尤其是当需要更新换代或与其他系统对接时,中国的内容提供商的技术服务跟不上,只好将原来的数据库废掉,重新购买新的产品,造成浪费。这不仅增加了用户使用的成本,也可能在无形中造成用户的不断流失。所以,把格式统一起来很重要。

其次,很多中文数据库没有统一的系统,各自为政,不能通过统一的网页或平台登录,可能数据库提供商自己并未觉察什么不便,但给国际用户的使用带来很多麻烦。统一的系统和平台很重要,可以尝试把所有孤立的数据库都关联起来,通过一个入口进入。其最终目的是,无论用户在什么地方,都可以通过简单地登录一个机构或一个大学图书馆,方便快捷地使用这些数字资源。大多数图书馆用户很需要这样一个系统,相较而言,国际数字出版商和平台研发商已经有了这个概念。数字出版内容传播平台系统不统一是产业之痛,由于数字出版内容服务并没有形成统一的平台或者有效的异构系统整合,造成数字出版商之间不能互通,从而形成信息资源的荒置和浪费,这与跨媒体出版所提倡的"一次制作,多元应用"理念背道而驰。①

标准化格式制定之难

我国正在加快数字出版业的标准化体系建设,希望能够解决内容不规范、格式不统一等问题。《新闻出版业数字出版唯一标识符》《中国标准名称标识符》等行业标准已由国家新闻出版广电总局发布。但是,尽管标准制定取得了一些进展,但其中研究和探索性的标准居多,许多标准还不能很快地转化为生产力。未来还要针对数据库出版物、电子教材、电子书包、内容资源加工等进行标准制定。

我国的数字出版内容的格式标准化问题长期得不到解决,主要原因有3个。一是互联网领域的中文标准严重缺失,4000项国际标准中只有3项由中国制定;二是我国数字出版业发展的地域分割性太强,致使元数据和信息交换格式很难形成国家统一标准,更不要说国际标准了;三是数字出版内容管理格式、版权保护等技术问题还不完善。

标准化格式解决之道

数字出版内容格式不统一,既不方便使用,又造成了资源的浪费。这就需要建立一套标准化格式,既有利于国际用户的使用,又有利于中国内容资源的数字化。标准化格式的统一需要考虑两个问题,一是要向国际主流标准格式看齐,二是要考虑标准格式的易用性和公开性。

标准化格式的制定应把握好国外引进与自主研发相结合的原则。从国际传播的实际情况出发,我们应积极推进数字出版标准格式的国际化,但不能盲目采用国外标准。随着全球传播的发展,标准化格式的制定意在占领数字出版内容国际传播竞争的制高点。为此,我们不能满足于国内市场,要参考欧美国家的标准化经验和先进的技术,以国际用户的市场需求为导向,推进自己的国际化标准。

---

① 聂震宁:《数字出版:距离成熟还有长路要走》,《出版科学》2009年第1期。

对中国数字出版内容提供商而言,只需要记住一个原则就够了,那就是一切都是为国际用户与读者服务的,都是为了满足用户需求的,所以,建立因地制宜、方便实用、以用户为中心的统一化格式与系统才是当务之急。

三 传播区域失衡:重视欧美而轻视亚非拉

对传播区域认识与行为上的偏向

长久以来,我国数字出版内容国际传播的主要传播区域是欧美等西方主流国家,而对亚非拉等发展中国家,甚至对我们邻国的关注都不够。

和发达国家相比,发展中国家虽然整体教育水平和国民阅读率较低,但这说明它是一片极为广阔的、亟需开发的市场,这类国家不仅对中国文化不排斥,甚至持欢迎的态度,非常希望中国能在当地投资或进行文化传播,这就给中国数字出版国际传播提供了一个宽广的舞台。同时,亚非拉等发展中国家对数字出版内容的需求往往更加迫切,更需要中国先进科技与文化的指引。和西方发达国家相比,发展中国家的市场更容易打开,传播的阻碍也会更小一些。所以,向发展中国家进行数字出版内容的传播是一件既有"面子"又有"里子"的事情,花钱少,见效快,做得好还能很快实现盈利。

《新闻出版业"十一五"发展规划》曾提出,要以国际汉文化圈和西方主流文化市场为重点,大力推进出版物走出去、版权走出去、新闻出版业务走出去和资本走出去,努力提高中国出版的国际竞争力和中国文化的国际影响力。[①] 由此可见,数字出版内容的国际传播没有必要一定针对

---

① 新闻出版总署:《新闻出版业"十一五"发展规划》,http://www.gapp.gov.cn/news/2065/115776.shtml。

欧美发达国家,中国数字出版内容要想在国际市场上站稳脚跟,就要在稳住欧美市场的同时开拓其他国际市场。

国际数字出版商重视发展中国家市场

中国数字出版内容商应向国外数字出版商学习均衡的全球化传播经验,不断修正对发达国家与发展中国家厚此薄彼的偏向。

全球最大教育解决方案出版商培生集团正在一方面继续推进数字及学习服务业务(目前占培生销售收入的1/3,并以每年超过20%的速度增长),另一方面迅速抽离在市场持续疲软或下滑的发达国家的资源,转而大力拓展新兴国家市场的数字业务。数据表明,到2050年,巴西、印度和中国3个新兴国家将成为3个最大的经济体,全球新增的中产阶级几乎都来自于发展中国家,其消费者会更多地投资于教育,无论是为了自身业务水平的提升还是为了给孩子更好的教育。培生将以全球视角考虑教育需求、消费者趋势及这些业务的产品开发,加速全球教育策略,把资金向有市场增长潜力的地区倾斜。[1] 2013年上半年,培生集团在发展中国家的潜在销售增长9%,教育业务数字平台注册人数增长19%。

爱思唯尔一向注重均衡的全球战略发展,始终将市场定位于全球,其数字出版业务收入26%以上来自非洲、欧洲和北美国家,亚太地区占到其经营额的22%。[2]

致力于向用户提供专业信息、软件和服务的威科集团也在加速向高增长地区和高盈利业务投资,如在印度和中国推出全球在线产品以及软件解决方案,开发云解决方案、移动产品和服务。[3]

英国世哲出版公司2013年对其在12个发展中国家的合作机构进行

---

[1] 渠竞帆:《年报凸显国际出版传媒集团新象》,《中国出版传媒商报》2013年8月23日。
[2] Temmy Deyle:《数字技术为学术出版提供了新机遇》,《中华读书报》2013年8月28日。
[3] 渠竞帆:《年报凸显国际出版传媒集团新象》,《中国出版传媒商报》2013年8月23日。

了调研,最后,这份名为《发展中地区图书馆的价值》的调查报告称,发展中地区的出版商与科研机构需要了解当地图书馆的需求变化和他们的工作,学术出版商需要更紧密地与发展中国家的学术图书馆合作。该调查报告建议出版商和图书馆员共同努力,建立起对学术人员所需国际期刊和图书访问路径的认识。报告还指出,出版商应考虑调整他们的网站,以便发展中国家的图书馆能够更广泛地访问这些出版商的网站。①

由此可见,国际数字出版商全球化均衡发展的程度特别高,值得我们借鉴。在当今全球化程度不断加深的大趋势下,中国出版商应当具备国际化视野,以更为开阔的思路在全球范围内传播中国数字出版内容,这样才会有更加长足的发展。

既要欧美,亦要亚非拉

从长远来看,我们数字出版内容的国际化的确不能放弃欧美市场,甚至还要更加努力地发掘欧美市场潜力,毕竟欧美经济发达,对数字出版内容需求较大,但同时不能忽略发展中国家市场。欧美的国际传播战略正在发生改变,一些数字出版企业将走出去的目光投向了亚非拉等地区的发展中国家,短时间内即实现了传播效果。客观来看,有些数字出版内容是对准欧美市场的,有些则是针对其他国家的,适当地细分细作,效果就会更好一些。

一是深入运作欧美传统市场。从国家层面看,欧盟和美国分别是我国第一、第二大贸易伙伴,占到我国对外贸易的40%、对外投资的20%。②它们具有成熟的市场经济体制,长期占据国际文化格局主导地位。文化不向高处走,就没有影响力;中国数字出版内容不在欧美市场占据一席之

---

① 何柏:《英调查称出版商必须与学术图书馆紧密合作》,《中国出版传媒商报》2013年8月16日。
② 谭跃:《理清战略思考 抓住六个要点 努力打造国际著名出版集团》,《中国出版传媒商报》2013年10月18日。

地,就没有国际竞争力。

二是开拓亚非拉国家等新兴市场。巴西、俄罗斯、印度、南非等金砖四国和其他亚非拉发展中国家处于工业化和城市化转型阶段,经济增长强劲,文化需求旺盛,并与我国交好,双边贸易发展迅速,它们正在成为中国数字出版内容国际传播的重要增长极。

三是壮大周边亚洲市场。我国周边的10多个国家和地区占据了我国对外贸易的50%、对外投资的65%。[①] 作为中国第三大贸易伙伴,东盟国家与我国人文相近、地缘相通。港澳台地区与大陆更是同根同源,经贸合作十分密切。

俗话说,远亲不如近邻。我国一些地处边境或极具民族特色的数字出版企业自然而然地把目光投向了自己的邻居,借地缘近、人缘亲、文缘深的优势进行国际传播。黄河出版传媒集团充分利用宁夏与阿拉伯国家及穆斯林地区的血缘、地缘和情缘关系,在宁夏国际穆斯林出版机构版权贸易洽谈会、沙特利雅得国际书展、马来西亚吉隆坡国际书展、中阿博览会上,该集团实现多项版权输出。

对于中国数字出版内容的国际传播来说,东盟是不可或缺的一部分。东盟10国人口加起来有6亿,市场并不算小,并且与中国有着非常紧密的经贸往来。其中新、马、泰、印度尼西亚、越南等国更有不少华人,特别是马来西亚与新加坡,使用的还是简体中文。东盟大多数国家都设有很多的华文学校,使用汉语教学。目前,我们对东盟的数字出版内容传播做得还远远不够,所以,我们应该转换心态,利用自己在东南亚的经贸和文化优势,经营好东南亚图书市场,有计划地将中国数字出版内容向东盟市场进行传播,如积极推广汉语教育解决方案,培育中文数字出版内容的需求市场。作为中国通往东盟各国重要的桥头堡,广西出版传媒集团确定

---

① 谭跃:《理清战略思考 抓住六个要点 努力打造国际著名出版集团》,《中国出版传媒商报》2013年10月18日。

了"积极打造面向东盟市场的特色文化产品,扩大图书版权走出去"的战略,与越南、泰国、印尼的国家出版机构签订战略合作协议,在上述国家市场实现了包括数字出版内容在内的中国出版的突破。

地处我国北部边疆的黑龙江出版集团,近年来着力向俄罗斯、日本、韩国和朝鲜等周边国家走出去,目前已经在俄罗斯和韩国建立了出版机构,重点打造中韩、韩中各种词典,策划出版韩国语、汉语学习教材及双语经典阅读书系已近十年。2013年,该集团还依靠朝鲜民族出版社,探索建设韩国语出版基地,并致力于通过线上线下多种渠道,全面增强集团在东北亚地区文化传播能力。

非洲出版业整体比较落后,一个国家一般只有两三家国有出版社,出书品种多以教材教辅为主,且价格与欧美国家相差无几,普通读者根本买不起书。正因为如此,非洲出版社非常愿意与中国数字出版机构合作,希望借此为非洲读者带来更多容易消费的数字内容。2014年2月,安徽出版集团在非洲投资设立了电子文化传媒基地。浙江出版联合集团早在2009年就率先开展与非洲出版界的合作出版,2012年7月,该集团与内罗毕大学合建的非洲首个中国文化出版中心在肯尼亚首都内罗毕揭牌。该中心的成立有助于浙江出版集团以肯尼亚为基地,建立起中国文化与当地文化交流的平台,逐步向东非地区扩展数字出版内容的国际传播业务。

另一个潜力市场是拉美地区。近年来,随着我国与拉丁美洲国家经贸关系的快速发展,文化领域的合作逐渐增多。2012年BIBF期间,安徽出版集团精心筹划了"1+10"拉丁美洲国家出版商国际合作业务对接会,开创了中国出版企业与拉美国家出版产业合作的先河,达成了和拉美几个国家的数字版权输出以及投资事宜。

总之,对我国大多数数字出版机构来说,在不放弃把欧美作为主要市场的同时,还应把目标市场定位于广大亚非拉地区的华人群体及关注和研究中国发展的国际用户群体,这样才可达成均衡的全球传播战略。

四 跨文化传播：文化与语言差异之困

文化适应理论不但适用于不同国家之间的传播，也适用于以企业、社会文化团体、个人等为传播主体的国际传播。无论哪一类传播主体，在进行国际传播活动时，都要充分了解对象国的民族传统、风俗习惯、文化禁忌和受众接受心理，以免出现伤害对方民族感情的事。在国际传播过程中，内容的误读现象经常出现，需要我们高度关注。许多产生于中国国情之下的中国出版物，中国受众可以凭借熟悉的价值观、语境去理解，可在跨文化交流中，某些内容在传播时就可能出现信息耗损和误导，有的误导还可能是致命的。

中国数字出版内容国际化面临的是不同的国际环境。中国土生土长的文化产品要想在国外找到适合生存的土壤并不总是一件容易的事情，往往面临着诸多文化与语言差异方面的传播困境。这时候就需要中国数字出版内容传播者既要拥有对跨文化的理解，又要能打破跨文化带来的障碍。

文化差异

由于世界各国所处的地域不同，历史发展轨迹不同，政治经济不同，信仰千差万别，它们在文化形态上存在着巨大的差异，这种差异直接影响对异国文化的接受程度。如果一国文化在传递到另外一个国家时，没有注意解决文化差异的问题，很可能在文化符号转换过程中出现被误读和误解的现象，这不仅达不到预期的文化传播效果，还有可能引起文化冲突甚至影响两国关系。所以，中国数字出版内容要真想在异文化国度生根发芽，就要使国外受众不仅对中国文化有所了解，更要有所认同，其根本还在于内容的被接受。

数字出版内容作为国际传播中的新兴元素，富有创新性，其给传播带来的风险和机遇同在。如果我们能够在国际社会中建立一种形象，让国际用户一想到中国数字出版内容便想到"创新"，就会使国际受众潜意识里认为这个国家前途不可限量，便会关注这个国家的数字出版内容，因为这个国家及其出版内容还在不断地被改变和重塑。在这种改变与重塑之中，我们应该以更加冷静的姿态认清自身与国外的差距，并努力寻找创新之路。

从数字出版技术和数字出版内容的国际化水平上，我们都应该认识到我国和发达国家还存在着不小的差距，这种差距要求我们认清自己的位置，努力寻求适合数字出版内容国际化的发展之路。数字出版内容国际传播既是国际社会共同参与的传播活动，亦是不同国家之间跨文化传播的竞争，其内容不但需要符合人类文化的共性要求，还要对具体国家的具体科技与文化进行高度观照，如此才能吸引个性化的国际读者。

就目前而言，数字出版内容进入全球市场最大的困难还是中外文化的差异性与市场的惯性，欧美出版社确实没有太多从亚洲国家购买作品使用权的习惯，他们有些人常常会直接说："We actually don't want to buy anything.（我们真的什么都不想买。）"[①]现在的国际市场中，很多产品的出口都已经放开了，但是数字出版内容还比较特殊。数字出版内容是非常个性化的产品，国际读者个性化的阅读偏好、语言差异、研究方向等诸多因素，都会起到主导性的作用，直接影响到欧美用户对我国数字出版内容的熟悉和接纳程度，并延缓其消费习惯的形成。同时，几百年来，西方积累了强烈的文化优越感，要改变他们这种观念不可能一蹴而就，种种植根于人们意识深处的障碍才是中国数字出版内容国际传播的桎梏。这一切的改变，除了努力别无他途。

数字出版内容走出去不是强加的，需要有深刻的认同。如果我们的

---

① 桂琳：《"笑猫"出国记》，《中华读书报》2011年8月31日。

内容是优秀的,那么国际读者就会认可、接受我们,就会了解我们国家的文化与科技,否则,一切都无从谈起。只有我们的文化与学术底蕴、水平提升了,软实力随之增强,我们的数字出版内容国际传播才有稳固的基础。

在国际化的过程中,中国数字出版内容首先要有本土关联性的品牌和产品。通过调研,真正了解当地市场和用户的阅读与研究需求,找到合适的合作伙伴,把中国数字出版内容与国际差异化需求真正紧密地结合在一起。

语言差异

中国数字出版内容走出去的一个重要问题是语言。中国有很多优秀的内容值得全球分享,但中文和大多数国家的语言系统是不同的,甚至被认为是世界上最复杂难懂的语言,这直接影响到国际传播过程中深层次内容的理解,也影响国际传播的实现效果。按此道理,所有数字出版内容都应翻译后再进行国际传播,然而事实并非如此,语言差异和翻译问题的确是影响中国数字出版内容国际传播效果的一个重要原因,但也并非所有数字出版内容都需要翻译。原因在于,中国数字出版内容分为两种:一种是需要翻译或直接用英文出版的,可称为"国际文学"或"国际学术";一种是用中文出版的,可称为"中国文学"或"中国学术"。此二者在国际传播中需要区别对待。

"国际学术"或"国际文学"需翻译或需用英文出版

目前的国际一流在线期刊一般都是全英文期刊。首先,英文刊物有利于国际学术界的认可,毕竟目前的学术期刊评价机构多在英美国家,使用的语言也多为英语,学术期刊以英文的形式出现,显然更易于得到国际评价机构的了解和关注。其次,英文在线期刊更利于吸引国际学者的高水平文章。国内顶尖学者常常把自己的文章用英文写完后便发表在国外期刊上,并以此为荣,其结果是我国的学术期刊鲜见高水平学术论文,这在一定程度上限制了我国在线期刊和期刊数据库的国际传播,由此可知,英文期刊的确可以通过语言的国际化打破隔膜,大大推动数字期刊的国际化。

这样看来,语言问题成为数字出版内容国际传播的难点之一,而翻译质量直接影响读者体验、市场口碑与传播效果。为了达到更好的翻译效果,我们需要从以下几个方面做出努力:一是建立国外译者的名录,各数字出版商可以通过搜索、选择等方式,建立以母语译者、海外华裔学者与海外汉学家为主体的国外译者名录,搭建与专家间的合作平台;二是实施重点翻译项目,可以通过以数字出版内容国际传播为目标的翻译招标活动,借此物色优秀翻译家,提升翻译质量;三是做好翻译人才的培养工作,各数字出版商可从外国留学生与外资翻译公司中物色一支覆盖不同学科、通晓中西文化、熟知海外读者思维方式、译校质量优良的翻译队伍;四是建设国际一流的翻译平台,如中国对外翻译出版公司的"译云"平台,该平台集最庞大的语料数据库、国际翻译专家人才库和智慧网络应用处理为一体,功能上可实现跨文化、多应用、多语种远程语言服务,快速而便捷,在语言服务层面上整合文化产业链上不同板块和环节并加以智能应用,是新一代的语言服务智慧应用平台。[①] 知识产权出版社的机器翻译平台已经成为全球最优秀的科技出版内容在线翻译平台之一,在促进翻译业务与出版业务互动共赢的同时,大大增强了数字出版内容和其专利数据库的国际传播效果。这说明原创内容的翻译为产出高质量的、国际化的数字出版内容做了很多贡献。

英文不等于有效的国际传播

在语言不同的国家之间进行文化传播,翻译占有重要地位。很多中

---

① 刘志伟:《点击2013年度出版8大聚焦》,《中国出版传媒商报》2013年12月31日。

国数字出版商认为,如果中国的数字内容能够用英语来出版的话,应该会取得更好的传播效果,实际上并不尽然。一位美国学者曾经表示,他不愿意看中文翻译过来的书籍,因为他觉得中文翻译过来的东西很大一部分都是对西方理论的阐述,在方法和基本理论上并没有什么创新和优势。[1]

国际化的确涉及语言的问题,每个人也都知道国际化的语言是英语,但是这里面还有一个根本性问题:英语化并不等同于国际化。截至2013年年底,由中国大陆相关机构主办并已经取得国内统一连续出版物号的英文版科技期刊共计224种。[2] 很多高校和科研机构都有创办英文刊的愿望,可英文刊出版了,可大多外国专家不看,中国学者不睬。也就是说既无国外读者,更无国内读者。也许,这可称为自娱自乐,但实际是自欺欺人。[3]

台湾大学黄慕萱教授精辟地指出:"由于人文社会学者的研究议题具有高度的本土关怀,自然会以最符合该国文化与思考的语言作为文献发表所使用的语言,因此以英文文献为搜录对象的SSCI及A&HCI引用索引数据库并无法代表非英文人文社会科学学者的研究产出状态,其搜录的期刊文章仅表示较具有国际能见度及影响力,而无法表示其重要性或质量的高低,故在非英语国家,人文社会科学学者的学术评鉴不能仅以国际引文索引数据库进行评鉴。"[4]

我们不能否认中国社会科学学术出版的国际化趋势,我们反对的是盲目的国际化、以英文化代替国际化和以欧美化代替国际化,因为这样的

---

[1] 吴乐思:《西方视角下的中国学术出版业及其国际化抱负》,第四届数字时代出版产业发展与人才培养国际学术研讨会。
[2] 《2014年我国英文版科技期刊发展回顾》,http://blog.sciencenet.cn/wap.php?mod=index&do=blog&id=882723。
[3] 仲伟民:《只有汉语才能真切传达中国文化精髓——社会科学研究的国际化绝不是SSCI化》,《中华读书报》2012年11月7日。
[4] 黄慕萱:《人文社会科学研究评鉴特性及指标探讨》,《清华大学学报》2010年第5期。

国际化不仅会大大损害中国的优秀内容,还会使我们与国际社会渐行渐远。

当然,并不是说所有的数字出版内容都不必翻译成英语,这要根据情况而定。比如,科技类数字出版内容翻译成英文就很好,其并不涉及中国人文文化中那么多抽象的内容。

"中国文学"或"中国学术"不需要翻译

从实用主义角度来看,在向国际机构用户进行"中国文学"或"中国学术"传播时,中国数字出版内容的传播者一般都提倡尽量把相关内容翻译成英文,至少把相关数字文献的标题和摘要翻译成英文,并配置最全的MARK数据(即书目或文章数据,包含图书或文章的标题、作者、分类、简介、索书号等信息),以方便国际受众查找和阅读。但从英国牛津大学、剑桥大学、爱丁堡大学图书馆的做法来看,他们会对采购的数字资源配置MARK数据,不需要中方自己做,而他们所谓的MARK数据就是汉语拼音,根本不做翻译。他们认为,不懂中文的人不会去搞中文研究,而懂中文的人则没必要翻译,一旦翻译了就特别麻烦。之前的确有些中文图书标注了英文书名,导致一些英国人以为是英国文献,下载后才发现是中文文献。所以,中文的内容还是中文标注,直接写拼音就最好,读者一看就知道是中文文献,也有利于图书馆的分类。[1] 如果有的中国数字出版内容本身就是用英文出版的,则另作别论,标注数据都用英文即可,也不会有误导读者之嫌。还有一种情况,如果国外图书馆的采购员看不懂中文,那我们把书目和简介翻译成本土语境的外文介绍资料,则有助于图书馆采购员明白这本书的内容。这不仅满足了国外图书馆的原版中文收录需求,而且减轻了国内数字出版内容走出去时的语言压力。

从文化传播的角度来看,只有中文才能真切传达中国文化的精髓,很

---

[1] 赵树旺、余红:《从英国视角看中国数字出版内容的国际传播》,《出版广角》2014年第5期。

多内容是只能用中文来表述、阐释与理解的。对于这部分内容,我们应始终坚信,中国化的就是国际化的,否则就什么也不是。盲目或不恰当的翻译是一个愚蠢的做法,片面国际化只会损害中国文化与中文数字出版内容。

综上,中国数字出版内容在国际传播过程中是翻译成英语出版与传播,还是直接用中文出版与传播,要根据具体阅读对象、具体内容等情况而定,一切都以国际具体需求为衡量标准才好。

五 数字化与国际化人才匮乏

人才是第一资源。要想实现数字出版内容的国际传播,没有一批专门的人才做后盾是根本无法实现的。在数字出版领域,我国缺乏一批具有外语基础、中西贯通、懂技术的复合型人才,这使得数字产品开发颇显乏力。国际化经营人才同样奇缺。国际化人才需要懂外语、懂出版、懂市场,而且不仅要懂中国市场,还要了解外国市场。这些人才的奇缺,如同一道艰难的课题,摆放在中国数字出版内容国际传播面前。

数字化人才匮乏

目前,国内许多数字出版内容提供商与技术运营商都在从事国际传播业务,这无疑推动了数字出版内容的国际化进程,但也产生了一些人才问题。主要表现为内容提供商缺乏数字出版技术人才,技术运营商缺乏数字内容编辑人才,二者都缺乏内容管理人才等问题。

数字出版内容提供商缺少的主要是技术人才。作为电子书或在线期刊等内容提供商,传统出版人主要参与内容生产,但很少参与数字内容的集成与传播行为。传统出版企业虽然在内容生产人才方面比数字出版技术商有着明显优势,但由于没有紧跟数字技术的发展步伐,也不重视引进与培养数字技术人才,使得其数字出版技术人才极度缺乏,最终只能把内容交给技术运营商进行集成与传播。

和传统出版人才相比,数字出版内容生产要求从业人员要有一定的计算机软硬件专业知识,对数字出版物的生产与传播模式有所了解,这些知识和规律需要在数字出版的实践中总结。因此,从事数字出版工作的人既需要了解出版专业知识,还要掌握新技术的运用。数字出版技术运营商不缺少熟悉数字技术的专门人才,但技术人才普遍对内容了解不深,不能自发生产出高水平的数字内容。

当前我国数字出版业注定只能选择那些具有技术背景的人从事数字内容的生产,这种情况下,出版专业知识的缺乏导致其生产的内容并不能全部抓住国际市场需求,一定程度上延缓或者阻碍了中国数字出版内容的国际化。

这一切都需要合格的数字出版内容管理人才去实现,此类人才同样相对匮乏。总体情况是,现阶段大多是搞技术的人在做数字出版工作,而传统出版行业参与其中的人较少,这就导致该领域的人才结构不合理,既懂技术又懂内容的人才本来就少,再懂经营管理的人才就更少,而再懂国际化经营的复合型高级人才则已是凤毛麟角。高级经营管理人才的缺乏使得数字出版内容在整体的严谨性、专业性、规范性等方面都相对较弱。

目前比较好的办法是能够把传统出版商与数字出版商进行集团化操作或至少是融合式操作,如此一来,内容人才与技术人才能够自由流动。在两类人才实现合作以后,在管理人才的带领下,符合国际市场需求的数字出版内容才更易诞生,也才能去想象如何提升国际市场的份额。

从长远来看,加强数字出版人才队伍建设尤为重要,要鼓励相关高等院校加强数字出版学科建设和专业理论研究,培养数字出版复合型人才;推动数字出版商完善从业人员的考核机制,制定人才激励措施;建立数字出版人才库,培养数字出版专业技术人才和行业领军人才,完善数字出版人才梯队建设。

国际化代理人才缺乏

中国数字出版内容国际传播不甚理想的另一个原因是,严重缺乏精通国际出版市场的专业人才。要想把中国数字出版内容推荐给国外读者,必须具备深知国外读者、国外机构用户需求的专业人才。

国内开展数字出版内容国际传播的专业中介机构或代理机构还极不发达。现在的情况是,大多数数字出版商都是就自己生产的数据库单独和国外用户取得联系,专业代理版权商操作规模传播的情况较少。代理人才的极度匮乏已成为中国数字出版内容国际传播的最大桎梏。

国外的经纪人制度已经相当成熟,欧美数字出版内容的国际传播很大一部分是由代理公司进行运作。随着中国数字出版内容国际传播的力度不断加大,中国数字出版业也应该遵循国际惯例,尽快发展自己的经纪人制度,使中国数字资源逐步走向国际化、专业化。对于我国数字出版内容国际传播来说,利用代理商一方面可以提高效率,另一方面也可以把内容提供商与技术运营商等相关多方的商业利益更好地捆绑在一起,在目标一致的情况下形成合力,更有利于数字出版内容的成功传播。当然,在中国尚未形成数字出版内容经纪人制度的情况下,中国原有的版权代理人与各个出版社、出版集团的版权经理们应先行担负起数字出版内容经纪人的角色,帮助中国数字出版商向国际用户全方位地包装和推荐我们的数字资源。但是,从长远的社会分工角度来讲,我国版权贸易要想做大做强,专业化道路是必然选择。

人才培养在任何一个行业的发展中都是第一位的,这更是我国版权代理业的当务之急。优秀的版权代理人才绝不仅仅是每年举行几个短期培训班就能培养得出来的。版权代理人才的培养应是一个长期的、系统的工程,需要社会多方鼎力协作。一是政府发挥"第一推动力",对此类人才培养进行政策和资金支持;二是建立市场主导型的教育体系,强调市场需求与教学内容紧密互动。代理人才的培养没有既定的模式可循,而且由于该产业横跨经营管理、国际贸易、社会科学、信息科学、公关学等多个学科,各学科的独立培养方式也无法套用其上。对于这种应用性很强的新兴学科来说,最好的发展方式就是教学与市场紧密结合,根据市场的需求培养市场需要的人才,在具体的教学过程中可以拿国际传播实务中的案例来进行教学实践,帮助学生从真实的市场环境中学到实践性较强的知识,从而加速人才成长。

翻译人才缺乏

虽然并非所有的数字出版内容都需要进行翻译,也总有相当多的内容是需要进行翻译才有利于国际传播的。此时,称职的翻译人才就成为第一位的问题,他们与处于国际传播状态中的数字出版内容的优劣密不可分。作为数字出版内容国际传播的直接参与者和创造者,翻译人才是我国数字出版业的重要资源,是数字出版内容走出去的生力军,是不可或缺的国际化人才。在全球化进程不断加快的今天,翻译人才在消除跨文化传播语言隔阂、实现中西文明交融、推动数字出版内容进入国际市场方面发挥着举足轻重的作用。

当前,翻译人才问题是制约我国数字出版内容国际传播的瓶颈之一,分析二者之间的关系,进一步探讨化解我国数字出版内容国际传播中翻译人才的问题与解决思路,是数字出版业、翻译界和文化管理部门共同关注的重要课题。

作为世界第二大经济体,中国的飞速发展使国外想要了解中国的欲望更加强烈,因此对翻译人才的需求也更大,所涉及的翻译语言和领域也更多。而我国翻译队伍的素质、水平、数量远远不能满足国际传播的需求。

数字出版内容国际传播面临的跨语种翻译的难题应该受到重视,一是合格的翻译人才太少了，二是翻译工作难度大且报酬又太低。这就陷入翻译人才越来越少，翻译难度越来越大的恶性循环，我们需要挖掘、组织和培养优秀的翻译人才才能从中跳出。

翻译人才问题的化解需要更加开阔的视野和探索的精神，从意识层面和制度层面上深入思考和着手解决。国家应该对跨语种翻译给予足够的重视，从翻译工作的体制性安排和业务投资上去寻找解决方法，提高"高精尖"翻译人才的待遇，减少待遇不对等的情况，为数字出版内容国际化减少障碍。其根本是要认识翻译的性质，尊重翻译的劳动，培养真正的职业翻译，这样才有利于人才的成长。

翻译人才的培养也是同样道理，国家在给予支持的同时需要同市场的实际需求相结合，培养数字出版内容国际传播真正需要的翻译人才。中国内容走出去要用让外国人能接受的方式，现在有许多介绍到国外的东西让外国人很难理解。我们的语汇和西方的语汇不是一个体系，不了解西方的文化背景往往使得我们的作品翻译出去以后，西方受众可能根本不知所云，更不用说被西方的民众接受。要想让我们的数字内容真正地走出去，让其产生真正的影响力，到最后还是要靠好的内容。我们只有培养一批真正的既了解中国文化又了解西方文化的专门性翻译人才，才能让中国内容真正地走出去。我们应该整合国内外资源，为国家培养一批高端应用型翻译人才，打造基于实践需要的、产学研相结合的高端翻译人才培养和输送平台，形成以人才培养为龙头的可持续发展的翻译培训服务体系。

总之，各类相关人才仍是制约中国数字出版内容国际传播的关键因素。一支与国际化相适应的人才队伍除了可以增强数字出版内容国际传播的核心竞争力之外，还可以避免各种由当地法律和法规造成的不便和壁垒。

第4章
数字出版内容国际传播的海外借鉴

一 全球化布局：并购与经营并重

随着全球化进程与竞争不断升温，全球化策略对于数字出版企业的重要性日趋明显。2015世界出版50强排名前十的出版集团合计收入达到318亿欧元，较之2013年提高12%。① 面对如此庞大的国际市场，没有哪一个数字出版巨头不垂涎欲滴。在对这个市场的多年憧憬之下，国际传统出版商纷纷成功转型数字出版，而亚马逊与谷歌等技术商也早已介入内容的生产与传播。随着出版企业间并购与整合数字出版业务、打造海量内容，数字出版的起始整合阶段已经接近尾声，国际市场正从无序走向有序，新一轮的国际内容垄断正在形成。

---

① 吴妮：《2015世界出版50强排名全球同步发布，凤凰中南两集团进入全球十强》，http://www.bookdao.com/article/94214/。

数字出版内容是国际数字出版企业的核心竞争力

数字出版业务和收入已经成为学术和专业出版领域国际出版集团的业务支柱。这一切都是因为这些出版商以海量的数字出版内容资源作为运营根基。以施普林格、爱思唯尔、汤森路透、威立·布莱克威尔、牛津大学出版社为代表的专业数字出版内容提供商和以亚马逊、苹果、谷歌、巴诺书店为代表的数字出版内容运营商，都汇聚了大量数字内容资源并建构了数字出版内容传播平台，再加之创新性的传播模式与品牌的力量，最终得以盈利。

优质的内容资源是数字出版内容国际传播的重要因素之一。国外数字出版产业发展的一个重要特点就是传统大型出版集团在内容方面具备竞争优势，在转型数字出版的过程中依然占据核心主体地位，这与中国是截然不同的。其原因在于，国外的大型出版集团一般规模较大，又经历了许多并购与重组，在久远的历史发展中积累了非常深厚的内容资源，一直在某个或某几个专业领域内垄断着相关内容或至少占据明显优势，特别是其为数众多的期刊和图书资源等传统出版内容，成为他们拓展数字出版业务的基石和核心竞争力。通过数字技术的转换，这些资源可以很快成为数字出版形态的内容产品，使得他们较为容易地解决了内容来源、聚集与更新的问题，也较快地渡过了产业发展的导入期，既满足了数字出版内容国际传播的海量要求，也使得他们在数字化转型中依然占据核心主体地位。

最大学术电子书出版商之一——施普林格这些电子书与文献的学术研究价值很高，更新速度快，非常适合国际传播，而且数据库的建设与管理比较容易，运营模式也相对简单，可以快速地产生商业回报。而且施普林格几年来大力实施的电子书回溯数据库（Springer Book Archive，简称SBA）在2013年年中提前完成，其中囊括了1842年以来出版的12万种科学、技术和医学(STM)类电子图书,为科研人员提供了完整的重要文献,便于进行检索和使用。① 此举终于实现了施普林格通过"关注其他媒体形式、软件或服务来增强已有产品,成为科学交流链条上的重要环节"的目标。施普林格全球收入中有三分之二来自电子出版物。②

从出版收入的增长全部来自数字出版内容,而纸质出版的收入却由于高成本和低收益一直持续下滑这种现象可见,海量的数字出版内容资源已是现代国际数字出版企业制胜的利器。"无规模不内容"已成为国际业内人士的共识。只有具备了海量资源,才能最大限度地满足数字时代不同用户的阅读需求。

爱思唯尔计划在改进数字出版内容传播平台方面继续加大投资,及时升级数字出版技术、更新数据信息。公司的产业转型意味着公司从人员到技术的彻底变化。

可以确信,能够在未来同场竞技的不外乎励讯(原励德·爱思维尔)、培生集团、汤森路透集团、谷歌、亚马逊、苹果等少数几家全球顶级的数字出版内容提供商,而其他的数字出版企业不是没有自己的核心技术,就是没有自己的海量核心内容。

数字出版内容的全球发展策略

在目前的数字出版产业转型期,内容资源已成为国际数字出版内容提供商与运营商的竞争焦点。国际传统出版企业向数字出版转型的同时,谷歌、亚马逊和苹果等运营商也在强势介入出版产业,他们的主要关注点就是数字出版内容资源。近些年的国际经验显示,数字出版内容资源的竞争都是通过企业并购、内容整合与经营实现的,其指向是数字出版内容资源的海量化、规模化与品牌化,最终目标是通过数字出版内容的国

---

① 渠竞帆:《施普林格多措并行出版创新》,《中国出版传媒商报》2013年9月13日。
② 同上注。

际传播获利。

全球化并购与整合数字出版企业及内容

面对全球化的不断演进,想要通过单打独斗在市场上独占鳌头很不现实,在此情形下获得增长的唯一办法就是并购。欧美数字出版业一直通过不断的并购来实现内容资源的整合与集中,战略性的并购能使全球范围内的各种数字出版内容资源得到优化配置,并扩大企业的内容生产规模。一个企业只有在资产的置换中才能实现内容资源的优势互补,才能更好地集约化和规模化,才能满足数字出版内容市场的海量化需求,从而更好地推动数字出版内容的国际化传播。

需要注意的是,对于一个数字出版内容企业来讲,影响其市场价值的核心要素绝不是一时的市场表现和资产规模,而是拥有数字版权的数量和质量,这是西方市场并购重组中的最重要考量。2013年7月,英国培生集团与德国贝塔斯曼将各自旗下的出版公司企鹅出版社与兰登书屋合并为企鹅兰登书屋,这本已是一件令人震撼的事情,更让人意想不到的是,在接下来的半年多时间中,企鹅兰登书屋进一步并购了全球250多家出版社。这个新诞生的企鹅兰登书屋平均每年出版新书15 000种,潜在市场实力不容小觑。美国2013年电子书畅销排行榜佐证了这一出版巨头的实力与影响力。美国行业门户"数字图书世界"针对2013年畅销电子书的一项调查数据显示,2013年上半年,阿歇特出版集团以明显优势在电子书榜单上独领风骚。而到了2013年下半年,随着新的全球出版大户的诞生,企鹅兰登书屋名下的畅销书数量已经可以与阿歇特出版集团全年的畅销书数量匹敌。需要说明的是,在两大集团合并之前的2013年上半年,企鹅与兰登两者分开统计,下半年才开始以企鹅兰登书屋的名义合并统计两者数据。如果将企鹅出版集团、兰登书屋以及企鹅兰登书屋三者拥有的畅销书算到一起,这个出版巨头共有478个作品登上了美国2013年电子书畅销榜单,远远高于阿歇特出版集团258种书的全年数据

(如图4—1所示),约占美国畅销电子书总量的40%。① 可以预计,企鹅与兰登书屋合并引起的行业震荡与内容资源的整合还将在出版业持续掀开新的篇章。

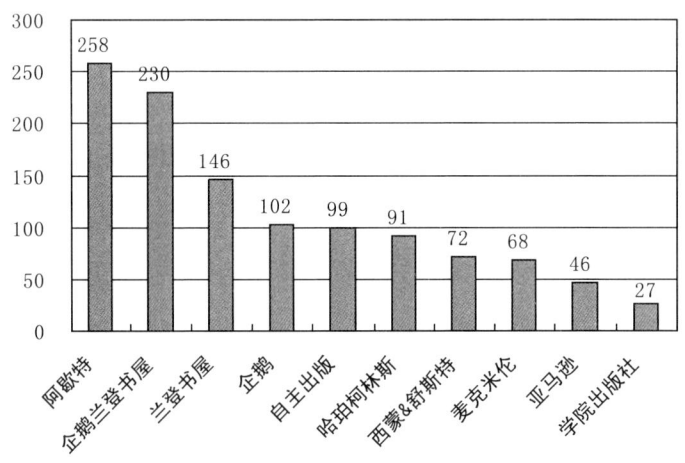

图4—1　2013年美国电子书畅销榜出版社排名

数字出版技术商往往与内容提供商合作,一起进行数字出版内容的国际化传播。亚马逊从一开始就充分认识到了并购可能为公司带来的收益,于是不仅积极与出版社展开合作,还斥资收购数字版权。首先,在美国的出版市场上,大型出版传媒集团排名前4位的已经占据30%以上的市场份额,排名前8位的占据了52%以上的市场份额,排名前20位的占据85%以上的市场份额。② 而亚马逊一直在谋求与这排名前20的大型出版企业达成合作,志在获得美国绝大部分传统纸书的数字版权或网络版权。其次,亚马逊从未停止过收购数字版权的脚步,从1998年收购欧洲在线书店Bookpages & TeleBook,到2008年收购用户过亿的全球稀

---

① 唐玉屏:《企鹅兰登书屋主导美电子书市场》,《文汇读书周报》2014年1月27日。
② 李昕:《数字出版是一盘没有胜算的棋》,http://news.xinhuanet.com/2013-04/07/c_124545502_2.htm。

有和绝版书在线超市 AbeBooks,再到 2012 年收购三维地图新创公司 UpNext……截至 2011 年,亚马逊数字出版内容平台中已有 100 多万种电子书。① 亚马逊的每次并购都为其自身的进一步发展奠定了基础,并为其在全球化传播与竞争中提供了脱颖而出的海量资源与不竭动力。

而谷歌开展数字出版内容的全球布局则另辟蹊径。曾几何时,"整合全球信息,使人人皆可访问并从中受益"成为了谷歌的光荣使命,尽管这个高调的口号下蕴藏的可能是对巨大商业利益的清晰辨识,"整合全球信息"在全球化信息时代本身意味着垄断和金钱。但无论如何,在这样一个宏大使命的感召下,谷歌展开了震惊世界的数字之旅。从 2004 年的"谷歌图书馆计划"到 2005 年的"谷歌图书合作商项目",再到 2010 年的"谷歌电子书店"正式上线,谷歌公司通过这三大图书战略完成了"谷歌图书"对数字出版的全球化整体布局。谷歌电子书店上线当天的电子书就达 300 万种,一举成为全球最大的电子书虚拟书店。其中既包括已无处去买的绝版图书,也包括《纽约时报》畅销书排行榜中的最新图书。谷歌数字图书的远景规划是扫描世界各国 1.3 亿册图书,至今已扫描超 2000 万册。

谷歌书店从一开张就凭借内容和市场优势后发制人,将国际市场上的亚马逊、苹果、索尼等竞争对手远远抛在后面。之所以能做到这一点,与谷歌的海量内容策略密不可分,其海量的全文图书资源为用户带来的实用与便捷使全球亿万用户忠诚于谷歌图书。庞大的用户资源又进一步吸引了上游的内容提供商和下游的终端设备商的融入与合作,谷歌已经借此占领了数字出版内容国际传播的诸多核心环节,从而实现了对全球数字出版内容行业的主导与整合。谷歌经验的意义在于重新诠释了数字时代内容依旧为王。

---

① 季守利:《数字出版平台的几个为什么》,《中国新闻出版报》2012 年 1 月 6 日。

全球化传播数字出版内容

全球化为欧美发达国家的数字出版业提供了广阔的发展空间。欧美很多数字出版企业的国际化程度都很高,海外业务在他们的经营格局中占有举足轻重的地位。他们往往凭借自己的内容、语言与技术优势,不断扩大其在全球的文化势力范围,占领全球的内容市场,通过数字出版新形态传播自己的文化价值观与科学新发现等。

在应对数字出版内容全球化竞争的过程中,国际出版商总是能够别出心裁,紧跟时代步伐,不断创新自己的全球传播战略,引领世界数字出版内容国际传播的潮流。唯有如此,出版商才能够在世界范围内找到用户,满足市场的需求。

一些大型国际出版机构通过各种方式在全球范围内进行国际传播,在国外设立分支机构,开拓海外市场,如麦格劳·希尔公司目前已在全球32个国家设有超过400个办事处。[1] 又如荷兰威科集团的业务范围已覆盖全球150多个国家,其客户群中包括全球排名前40的银行和前90%的美国银行、全球21万家会计事务所、1 300万家医疗机构和25万家全球律师机构。[2] 由于威科所服务的机构用户们涉及的业务常常是跨境的,威科集团的全球化视野就可直接帮助到他们。因为客户的全球性,威科集团进一步加强了在全球各国的本土化运营能力,以便从地理接近性的层面进一步提供专业服务,同时加速向高盈利业务和高增长地区进行投资,如在印度、中国开发在线产品和云解决方案等。威科集团于1985年起就开始到中国发展,业务范围主要覆盖三大领域,一是中文版本的医疗卫生方面的新老数字产品,二是在财务合规领域为中国用户提供适应中国金融市场的合规政策,三是为中国用户提供法律业务方面的数字化服务。

---

[1] 孙然:《麦格劳·希尔公司的数字化发展探究》,《中国报业》2012年第18期。
[2] 〔荷兰〕凯文·恩特瑞肯:《数字化创新引领全球拓展》,《中国出版传媒商报》2013年9月3日。

亚马逊也早已致力于开拓全球数字出版内容市场,并意识到了中国市场的潜力,不断增加在中国的投资成为其应对全球化竞争的重要举措之一。亚马逊从2004年收购卓越开始,到2012年大举进军中国,再到其在北京地铁站铺天盖地的超短域名"Z.CN"的海报宣传,足见其对中国市场的深谋远虑。亚马逊成功地将其全球领先的网上营销才能与卓越网深厚的中国市场经验相结合,为亚马逊数字出版内容的全球市场份额做出了真正卓越的贡献。随着亚马逊硬件设备Kindle系列产品的大规模进入,中国数字出版内容的竞争风起云涌。凭借包括中国在内的庞大的全球市场,亚马逊的数字出版内容将会在全球化的道路上越走越远。

总体来看,全球化与数字化传播是现代社会的主旋律,对于中国数字出版内容生产者与传播者来说,既是机遇又是挑战。中国数字出版商可借鉴国际已有经验,集聚优势数字内容资源,在此基础上较易形成全球产业链,并可在较短时间内迅速扩大内容生产规模与产业规模,进而为中国数字出版内容国际传播提供新的路径与选择。

二 专业化:将资源和消费群分类并定向化

欧美出版业有一个罕见现象:出版晦涩难懂的学术期刊堪比开动印钞机。化学期刊《四面体》的全年订阅费用要花掉一家大学图书馆20 269美元,而《数学科学学刊》的全年订阅价格也高达20 100美元。诸如此类的恐怖天价直接导致坐拥2 000多本全球顶级期刊的爱思唯尔持续获取高收入与高利润,这一切只因为学术期刊的内容是专业的、不可复制的、无可替代的。

专业出版内容是传统出版商数字化转型中看到的最亮的一抹光线,其相关业务和收入已经成为几个专业学术出版集团的支柱。经过多年的产业运作、专业特色的形成和对优质资源的占有与发展,欧美出版集团基本完成了专业化数字出版的转型和传播模式的建构。在全球出版业年度排名前10位的企业中,专业出版的总收入占到了43%。①

专业出版内容具有实用性和专门性

立足于人们的研究需求与职业提升,专业化数字出版内容具有实用性和专门性,读者购买与阅读存在必然性,能满足大规模定制要求,能促进企业成本降低与收益的增长。

专业出版的市场价值通过高度细分市场、重视机构与个人用户市场、多种商业模式的开发、知识产权价值累积而实现。其具体措施是首先将客户和消费群分类并且定向化,然后以消费者需求为出发点定制数字内容和商业模式。建立在海量内容基础上的在线服务,充分体现了专业出版个性化服务的特点。爱思唯尔服务于四种不同的专业人士:对健康教育感兴趣的专业人员(护士,在中小学或继续教育领域工作的助理保健专业人员);研究人员,特别是学术界或政府资助的研究人员(包括物理学、化学、天文学和医药学方面的基础性研究);企业界的研究人员和工程师等专业人士(包括在企业研发部门工作的人);在医院和诊所同病人打交道的临床医护人员。② 爱思唯尔的成功足以证明,数字化时代的专业出版在科技、教育等领域有着得天独厚的优势,不仅具有巨大的市场需求,同时还是数字化时代最先能满足机构用户需求的内容,因此更容易获得成功。

专业出版市场营收的增长主要依靠数字出版内容,其主要途径是数字化国际传播。出版商运用国际传播网络在线经营数字出版内容资源,创造出新的传播模式,实现内容传播的全球化和效益的最大化,并形成稳

---

① 柳斌杰:《数字时代的全球出版走势》,《现代出版》2011年第6期。
② 李丽:《学术教育类出版公司新掌门都是信息数据处理强人》,《中国出版传媒商报》2013年11月12日。

定、持续的盈利模式。就目前来看,专业数字期刊、专业数字图书、数字品牌工具书是专业化方向上的成功者,其中尤以高利润的电子期刊最具代表性。

定制是专业数字出版内容领域的关键词。专业期刊的商业模式就是通过收购大量的数字化专业期刊,将用户可能感兴趣的内容从不同的专业期刊中提取、集合在一起,通过为每个用户的个性化需求提供相应的大规模定制服务而获利。施普林格的专业类期刊数据库持续为全球科研机构与人员提供最新研究成果,满足着这些用户专业化的定制需求。为了保证这些内容的专业性,施普林格的在线期刊数据库建立了严格的同行评议制。其期刊数据库共收录11个学科领域的期刊,而学科内部也有明晰的专业细分。以SpringerLink为例,仅"物理科学与工程""生命科学"和"健康科学"这三大类所收录的期刊数量就占总数的98.7%。专业化的内容使得施普林格能更好地为科研人员提供精准的信息推送服务。[①]

专业出版的关键在于专业。德古意特(DeGruyter)作为一家拥有260多年悠久历史的综合性高端学术出版社,自行研发出了数字化平台,以帮助读者更加便捷地获取所需内容。其数字化平台包括诸如"尼采在线""世界传记信息系统"等37个规模庞大的专业性很强的数据库,同时配备了非常实用的检索功能。从其内容范围来看十分专业,世界最知名的图书馆和科研学会均是它的客户群。可见,专业出版贵在"专",然后才是海量,海量化的内容一定是基于专业范围内的、专业基础上的。

许多传统的专业数据库也走向更进一步的专业化建设,法律判例库和医学药品库早已构建了专业化平台,传统地图商也转型为GPS行车系统或者旅游信息专业平台。这些数据库平台的专业化程度与国内数字出版内容平台大而全的定位完全不同。

---

① 赵树旺:《欧美数字出版内容资源的整合路径》,《现代出版》2015年第4期。

合并同类项与剥离不相关业务造就专业化

近年来,专注于科学、技术、医疗出版领域的欧美出版集团在发展专业出版的道路上表现了出人意表的魄力,走出了一条资产与内容的整合与剥离之路。这也是数字出版业市场竞争到一定阶段的产物。多年以前,欧美出版集团为了做大做强,一直在进行摊大饼式的并购。随着数字出版发展格局的日益清晰,在遵循专业化规律的前提下,欧美各大出版集团已不再肆意扩大经营规模。除了继续并购与获取那些对自己有用的同类资源,欧美各大集团集体转向,开始大规模剥离那些与自己主流业务不相关的资产与内容。

从业务发展来看,欧美各大出版集团都在谨慎扩大产品线,更专注于在自己擅长的领域内发展。

培生集团经常排名第一绝非幸至。培生在发展过程中总是能及时把握住出版产业链的演变趋势,不断将自身资产向出版产业方向集中。进入21世纪后,培生将自身主业定义为教育出版,并开始剥离与之不相关的资产,同时将资源不断集中到教育出版领域。2000年,培生出售了盈利能力很强的RTL电视业务,同年出售投资银行拉扎迪斯;2005年出售西班牙媒体集团瑞克利托斯的股份;2007年出售回声报业集团;2010年出售国际数据公司股份,剥离金融数据业务。2007年后甚至开始剥离与教育出版相关性不大的大众出版资产,最大手笔是2013年将从事大众出版的企鹅出版社剥离,并将之与贝塔斯曼的兰登书屋合并,只留下了培生教育集团。其专业化的决心与魄力可见一斑。

汤森路透集团的整合之路也处处透露着专业化的痕迹。原汤姆森出版集团早在2007年时就意识到,如果继续持有负责教育业务的汤姆森学习出版集团,将影响到整个集团专业化的战略发展方向,于是坚决抛售利润丰厚的汤姆森学习出版集团,同时并购路透集团,之后全力发展以专业化信息为主的数字出版内容传播,在法律、金融和科技医疗信息服务专业领域形成独一无二的优势,全球资讯提供商遂成三足鼎立之势——汤森路透、彭博、励讯(原励德·爱思唯尔)。

在数字化转型中,为了从全方位的内容信息服务商转变为更加注重针对性和专业性的信息供应商,麦格劳·希尔公司出售了自己掌管了80年的《商业周刊》及另外60本杂志,原因在于其认为《商业周刊》等杂志提供的数据还是太大众化,并且不再符合母公司的发展策略。

威利集团在2012年出售了以一般消费者为导向的大众出版业务,转而集中精力发展专业出版信息。作为世界三大科技出版商之一,威利的学术出版与STM(科学、技术与医学)出版享有盛名。他们认为,数字出版的未来应该是出版商在各自特定领域提供专业化的内容与信息,这些内容可以改变读者和用户的生活,而大众出版领域的旅游书和烹饪书内容都可以从网上免费获得。有鉴于此,威利剥离了此类大众图书业务,出售给了其他专业公司,这样他们就可以集中精力发展自身的三大核心业务——全球教育、全球学术研究与职业发展。同时,威利旗下颇有影响的化学类与计算机技术类科技图书、医学类图书都为其自身的专业化发展提供了丰富的内容资源支持。

另一家专业出版集团——威科集团也在步入数字出版时代之后,果断采取了转型战略,迅速将自己不熟悉的业务进行了剥离,只剩下了法律与法规、教育培训、财税、医疗卫生、科学、商业出版等几个具有竞争优势的核心板块,其他业务内容全部放弃。威科还独创了"内容—软件混合解决方案",通过将内容和软件相融合的方式为客户提供更加专业化、精细化的服务。威科的专业化转型取得了巨大的成功,在威科集团2014年的财务数字中,有80%的销售收入来源于数字化产品及相关服务。作为一家有着近两百年历史的传统出版商来说,这些数字意义非凡。[①]

[①] 《世界排名第四的威科集团怎么做数字出版》,http://www.360doc.com/content/15/1229/03/1573580_523836107.shtml。

另外，大学出版社往往专注于学术与教育出版，所以具备天然的专业化理念。英国牛津大学出版社的大学出版学术在线（UPSO）与牛津在线学术专著数据库（OSO）系统，向世界众多大学图书馆提供18个大学科的数字内容，旨在打造一个"在全球范围无与伦比的学术出版研究工具"；剑桥大学出版社的大学出版在线（UPO），有望成为"全球最大、最重要的数字化学术资料库"。[①] 截至2011年，剑桥大学出版社的数字内容销售已经占到出版社总销售额的20%。这些数字出版内容传播平台除了通过数字期刊为科研人员提供引文报告和知识创新成果外，还通过文献计量分析提供科研绩效评价、科研热点趋势及优化决策支持工具，为专业人员提供参考指南以及方便的文献管理及检索策略工具。

面对数字出版内容国际传播的机遇与挑战，国外数字出版商一直在用长远发展的眼光，以自身使命为引线，发挥着他们的时代创造力。中国数字出版商亦应看到数字化发展的更多趋势与变化，并在专业化的视阈下把学术出版、科技出版与专业化趋势紧紧结合在一起。总体来看，中国数字出版内容国际传播平台的建构面临"定位大而全""严重同质化"等问题，这需要实现两个转变，一是由"大而全"转向定位鲜明、用户细分的差异化、专业化与服务化的传播平台，二是由技术运营商主导转向出版内容方主导，或内容方与技术方共同主导，最终建立专业化的、可持续盈利的数字出版内容国际传播共享平台。

三　信息服务化：行业边界趋向模糊

由于产业融合的加剧，数字出版业与媒体产业、信息服务产业结合得非常紧密，内容行业正逐渐被纳入更为宏观的信息服务传播，出版、传媒、教育、服务的行业界限正在被打破。在欧美数字出版内容的国际传播过

[①] 董云虎：《把握国际出版业走向》，《中国出版》2011年第17期。

程中,专业化与服务化常常密不可分,你中有我,我中有你,二者并不矛盾或冲突,专业化是为了定向性服务,服务的目标对象是专业人群。很多数字出版内容的传播模式兼具专业化与服务化双重特征。当然,此时的数字出版内容早已不是我们所熟悉的传统图书了,如麦格劳·希尔集团旗下的标准普尔指数(Standard & Poor's)完全就是金融标准服务;律商联讯(LexisNexis)主要提供法律咨询与商业信息服务。

专业信息服务

许多以传统出版业务起家的大型出版集团纷纷结合自身的特有属性与优势进行转型,信息服务变成了许多出版企业的首选。全球前10名的出版商均在专业化的同时表现出走向服务化的鲜明特点,无论是以金融、法律、医学等以信息服务为主的新兴传媒企业,还是以期刊、专业出版为代表的传统出版企业,都朝着信息服务商方向发展,大量同一类型资源的基础数据库被集中在一起,以满足用户日益增长的大规模定制和搜索的需求。

通过10年的努力,爱思唯尔集团已从数字出版内容提供商向信息服务商转型,其定位是"为专业人士提供信息解决方案",其具体做法是抛售广告和会展等传统业务,集中发展增速更快的信息服务业,在数字产品已经成为其主导产品的基础上,不断推出交互式、多媒体的在线解决方案和在线服务平台,帮助全球的政府、学术与研究机构更有效地评估、制定和执行发展战略。在大战略的指导下,爱思唯尔所有的数字产品开发都指向两个方向,一个是"搜索与发现",一个是"科研绩效的评估与规划"。"搜索与发现"服务体系更具代表性,该系统为SciVerse一站式信息获取平台。其第一个构成部分是拥有超过1 100万篇全文科研文献的ScienceDirect,可以回溯至1823年;第二部分是科研文摘库Scopus,拥有4 100万条文摘信息;第三部分是Scirus,对网络上的免费科研信息,如专利信息和一些科研相关网站实现一站式的搜索；第四部分是第三方机构给爱思唯尔的知识库。① 海量的科研内容使得搜索与发现成为一件困难的事情，于是爱思唯尔开发了一系列应用程序，并把这些程序合为一体，用户只要在中心程序上输入问题，ScieVerse 系统就会调集所有内容资源帮助用户发现有用信息和数据，以提高科研效率。"科研绩效的评估与规划"更具前瞻性，该系统名为 SciVal，不仅帮助科研人员搜索和发现知识，而且致力于提供学术咨询服务。如其中的子系统 SciVal Experts 可以让机构用户给自己学校建一个专家库，科学家可以借此更容易地找到同类研究者，以便展开合作。同时，SciVal Experts 也是一所学校科研实力的展示平台，校内科研人员所获奖项、所发表论文在此平台上一目了然，国内的山东大学、复旦大学等几所名校已经订购了该产品。爱思唯尔产品体系一共研发了 100 多个程序，这些程序按用途分为四类：第一类帮助科研人员找到合作者；第二类帮助科研人员在海量信息中更快找到有用信息；第三类是帮助科研人员管理信息；第四类是帮助科研人员分析，为他们提供有助于科研发现的信息。② 爱思唯尔的在线解决方案帮助学术与政府研究机构更有效地评估、制定和执行其研究战略，最大限度地提高了用户的投资效益。

　　商务和专业智能信息提供商汤森路透集团主要为金融机构、专业企业和众多用户提供金融信息服务，还可以为科学、税务、法律、会计、媒体市场和医疗保健专业人员提供智能解决方案。其 2014 年营收为 126 亿美元，运营利润率达到 17%。③ 一切都源于汤森路透集团较早地进行了产业转型，向内容与信息服务化的纵深方向发展。在业务覆盖教育、法律法规、金融、科技与健康 5 个领域，内容涵盖全球 1.2 万多种最具影响力的期刊以及超过 15 万种会议文献的基础上，汤森路透从数字化传播的深

---

① 宋平：《爱思唯尔：数字业务如何掘金》，《中华读书报》2012 年 11 月 7 日。
② 同上。
③ About Thomson Reuters, http://thomsonreuters.com/en/about-us.html。

层内涵着手,为全球用户提供分析、咨询和翻译等服务功能,未来投资方向越来越趋向于信息技术研发、数字出版内容开发与平台构建。可以说,服务化既是汤森路透成功的原因,也是其未来仍将继续坚持的发展战略。

作为提供信息服务的出版商,威科致力于向法律、财税、金融、医疗及人力资源领域的专业用户提供专业信息、软件和服务,帮助专业用户开展工作。这些用户面临提高效率和产量的巨大压力,每天都要做很多重要决定,所以威科集团的主要业务就是确保给他们提供准确、及时的专业信息与工具,帮助他们深度解读相关数据,提供解决方案。尤其在面对中国法律专业出版领域的用户时,在目前这一领域的世界三大公司威科、爱思唯尔和汤姆森·路透中,只有威科的在线产品与解决方案契合中国法律的民法体系,而法律体系的相似性决定了威科在中国法律服务领域中独擅胜场,可以为中国法律专业用户提供最到位的服务。

教育服务

信息服务既包括专业信息服务,也包括教育服务。综观世界出版业,在大众出版、专业出版、教育出版三大领域中,教育出版始终是资源最丰富、效益最好、最具服务性的领域。随着教育市场发生的结构性变化,全球对在线教育的需求增长迅速,以提供各类教材、教辅、教学培训与服务为主要业务的各大国际教育出版传媒企业,每年拥有 10 亿学生和 8000 万教师的稳定市场。[①] 这使出版商愈发重视在线教育产品及服务。

在线教育服务的商业模式大概有 6 类:第一个是在线课程,通过视频、音频的多媒体技术,帮助学生在线学习,既作为对平时课程的一种补充,也作为远程学校的一种学习方式;第二个是家庭作业管理;第三个是在线测试,利用开放的软件系统对学生的学习结果进行测试;第四个是可以在线下载的电子图书,该电子图书有两种版本,一种跟印刷版本完全一

---

① 孟庆和:《构建国际型教育出版集团管见》,《中国编辑》2011 年第 4 期。

样,另外一种是在印刷版本的基础上增加视频等多媒体元素;第五个是在线课外辅导;第六个是虚拟体验材料,比如做游戏作业。从短期来讲,家庭作业的营收最高,近期在线体验性的材料也有发展的机会,因为网络教育的基本课件在于使用者本身和教学机构之间一对一的联系。①

国际大型教育出版商都在自建数字化的教学平台。其在线教学平台不仅销售电子教材,还销售很多扩展资源。一般而言,在线教学平台既要针对教师,又要针对学生,既要满足教师的教学管理需要,又要满足学习者的自主学习需要。销售方式既可以单独销售数字版内容,也可以和纸版教材组合销售,如购买纸质教材的同时可以获得数字化平台的阶段性使用权等,或加一点钱可以获得数字化平台的更多权限。为了不断完善数字教学平台和内容资源,国际教育出版商都在关注大数据,即教学管理者和学习者使用教学平台之后产生的大量用户行为数据,对这些数据进行的深度分析有助于教育出版商改进服务,同时也能帮助学校提高教学质量。

数字技术正在推动教育的开放化和个性化,推动传统教育出版商向教育解决方案服务商转型。作为转型成功的杰出代表,世界最大的出版商培生教育出版集团一直致力于帮助人们提升职业成就、充分改善生活,通过多种语言以在线方式提供课程资源与学习资源,帮助学习者在任何时候、任何地方进行学习。它在考试系统研发方面,特别是教育软件和教育管理系统方面投资巨大,在高等教育、中小学教育、英语教育、专业出版、考试测评、网络教育等众多教育出版领域位居全球之首,为包括英国、印度在内的60多个国家提供在线服务,其2014年全年营业利润增长了5%,按固定汇率计算公司销售额增长了2%,营业利润增长了8%。公司递延收入增长10%,达到8亿英镑(约73.37亿元人民币),展示出数字与服务(按订阅量付费)强劲的增长势头,也是未来增长的重要领先指标。②

---

① 百度文库:《数字出版解读》,http://www.docin.com/p-707298291.html。
② 《培生集团2014年营业利润增长5%》,http://edu.qq.com/a/20150309/044133.htm。

培生教育与5家高等教育出版商合作创建了一个通过共享平台出售大学数字教材的公司——聪明课堂(CourseSmart)，提供一种建立在会员制基础上、能够帮助用户随读随记的在线电子书服务；又与谷歌公司合作开发了名为"开放教室(Open Class)"的免费学习管理系统，推出了针对全球高校的数字化在线教学系统 MyLab/Mastering、针对全球小学生的 Frontier 平台、针对中小学的 WriteToLearn 平台。这些革命性的在线教育产品正在改变着全球的学习方式。

始建于19世纪中叶的麦格劳·希尔集团包括三大业务板块：从事教育服务业务的麦格劳·希尔教育(McGraw-Hill Education)；从事金融服务的标准普尔(Standard & Poor's)；从事信息与媒体服务的杰迪保尔商务(J. D. Power)、麦格劳·希尔建筑信息(McGraw-Hill Construction)、普氏能源资讯(Platts)和航空周刊(AviationWeek)等。其中，麦格劳·希尔教育是全球领先的教育服务机构，主要服务于专业教育、高等教育与终身教育市场，其在线教育平台包括了专业发展、咨询与评价体系，推出了类型丰富的在线教育解决方案，已基本实现全流程数字化。针对教材价格太高、数字教材盗版严重、二手书泛滥的美国高等教育市场，麦格劳·希尔推出了在线教学软件"联接(Connect)"。该软件完全不同于传统的教育方式，学生可以不再局限于课本，而是根据自我需求选择要学习的知识，而且不再受制于教室等物理场所，可随时随地学习，传递出一种完全不同的学习理念。学生还可以通过该软件在线观看教授讲课，阅读笔记，进行自我评测并立即获得反馈。更为关键的服务在于，该软件能够实时了解学生在线学习中表现出的不足，并可针对个体学习者的不足提供具有针对性的学习规划，从而改善学生的学习效果、学习成绩。如此智能的数字化学习方式一举解决了纸质教材市场混乱与学生的学习主动性和积极性问题。

全球知名的圣智学习集团志在"改变学习，改变生活"，为全球的大学、教师、学生、图书馆、政府机构、企业与专业人员提供高级定制的学习解决方案,其数字平台包括学术与专业、图书馆、英语教学业务。最特别的是,圣智学习甚至把中文教材服务与前述三项在平台上并列呈现,可见其对中国市场的重视程度和服务方向。波兰数字出版企业青年王朝技术公司(Young Dynasty Tech)与人民教育出版社在中国市场合作推出了一个庞大的数字教学平台,内容覆盖英语、物理、化学、生物等学科,适用于中国幼儿园到高中三年级的学生。

不仅传统的教育出版商致力于在线教育服务,那些数字出版技术商也对这个市场的巨大利益虎视眈眈。2012年,苹果公司开始进军全球中小学和大学教科书市场。首先,苹果推出了一个针对iPad的在线书店,这是一款帮助作者创建互动教学内容的免费出版工具,还推出了一款用于iTunes U的可以共享大学课程的新应用程序,主要内容来自印刷类教科书。其次,苹果一直在努力让包括培生集团、麦格劳·希尔和霍顿·米夫林·哈考特在内的内容提供商相信自己是它们的同盟军,并通过苹果的新应用iBooks2来推销出版商的数字教科书。

无论是国际传统出版商的信息服务化转型,抑或技术商的步步紧逼,都预示着全球信息服务市场竞争的白热化。相比之下,中国数字出版内容提供商参与国际信息服务业的竞争仍不充分,转型之路刻不容缓。只有参与其中,成为世界信息服务业的不可分割的组成部分,才能使中国文化、信息与教育"走出去""传开来",才能增强中国文化软实力与国际竞争力。

四 内容与技术集成化:出版业和IT业走向融合

综观国际社会,数字时代出版业的竞争已经超越了传统出版的范围,IT产业、金融产业、制造业均已参与其中,内容提供商与IT业、互联网业越来越走向融合,这也意味着内容、技术、服务之间的联系变得越来越紧密,新的数字出版内容国际传播模式不断走向成熟。国外开放的市场、成熟的产业集中度极大促进了数字出版内容产业的形成与发展,各出版机构通过实现内容与技术的融合,将产业链间不同主体各自的优势发挥到极致,从而实现了国际传播所需内容资源配置的最优。

技术正逐步成为数字出版内容国际传播过程中的关键因素,尤其是新一轮技术的采用成本和采用方式。一是数字出版内容产业链的网络化发展,IT业以比传统出版更快的速度进入数字出版领域;二是出版物的全媒体化,苹果应用及巴诺书店都推出了电子书和电子内容;三是消费者的社群化倾向,消费者在某个在线社区形成具有某种共同特征的人群,Facebook、Twitter等提供了社区化的条件,并参与到了内容生产的过程中;四是商业模式的多维化扩张,出版物走向多介质发展、多平台经营,如亚马逊的自助平台、电子书平台、POD(按需出版)平台等。

国际同行在数字出版内容国际传播方面实际操作的精细程度和快速响应,是中国远远比不上的。在专业出版和教育出版领域,各大国际出版商都在建立自己的数字出版内容传播平台,甚至已经做得比较完善了。但是在大众出版领域,各大国际出版商主要依靠谷歌、亚马逊、苹果、巴诺电子书店、索尼、Kobo等第三方电子书平台进行电子书和第三方应用程序的销售。

凭借技术优势,欧美IT企业与各种手持阅读终端企业一直在完善数字化技术,并与传统出版业合作建立了众多的数字出版内容国际传播平台,如 Amazon、Google booksearch、Apple iTunes、Sony、Ebrary、Ebook library、My ilibrary、Net library、Live Search Books、Lighting Source、Gibson Livrary Connections Inc、Ovid、Adobe、Safari Bookshelf、Ereader.com、fictionwise、books24×7、questia、Mobipocket、Overdrive、Ebsco Information Services等,其中最典型的是亚马逊捆绑阅读终端的信息服务和内容传播平台,谷歌基于关键词搜索的免费内容加广告的传播平台,苹果公司软硬件结合加内容的传播平台。谷歌、苹果和亚马逊三巨头凭借

新产品、新服务、新技术、新布局,日益形成包揽整个数字出版传播产业链的强劲势头。

亚马逊传播模式

早在20世纪末,人们就开始想象在未来世界里图书会变成什么样子,未来书店会变成什么样子。如今,Kindle、Nook、iPad等一批电子阅读器已经大行其道。亚马逊更以Kindle为载体打造了数字出版内容国际传播平台,即亚马逊网上书店(Amazon.com)。应该说,亚马逊平台在这个领域做了诸多尝试,并展示了一个美好的愿景:人们会像购买传统的纸质书一样购买电子版书籍,也会像阅读纸质书一样阅读电子书。像传统书店和传统的出版方式一样,数字出版物也可以通过直接出售来盈利。电子阅读器和内容传播平台将一起改变整个出版业,新型的商业模式可能为出版业态的扩展带来福音。种种迹象都表明,移动出版、离线阅读或许就是大众出版商的未来。

从亚马逊平台的运作方式来看,数字出版内容国际传播平台主要依托先进的互联网技术与网络平台,进而实现传播平台的建构、深度的内容运营以及技术与产业的结合,同时充分发挥互联网的国际化优势,有效帮助数字出版内容以数字化方式进入国际市场,在国际市场中提高自己的竞争力。尽管各大传统出版商和各大新型技术商、渠道商都在致力于内容传播平台的建构和创新,但仍旧不能掩盖亚马逊的光芒。作为数字出版内容传播平台的典型代表,亚马逊以新技术为基础,以网络和电子阅读器为传播载体,在数字出版内容传播领域一路高歌猛进,取得了惊人的成绩。

在这个信息化的时代,科技竞争是全球化竞争的重要组成部分。在全球化的进程中,一个企业想要获得长久发展,没有过硬的科技创新能力是不可能的。科技创新的速度与质量决定了企业向前发展的程度。在科技创新的实践中,亚马逊一直坚持为了客户而创新。亚马逊的 CEO 贝佐斯始终强调亚马逊首先是一家科技公司,科技创新是亚马逊的灵魂,其次才是零售者。亚马逊科技创新的步伐总是让人耳目一新:通过人工智能向读者推荐其可能喜欢的图书、在图书里放广告、数字图书馆、读者包月服务项目、通过"现购现付"服务从云计算中获益、X 光智能内容搜索链接系统等。众所周知,亚马逊最具代表性的创新便是 Kindle 系列产品和云计算服务。Kindle 使得读者在任何时间任何地点都能阅读自己喜欢的数字读物,而云计算则大大推动了亚马逊的全球影响力。目前 Etsy、Netflix、Rediit、Quora、Dropbox 等许多知名企业都在采用亚马逊云服务。

Kindle 实现数字出版内容的无缝国际传播

有人说人们的阅读方式正在改变,出版方式也正在改变,但二者的改变不是自然形成的。事实上,与其说人们改变了阅读方式,不如说数字技术诱惑人们改变了阅读方式,然后迫使出版商改变了出版方式。早在 2007 年,亚马逊就推出了自己的首款电子阅读器 Kindle,近两年又陆续推出 Kindle 的更新产品——Kindle DX、Kindle Touch 甚至 Kindle Fire 平板电脑,每一次的更新都给读者带来不小的惊喜,推动阅读方式改变的同时,也为亚马逊创造了不菲收益。以 Kindle 为运转核心的亚马逊平台容纳的数字内容资源十分丰富,包括报纸、杂志、字典等,同时,借助 Kindle 和无线网络,亚马逊平台可以为全球用户随时随地提供服务,实现数字内容的无缝传播。即便作为硬件设施,Kindle 阅读器也充分尊重读者的阅读习惯,其外形和重量都与平装书相仿,读者使用和阅读过程中能够获得与传统阅读一致的乐趣和享受。亚马逊平台和 Kindle 阅读器的竞争力除了得益于其丰富的电子阅读资源,还包括它的网络支持功能,Kindle 一直致力于为用户提供完善的网络连接功能。Kindle 只是一个辅助销售并实现阅读的媒介,亚马逊的最终目的是向读者销售电子书。进一步而言,亚马逊平台的终极目的是让读者转变阅读方式,从阅读纸质书籍转向阅读电子书。

云计算提高了数字出版内容的传播效率

独特的云技术和发达的云计算网络是亚马逊平台称霸数字出版业，敢于和苹果、谷歌抗衡的筹码。亚马逊的云计算系统被称为"弹性计算云"，其云技术平台令同行无法望其项背，如 Amazon Web Services 是亚马逊面向企业推出的网络云服务计划。这个部门维护着存储和提供亚马逊电子书、歌曲及电影的电脑网络。亚马逊平台从云计算中获益，可以提供"现购现付"的服务，包括计算能力和数据存储。云技术极大地提高了亚马逊数字出版产品的传输速度，同时也保证了数字出版产品存储的便捷性。借助云技术，用户可以随时随地阅读到自己喜欢的电子书刊，还可以把阅读资料存储在云端，方便快捷。不遗余力地开发云技术为亚马逊平台在数字出版行业长期占据优势地位提供了保障。

"人工智能"这一被誉为计算机发展史上的下一座里程碑的理念，也对内容的生产形式产生影响，使得个性化内容成为可能。亚马逊平台会记录读者购买过的图书，并通过人工智能向读者推荐他可能喜欢的图书，同时还会为某位读者提供可能与他兴趣相仿的人购买的图书（alsobuy 功能）。随着人工智能技术的进一步发展，基于读者需求的个性化内容的数字化传播将成为可能。

大力发展独立出版与原创内容

原创内容对一家数字出版商至关重要。在现今的国际市场中，由于大量的模仿甚至抄袭行为的存在，原创内容的发展受到了巨大的冲击，而市场上充斥的大量的各种类型的模仿产品和抄袭产品使用户感觉毫无新意，长此以往容易造成审美疲劳，最终影响的是整个出版市场。发展原创内容是公司创新意识和创新能力的体现，独树一帜的产品体现了公司创新智慧的同时，也能在最大程度上满足用户求新猎奇的需求。同时，大力发展原创内容能降低数字出版的成本，大大提升数字出版内容的核心竞争力。正是基于这样的认识，亚马逊平台为发展原创内容进行了多方面的努力。亚马逊公司最感兴趣的原创领域之一是喜剧和儿童节目，为了发展原创喜剧和儿童节目，亚马逊平台大力征收原创剧本并让用户给予评估，如果原创内容受到用户积极的反馈，亚马逊平台还会付给原创内容作者相当丰厚的报酬。基于上述考量，亚马逊平台全力网罗创意人才，旨在开发出具有独创性的喜剧和儿童节目，并且通过互联网把它们出售给用户。

由于传统出版业的种种弊端，如今在线电子书平台已经成为很多作家发表作品的好去处。亚马逊的数字出版内容国际传播平台为一些想要发表作品却找不到平台的作家提供了机会，如 Tim Ferriss、Amanda Hocking 和 Laurel Saville，他们都是亚马逊平台的"独立"作家，所谓"独立"是指他们并没有和传统出版社签约，而是在亚马逊平台发表电子作品。他们可以从每本书的销售额中分成 70%。另外，作者们还可以使用 KDP(Kindle Direct Publishing)在亚马逊平台直接出版自己的作品，这些作品可以以多种语言发布，如英语、德语、法语、西班牙语、葡萄牙语和意大利语等。通过 KDP 出版作品既简便又快捷，所有这些都大大节省了图书出版的时间，提高了出版效率。在传统的出版机制中，一般的草根作者要想出版自己的作品是极其困难的，对于初出茅庐的草根作家，出版商是不愿意为他们冒险的，因为对他们的投资很可能没有任何回报。相对于草根作者，传统的出版商们更愿意与知名作家合作，因为与他们合作就是获得利润的保障。对于这些草根作者而言，亚马逊无疑是一个极好的出版平台：极具诱惑力的版税机制、推广资源，被缩短的生产周期，一目了然的合作关系——作者在互联网环境和数字内容传播平台中找到了一种新的生存模式。同时，这种崭新的出版模式对读者而言也意味着更多阅读产品的出现。在全世界，这种独立出版都可能会成为数字出版的一个发展趋势，读者会越来越快地读到作者最原汁原味的作品。出版商的核心竞争力就在于对有阅读价值的作品的筛选及营销，而这已经成为亚马逊平台的既有优势和核心价值。

苹果模式

2010年苹果公司推出触控式平板电脑iPad以及基于iPad应用的iBooks电子书店，由此宣告一直引领科技趋势的苹果公司正式进入数字出版内容的国际传播领域。借助从iPod到iPhone再到iPad的系列智能阅读终端，苹果以独特理念创建了一个基于互联网的半封闭式内容资源平台。尽管苹果公司并未染指内容生产，但它却为数字出版内容提供商创造了一个全方位的数字出版内容国际传播平台，并在过去10年中成功改变了国际个体用户的媒体消费方式。

一个物美价廉的便携终端与一个优良的消费环境成为数字出版内容提供者与消费者之间沟通的渠道，也成为苹果进军电子书市场的两点优势。首先，苹果系列智能阅读终端产品为用户提供了一个良好的内容承载平台，吸引了大量的用户群体。其次，AppStore平台、iTunes商店、iBooks与iBooks2电子书商店等，一起为电子书的国际传播提供了一个整合传播的渠道。尤其是iBooks与iBooks2电子书商店与iPad完美地结合在一起，在模仿苹果在线商店iTunes的同时，iBooks与iBooks2开放的ePub格式意味着苹果销售的电子书可用于其他支持ePub格式的同类设备，如巴诺书店的Nook与索尼公司的Reader。随着数字出版内容的极大丰富和网络传播环境的不断完善，苹果凭借iTunes在全球已有的1.25亿用户基础，短期内就让iBooks与iPad阅读获得了国际用户的认可，从而带动了数字出版内容的国际传播。根据手机应用程序市场调查公司弗拉瑞(Flurry)公布的调查报告，AppStore提供的产品中，电子书的数量于2009年首度超越一向领先的游戏软件，AppStore在2009年10

月销售的新应用程序中,每五个就有一个是电子书。①

通过从技术、平台及传播等方面全方位地涉入数字出版业,尤其是应用程序和应用商店相结合,苹果实现了内容公司与技术公司等产业链不同主体之间的整合,将内容与技术优势发挥到了极致,从而实现了国际传播所需内容资源配置的最优,推动了数字出版内容的国际传播。

亚马逊、谷歌和苹果模式固然醒目,但后起之秀也不甘示弱,MOBI-POCKET 传播平台自称是"同一读本,可转换格式,适用于全部阅读终端"的"顶尖内容提供商";Ebrary 电子书平台对数字内容按照政府、企业、大众、学术、中学教育、出版人等标准进行了详细分类,方便受众消费。同时,产业价值链的变化推动了新业态、传播平台和模式的发展,如各种订阅式获取模式、微支付模式、按需印刷模式、自助出版模式、开放式电子书制作平台、专门的数字内容营销公司等。② 社交网络 Facebook 收购电子书再次成像软件创业公司 PushPopPress 之后,试图利用该公司在文本、图片、音频、视频和交互式图表等方面的出版技术,开创一种全新的电子书发布平台模式,并与多家报纸、网络媒体与电影、电视剧公司合作,打造新型数字出版内容国际传播平台。Facebook 的这些做法,已经直接威胁到苹果的业务形态。

谷歌模式

谷歌一直致力于建构可以通过远程计算机访问的数字出版内容国际传播平台,其宏大愿景是创建世界上最大的互联网图书馆。在多年渴望与努力之后,随着 2010 年 12 月 6 日谷歌电子书店(Google eBookstore)的上线,谷歌成为继亚马逊、苹果之后第三家全球瞩目的电子书零售商,

---

① 木木:《用 iPhone 读电子书正热 下载数首度超越游戏》,http://www.ccidnet.com/2009/1104/1930021.shtml。
② 柳斌杰:《数字时代的全球出版走势》,《现代出版》2011 年第 6 期。

而谷歌先进的搜索技术和市场霸主地位进一步确定了谷歌在数字出版内容国际传播中的优势。

谷歌电子书店的图书主要有两个来源,一是图书馆,二是出版商。在电子书店开通前的六年里,谷歌陆续同全球35 000家出版商签订了版权协议。然后,谷歌将出版商提供的图书扫描后放进电子书店中。

谷歌对数字出版内容国际传播业务的介入,主要是通过图书搜索技术进行的,这也是谷歌电子书店区别于其他电子书平台的特点。图书搜索是一种图书内容的全文搜索技术,基于这种技术,书中的每个词都变得可以搜索。读者进入电子书店页面,通过搜索发现感兴趣的图书后,就可以预览书中的部分页面(通常是20%的内容)。如果想要买到整本图书,读者可以通过搜索结果页面上出现的出版社网站或相关链接进行购买。读者也可以根据所显示的部分页面看到谷歌合作图书馆的完整列表和图书的相关信息,如果该电子书已被确定为公版图书,读者则可免费阅读。

对图书馆和出版商来说,利用谷歌的搜索技术可以让更多读者看到自己出版的图书,发掘潜在用户,延长图书的销售周期。当然,考虑到自身利益和版权的问题,出版商提供给谷歌的图书以专业书、非畅销书为主。

即便如此,谷歌这种全球扫描图书的行为仍然备受指责。不少出版商担心用户可以通过多次搜索拼凑出一整本图书。甚至,美国作家协会(Authors Guild)针对谷歌数字图书馆计划的诉讼长达八年,其指控谷歌在违反版权法的情况下扫描上传了2 000万部图书,将导致买书的人变得更少。直到2013年,美国曼哈顿巡回法院判决谷歌数字图书馆计划合法,谷歌的图书扫描计划才开始得到保护。该法院认为,谷歌图书计划的意义在于为全球研究者和读者提供了一种有效搜索方式,并有助于保存这些图书,公众也在公平使用的原则下从中获益。

除提供网页版电子书店外,谷歌电子书店上市的同时就部署了多终端的销售平台,发布了可在平板电脑和智能手机上运行的应用软件,覆盖范围包括苹果 iPhone、iPad 和所有安卓系统的手持阅读终端。同时,谷歌在价格方面相对谨慎,与其他的电子书店基本持平,并根据不同出版商灵活采取"批发定价"与"代理定价"等多种模式。

谷歌步步为营的发展路径告诉我们,从技术和内容切入,在内容资源建设和网络技术平台建设稳固之后,再循序渐进地向产品发布和内容传播推进,是一条合理的发展路径。总之,谷歌模式对促进我国数字出版内容国际传播具有启示意义,但需要指出的是,谷歌模式可能导致的内容垄断与可能形成的文化霸权应引起我们足够的警惕。

传统出版商通过收购获得新技术

在众多数字出版内容传播平台商的冲击下,传统出版企业的利益受到冲击,也在被迫建构基于自身的数字出版内容传播平台。与亚马逊、谷歌、苹果等大型 IT 企业合作仍旧是许多传统出版企业的重要选择,如传统出版商与亚马逊合作的"批发定价"模式、与苹果终端下载合作的"代理销售"模式。除此之外,众多传统出版商积极谋求转变,通过与 IT 企业合作或收购 IT 企业的方式来获得新技术。此类案例比比皆是,如哈铂·柯林斯收购 Newstand 公司 10% 的股权,获得了完善的数字出版内容传播平台建设技术;桦榭美国公司收购了 Jumpstart 公司,拥有了该公司的数字平台广告销售经验与技术,完善了自身的网上销售技术,并迅速推动了其所属期刊品牌网站的建设,大幅提高了网站的访问量。

在数字出版蓬勃发展的时代背景下,内容和技术的融合与创新成为产业发展的不竭动力。无论是数字技术的发展、阅读方式的改变、出版方式的变革,还是大力发展原创内容,若想建构一个成熟的数字出版内容国际传播平台,最基本的精神就是创新。国内许多数字出版企业往往在建构传播平台或产品终端上做得不错,但缺乏强大的网络资源支撑,因此难以形成全国性或全球性的规模,更难以形成对全球产业链的主导。想要在数字出版内容的国际市场站稳脚跟,最重要的不是盲目跟随市场的走势,而是要在激烈的竞争中找到自己的发展路径,并不断进行自我调整和自我适应。

五 用户需求至上策略

在全球化趋势愈演愈烈的今天,用户需求越来越成为数字出版内容国际传播关注的核心。这要求我们重新审视原有的传播模式,对用户的不同需求进行追踪和分析。传统出版内容的传播模式大致相同,都是通过书店等中介传递给消费者。随着全球范围内实体书店的萎缩,出版商正在不断寻找新的途径。欧美数字出版企业的传播实践告诉我们,由于数字时代出版技术手段的提升与传播载体的变化,不同的出版主体需要根据不同的客户需求,采取不同的传播模式。过去十多年间,国际出版商一直在集中精力寻找能使数字内容最大程度被获取的模式。未来,设身处地从用户的角度来考虑开发新的产品和服务,将是全球数字出版内容国际传播的重中之重。

了解用户需求

数据已经成为过去几年出版业讨论的一个突出话题。大数据时代,掌握了用户数据就意味着掌握了商机,要想更好地服务用户,出版商必须掌握数据,同时也要学会使用数据。国际数字出版商都在转向依照数据进行决策的道路。在传统出版时代,出版业关于经营与管理的决策都是由专业人士根据多年经验做出的,而非数字和图表。今天,国际出版商可以从 App Annie 和 Iobyte Solutions 等电子书零售商、消费者分析公司那里获得比过去多得多的数据,其中包括读者阅读方式、购买方式、读者自身信息等。国际出版商从分析网站和分析工具获取的数据日益影响着数字出版内容国际传播的方方面面,数字环境下的销售正日益成为一场关于数据的角逐,许多国际出版商已经建立了专门处理和分析复杂数据的机构,并将分析结果用于日常运营,尤其是在为市场提供增值产品和服务方面。

爱思唯尔在开发用户数据方面有着诸多动作。2013年4月,爱思唯尔收购了有200多万用户的全球三大学术社交网站之一的Mendeley网站(另两家是ResearchGate网站和Academia.edu网站,分别有注册用户300万和600万),由此掌握了庞大用户群的使用行为数据。依托此网站,爱思唯尔又与英国伦敦大学学院(UCL)共同建立了UCL大数据研究所(UCL Big Data Institute),成立了网络分析小组,旨在通过新技术来处理和分析学术数据,以探索满足学术研究者需求的新途径,这不仅有助于研究者更快更好地进行研究工作,也将帮助爱思唯尔抓住新机遇,开发用户所需的数字出版内容产品。

在2013年7月企鹅出版社与兰登书屋合并之前,兰登书屋英国公司于2013年6月推出了全球第一个在线用户分析网站my-bookmarks,该网站通过常规调查、投票与讨论的方式收集用户意见。企鹅出版社也于2013年6月启动了"First to Read"网站,该网站在图书问世的前几个月向用户提供图书的部分内容,用户注册后即可获取新书的电子试读本,以促进用户购买。

基于对特定专业领域用户需求的深入了解,再加上高品质的数字出版内容、数字化传播平台,国际出版商足以设计出高水准的数字出版内容传播模式及信息解决方案。

满足用户需求

数字出版内容提供商目前面临的最大挑战就是,如何将内容更好地通过链接的方式呈现给用户。从发展趋势来看,他们不仅要做内容提供商,还要做信息服务商,也就是说,未来的数字出版内容已不再是一篇简单的文献,而是要对用户所需信息进行内容集合,为用户提供信息的搜索、过滤与索引,实现完备的数字化信息解决方案。其关键在于为用户需求提供创新服务,方便用户对数字出版内容的搜索与使用,并为用户提供个性化的服务。

直接面向用户展开垂直营销

跨越中间环节,直接面向用户展开垂直营销是当今国际出版商进行创新的核心。出版商已经普遍开始应用用户行为洞察工具,通过对用户兴趣与消费行为的分析直接对用户进行营销。

对于大众出版内容来讲,创建垂直市场的关键是要努力发展用户社群,把潜在读者当作真实用户去接近,通过博客和微博等社群把用户聚集到一起讨论图书。有的出版商已开发出垂直的用户社群,聘用信息灵通者作为社群管理者,实现对重要机构用户和个体用户的面对面直销。此类垂直营销的优点是一方面可以使用户对图书内容产生兴趣,另一方面让用户对作者产生兴趣,增加图书被读者搜索与发现的可能。与企鹅合并之前的兰登书屋英国公司已在 Facebook 和 Twitter 上开办过几个作家大师班,并于 2013 年开通了自己的作者门户网站,除了在网站上提供最新的销售信息,兰登还推动探讨一些数字化营销方面的最新话题。威利集团的出版理念也从传统出版时代的"以产品为中心"转变为数字化时代的"以客户为中心",具体表现为由原来"单一直线式"的知识出版转变为出版商与用户"交流互动式"的共同创造,数字化技术手段在为用户获取内容提供便利的同时,也为出版商获取用户需求提供了便利。

对于专业出版内容构成的数据库营销来讲,以汤森路透、爱思唯尔、威科、阿歇特为代表的国际出版商堪称典范。他们之所以成功,非常重要的一条经验就是十分重视国际用户的需求。在进行垂直搜索型数据库产品的前期研发时,这些国际出版商主要是聘任专家型编辑,通过先进的数字化技术，努力把用户体验做到极致。如爱思唯尔的数据库开发与改进都是基于用户的实际操作体验，从不闭门造车，所以才会受到研究者的欢迎。同时，爱思唯尔还与谷歌学术平台（Google Scholar）建立链接进行营销。用户进入谷歌进行相关学术搜索时，会直接进入爱思唯尔的 Science Direct 数据库，这就保证了爱思唯尔的搜索指向及排名。

为用户使用提供各种便利

用户价值观在数字出版内容国际传播中扮演了重要角色，也构成了国际出版商商业模式中最为核心的部分。

爱思唯尔一直在努力为用户提供各种便利，创新与用户体验贯穿着爱思唯尔业务发展的全过程。2011 年，爱思唯尔在其期刊中引入了谷歌地图的功能，谷歌地图的交互性丰富了爱思唯尔在线论文的特性，满足了各学科研究者们通过地理信息数据互相交流的需求。2012 年，爱思唯尔又顺应用户需求，推出了可用于朗读论文的语音阅读应用自动朗读阅读器（iSpeech Audio Reader）。把爱思唯尔高品质的内容和当今的科技手段结合起来建立的信息解决方案，能够开启信息的实用功能，使其符合人们的特定目标需求。

亚马逊的基本理念是满足用户需求，为用户提供最大的价值。亚马逊发展的每一步都把客户需求放在核心的位置，恰恰是这种最淳朴的"以客户为中心"的经营理念推动着亚马逊稳步前进，并使其领先于其他企业。亚马逊把对顾客的重视程度落实在每一个行动上，公司最初成立时，"一点通"（one-click）设计是为了给消费者提供便利，节约消费者的购买时间。设置"购物建议单"也是亚马逊对所有顾客的贴心表现之一，借助购物建议单，顾客能在最短的时间内了解到自己感兴趣的所有书籍和商品。借此，亚马逊建立了自己忠实的客户群，成为真正意义上的全球化企业。虽然很多企业也都宣扬自己秉承"顾客至上"的理念，但大多数只是停留在空洞的口号层面，在实际工作中对顾客的需求弃之不顾。

亚马逊是最早采用电子支付、信息传递方式的网络书店,是它改变了"一手交钱,一手交货"的传统销售模式。由于开拓电子商务的速度远远领先于其他企业,所以当其他企业开始着手电子商务业务的时候,亚马逊已经凭借这个平台"笼络"住众多的消费者。同时,也正是电子商务销售平台的便捷性使得亚马逊可以网罗世界各地的用户。在1995年创立之初,亚马逊的目标市场就不仅仅局限在美国,它志在成为全球化的网络销售平台。亚马逊的很多创新性服务,如推荐类似书目、消费者商品评比、强大的搜索引擎功能、预览部分章节、便捷的购物过程等,都是在以用户价值为核心的理念下开发出来的。经过十几年的发展,亚马逊充分利用电子商务的优势,一跃成为全球最大的电子商务公司。凭借如此强大的电子商务运作平台,亚马逊在全球经济竞争不断升级的过程中,一直领先于其他竞争者,不断扩大自己的辐射网,把全球范围内的潜在消费者变成自己忠实的拥护者。2015年,亚马逊全球活跃用户数量达到3.04亿。[1]

以用户为中心的低价策略

价格优势永远是市场竞争中企业取胜的不二法门。在传统出版业中,各项环节繁多复杂,因此费用也不可避免地要高出许多。对很多读者来说,高价购买一本纸质书籍是可以接受的,但如果每一本书都那么昂贵,情况就有所不同了。在此情况下,如果有质优价廉的电子书可以替代,读者的选择可想而知。亚马逊电子书定价恰恰满足了读者的这一需求。亚马逊与出版商之间采取了一种"批发定价"模式,在此模式下,亚马逊向出版商支付书款,并自行决定对公众的售价。这就使其能够将很多新的电子书定价为9.99美元,而这一价格往往比其进价还低。亚马逊定价如此之低,旨在刺激Kindle的需求,尽管它笑傲电子阅读器市场,但仍

---

[1] Amazon:Annual number of worldwide active Amazon customer accounts from 1997 to 2015 (in millions),http://www.statista.com/statistics/237810/number-of-active-amazon-customer-accounts-worldwide/.

面临着来自索尼以及其他电子阅读器的激烈竞争。对于那些喜欢接受新事物,希望以最少的付出得到最大收获的读者来说,在亚马逊平台消费就成为一种自然选择。

亚马逊这样做当然是为了快速占领市场,但这也导致了亚马逊与出版商之间的一些冲突。出版商们忧心亚马逊的这种做法会让消费者产生所有电子书都应是低价的心理。他们还担心螺旋式下降的电子书价格会进一步侵蚀他们本已微薄的利润,让举步维艰的实体书商雪上加霜,甚至某些出版商已不得不在近几年关闭出版社并解聘员工。出版商们转而求助苹果帮助他们抗衡亚马逊,而苹果公司因为急于为其 iPad 用户收揽数字出版内容资源,接受了一种"代理定价"模式,即由出版商确定电子书的发售价格,苹果公司从销售收入中抽成 30%。其结果是,亚马逊也被迫与几大出版商达成了类似条款。一些热门电子书的售价也因此升至12.99 美元或 14.99 美元。好在这个价格仍旧处于用户的接受范围之内,对用户来说,价格低廉永远都是受欢迎的。

按需出版是契合用户需求的重要方式

国际出版商近年来对按需出版的探索从未停歇。按需出版是数字化时代最能满足用户需求的内容传播方式之一,其主要方式为通过电子书的网络传输实现全球按需印刷。根据美国《出版商周刊》对国际出版业的预测,一个重要趋势即为以按需出版为基础的数字出版内容国际传播将有大发展,出版商的组织架构、业务分工都将因此进行全面调整,图书的版权交易、内容制作与全球销售等所有环节都会发生改变,出版商急需在开拓数字内容传播渠道、适应新的阅读设备等方面实现创新。

许多国际出版商都意识到了按需出版的重要性,纷纷发展按需出版业务。剑桥大学出版社早在 1998 年就尝试用超短版印刷技术保持那些年销售不到 300 册的学术著作的在版寿命。按需出版是先有订单再开印,超短版印刷则是通过电脑分析书籍的销售趋势,预先印制少量库存

（可以少至1册）。从1998年至今，剑桥大学出版社通过超短版印刷挽回的图书销售达3000万美元。① 按需出版受到了各巨头的青睐：原兰登书屋于2000年斥资1000万美元买下了按需出版公司艾利布瑞斯（Xlibris）49%的股份；巴诺书店是按需出版公司爱由斯（iUniverser）的股东之一；亚马逊于2005年并购了按需出版公司书源（Book Surge）。

美国出版商除了在本土发展按需出版之外，还积极在全球进行业务拓展，如在非洲建立了非洲按需图书出版中心，并在南非、尼日利亚、肯尼亚设立三个分点。2012年美国全球按需出版公司（Publish On Demand Global）与中国的安徽教育出版社、福建教育出版社等多家出版社建立合作关系，通过全球化的发行、印刷和分销网络做全球图书的版权贸易，业务覆盖30多个国家、涉及27种语言。②

在众多出版商努力将传统内容转化为数字内容的同时，也有很多出版商立志于将数字内容再转化为实体出版物进行全球发行。英格拉姆出版集团的数字印刷已经服务了全球2.9万家出版社，印刷了13500万册图书，平均每种图书的册数是1.5册。随着数字出版技术的发展、成本的下降，他们的目标是将数字印刷比例由36%提高到80%。英格拉姆出版集团的理念就是"建立世界上最棒的图书发行体系，让任何一个出版商都可以在24小时之内，通过按需印刷将图书送到用户的手中"。③

中国的数字出版商可以从国际出版商那里学到很多经验，首先就是要真正树立以用户为中心的经营理念。当前中国很多数字出版商的失误在于盲目发展，忽略用户需求甚至忘记企业发展的途径是为用户提供优质服务。要想在全球化市场中脱颖而出，最重要的还是要以国际用户为

---

① 韩晓东：《数字化战略：中国出版"走出去"的新方向——钟书国际出版网的探索意义》，《中华读书报》2011年8月31日。
② Publish on Demand Global，http://publishondemandglobal.com。
③ 任晓宁：《中英数字出版：技术创造出版业新未来》，《中国新闻出版报》2013年9月5日。

中心调整企业战略,这样才能培养忠实用户。其次是解决技术问题。了解客户需求早已不再依靠主观判断,而是依靠数据和技术,这也是中国数字出版商与国际出版商的差距所在,所以,克服数据处理与分析的技术壁垒成为企业创新的重要手段。最后是加强内容提供商与技术运营商之间的合作。只有这样,中国数字出版企业才能更快地走出技术困境,更好地通过技术获知国际用户的需求,也才能扩大中国数字出版内容的国际市场份额,提升国际竞争力。

第 5 章
中国数字出版内容国际传播策略

中国数字出版内容国际传播既是国家文化的发展战略，也是数字出版产业发展的内在需求，但传播力建构考验着中国数字出版业界的智慧。在推动中国文化产品走向国际市场的过程中，不但要深入挖掘我国优秀的文化资源，集聚有实力的出版企业生产大量具有民族特色的国际文化精品，还要解决"谁走出去""什么走出去""走到哪里去"和"怎样走出去"这四大问题，即传播主体、传播内容、传播对象和传播渠道的问题。

通过考察国际著名数字出版企业的国际化实践经验，明确国际参照系的针对性与指导性，进而从国内、国际两个维度进行横向比较，可以看到中国数字出版内容国际传播存在着传播主体不够强大、内容不够海量与专业、传播渠道不够丰富、传播受众研究不足、各方面人才欠缺等问题，需要我们一一去面对和解决。对于中国数字出版内容国际传播而言，体制机制的改革是基本前提，海量化与专业化内容是核心问题，传播渠道是主要路径，用户策略是关键能力，人才是决定性要素。其中最重要的是体制机制改革及产业组织创新、内容与传播渠道创新。要加快数字出版国际传播的步伐：国家需要制订一套有利于数字出版内容国际传播的政策和评价标准；产业要打造一些具有国际数字出版内容经营能力的企业，要形成一批有效的国际传播渠道；企业也要不断推出能产生国际影响力的、具有自主知识产权的数字出版产品。

一 政府、企业与市场三位一体策略

中国数字出版内容国际传播既演绎出从产品到资本、从欧美到全球的发展轨迹，也暴露出内容与文化水土不服、传播模式不明晰、观念与体制滞后等突出问题。未来实施数字出版内容国际传播的优先策略是，政府要加大力度扶持数字出版企业的发展，赞助数字出版内容的国际传播；数字出版企业要创新数字出版内容、产品形式与传播渠道，集中资本、品牌、人才资源，形成合力进行国际传播。

中国数字出版内容国际传播是一项非常复杂的跨文化交流行为，离不开政府、数字出版企业、市场三方面的配合与切实有效的策略运营，这三方面共同构成了内容丰富的中国数字出版内容国际传播"三位一体"的策略体系。这些构成要素之间并不是孤立发挥作用的，而是在一种相互联系、相互影响、相互制约的动态过程中共同发挥作用。目前，这种动态过程主要是在"政府大力推动、出版企业主动参与、实行市场化运作"的总体运行机制统筹之下完成的。为了让中国数字出版内容更好地进行国际传播，政府、数字出版企业与市场都有各自相应的策略措施。

首先是政府要坚持政策引导，减少行政干预，加大政策支持力度，营造数字出版内容国际传播的良好环境，推动数字出版产业全面协调可持续发展。其次是数字出版企业要努力成为国际传播主体，着力把自身培育成外向型文化企业，勇于到境外开拓市场，形成各种所有制文化企业积极参与的国际传播格局。最后是坚持市场化运作,进一步发挥市场在国际传播体系中的积极作用,创新数字出版内容和文化的国际传播模式,努力提升我国数字出版内容的国际传播竞争力。

政府推动:允许同类内容企业跨地域重组

文化策略学理论认为,"政府通过文化政策对文化活动实行有效的监管和指导,是现代国际社会普遍的文化政治行为"。[①] 中国数字出版内容国际传播是中国数字出版业一种具有跨国经营性质的经济活动,同时具有提升国家文化软实力、扩大中华文明海外影响的职责。所以政府主管部门需要通过体现国家文化意志的文化政策的制定和实施,从宏观上进行规范、控制与引导。在中国数字出版内容国际传播进程不断加快、出版业竞争日趋激烈的情况下,政府规范和控制绝不是一种随意性的行为,而是一种策略性很强的宏观管理活动,体现了政府主管部门文化上的规制能力和管理上的智慧。

从现实状况上看,为了推进中国数字出版内容走向世界,提升中国文化软实力,也为了推进中国数字出版业的国际化进程,近年来,我国陆续出台了一系列激励数字出版内容"走出去"的政策与措施,如《关于加快我国数字出版产业发展的若干意见》《新闻出版业"十二五"时期发展规划》等,也投入了巨额资金,如国家出版基金、中国图书对外推广计划和中国文化著作翻译出版工程。这些政策与资金的确产生了一定效果,使中国数字出版内容开始大规模地进入国际市场。但总体来看,目前我国数字出版内容国际传播的产业规模和总体实力与欧美数字出版业相比仍存在较大差距。

近些年中国政府对数字出版内容国际传播投入的支持资金已经足够多,国外数字出版企业无论如何也拿不到国家那么多资助,所以很显然,

---

[①] 胡惠林:《文化政策学》,书海出版社 2006 年版,第 2 页。

中国与欧美在国际市场上的差距绝不是资金造成的。从内部来看,这种国际间差距既有中国数字出版企业自身的原因,也有中国出版体制的原因。虽然我国出版企业近些年已经顺利实现转企改制,但显然并不彻底,这种不彻底制约着数字出版企业的发展,制约着传统出版企业向数字出版领域的转型,制约着各类企业的融合与并购,由此就制约了数字出版内容的融合。

前进总是困难的。在当前环境下,数字出版企业需努力,更需政府拿出魄力与智慧把数字出版业的改革进行下去。容易推进的改革领域都已经推进,现在改革进入深水区,剩下的硬骨头是最难啃的,像过去一样"摸着石头过河"已经不可能了,必须要把"摸着石头过河"和"顶层设计"结合起来。因此,下一步必须要搞好改革的"顶层设计"。而"顶层设计"离不开政府的规范和控制,适当的政府规制是中国数字出版内容国际传播的制度保障,甚至是决定要素。

政策规划是一项涉及面广泛的、复杂的系统性工程,需要政府根据我国数字出版业总体发展状况、国际传播状况,在充分了解海外不同国家和地区文化背景、数字出版内容市场特点、用户需求状况的基础上,通过政策制定进行宏观上的规划引导。制定相关政策时,政府首先要对中国数字出版内容的SWOT战略环境进行分析,也就是分析目前情况下中国数字出版内容国际传播过程中存在的环境优势、环境劣势、环境机会和环境威胁,旨在发现当前中国数字出版内容国际传播存在的主要问题,以便围绕这些问题进行政策规划和引导。

结合国内外数字出版市场的具体情况分析,中国数字出版内容国际传播中存在的最大问题就是内容不能达到海量化与专业化。欧美数字出版内容能够较好地进行国际传播,恰恰是因为他们的数据库内容或信息服务是海量化和专业化的。有的时候,尽管其数据库可能是一个非常小的领域,但是因为其特别专业和全面,在该领域没有与之抗衡者,所以可以很顺畅地实现国际传播。之所以欧美数字出版企业可以做到这一点,是因为欧美企业的运行机制比较灵活，如果一家数字出版企业发现同类企业或出版机构就可以进行并购处理，兰登书屋和企鹅书屋都可以实现合并，遑论欧美那些中小出版公司。合并之后的数字出版企业就可以拥有多个同类数据库。其数字出版内容越来越海量化和专业化。初看起来，这好像是内容的问题，实质却是市场垄断的问题。

中国数字出版企业做不到同类企业的并购，自然也实现不了内容的垄断，更无法整合同类数据库。尤其是社科类内容，任何一家出版机构都不可能做到垄断，再加上经常更换数字版权，进一步影响到数据库的建设。我国在数字出版内容国际传播方面是后发国家，不能按照常规模式循序渐进，应当有跨越式的发展。要跨越，就必须有战略布局，有具体有力的措施。如果完全依靠企业的自然、自主行为，发展势必非常缓慢。政府和企业应当形成合力。在这场数字革命中，机构的组织革新成为第一推动力和最根本的挑战，而机构的组织革新只能依靠一个对象——政府。

中国数字出版相关产业和企业要不断提高产业集中度，这是所有成熟产业的发展规律。中国出版业的集团化建设基本上是由行政手段组建而成，具有明显的地域行政的局限性，应当尽快走出这个阶段，进入到按照市场和产业的规律创新产业组织的阶段。唯有深化文化体制改革，推动数字出版相关企业的体制机制创新，建立相关企业跨地区、跨行业、跨所有制兼并重组机制，才能提高数字出版内容市场的规模化、集约化、专业化水平，才能创新数字出版内容国际传播模式，构建国际传播新格局，使数字出版内容成为推动中国文化走向世界的中坚力量。

允许同类企业跨地域并购虽然只是一种美好的愿景，但政府和出版企业显然已经意识到了这个问题的重要意义，并不断努力推动这件事情的发展。2012年2月24日，新闻出版总署印发了《关于加快出版传媒集团改革发展的指导意见》，其中重点提到"着力推动联合重组，破除地区封锁和行业壁垒，实现出版传媒集团跨媒体、跨地区、跨行业、跨所有制、跨国界发展"的目标。鼓励出版传媒集团对业务相近、资源相通的中央和地方出版企业进行兼并重组,实现跨地区发展。跨地区、跨行业发展的指导意见此前已被多次提出,此次再次提出,并补充"鼓励和支持转企改制到位的新闻出版单位自愿加入各类出版传媒集团",将合作从此前的单向模式转为双向可选择模式,此举必将加快推动整合的进程,体现总署对整合实现速度的迫切性。①

但认识和情感是一回事,能否做到是另外一回事。由于中国的行政分割特点明显,各地都希望自己区域内的企业做大做强,而不希望自己的企业被兼并,这就造成企业的发展空间受到限制。而且,出版系统跨区域组建公司需要经过中央和地方多个部门的审批,相关法规和制度建设并不完善,一切都处于"摸着石头过河"的阶段。跨行业发展同样面临难题,从国际出版传媒集团看,它们常常是通过并购实现跨行业的数字出版内容扩展。而在我国,由于行业壁垒长期存在,各行业都希望本行业的企业做大做强,要打破行业壁垒并不容易。

这一切都有赖于政府的政策规划与引导,包括在跨区域、跨行业整合中如何减少地方保护主义政策,如何协调中央和地方所辖的各宣传部门的工作,如何放开社会资本并在制度上保障它们的利益,如何协调数字技术企业、数字渠道商与传统出版商的关系等。

坚冰也有融化时。2013 年 5 月,安徽时代出版旗下的全资子公司北京时代华文书局获得国家新闻出版广电总局批准颁发的图书出版许可证,成为中国出版产业跨地区发展获批的第一家出版企业。这意味着,其他出版集团跨地域设立的出版公司也将会有新发展,出版传媒集团将进入跨地域发展的新时代。② 这次跨地域的新突破,让中国 600 家左右的出版机构、数十家出版集团和无数的数字出版内容供应商、技术商、渠道商看到了一个百年未有的重大机遇。未来,可能会出现几家大的数字出

---

① 宋平:《2012 年十大出版事件》,《中华读书报》2012 年 12 月 26 日。
② 李苑:《〈发展报告〉预测出版业发展趋势 "中国梦"将成核心主题》,《光明日报》2013 年 8 月 1 日。

版企业主导数字出版内容市场的格局,这种结局我们已在欧美国家看得很清楚。同时,也将极大助力于中国数字出版内容的海量化和专业化,并有助于国际需求的唯一性,有助于中国数字出版内容"走出去"。

应该说,要实现中国数字出版内容的有效国际传播,就要在改革中破除壁垒。政府和国家需要制定政策,打破各地区画地为牢的管理,通过股份制改造使相关数字出版企业形成大的集团,最终能够和国外大型数字出版企业抗衡。允许同类内容的企业跨地域重组应该是做大做强中国数字出版内容的不二法门。

同时,政府还需要在项目规划、投融资政策、国际贸易政策、人才培养政策方面制定出一整套系统的、配套的、具有可操作性的政策;需要建立健全相关的法律法规,制定全球统一的中文数字出版内容的标准与格式;继续投入资金支持中国数字出版企业的发展壮大,支持中国数字出版内容的国际传播。

企业主导:打造规模化跨国数字出版企业

数字出版内容国际传播是管理部门与业界共同面临的问题。推动中国数字出版内容走向世界,在加强以政府为主导的对外传播的同时,还要推动以数字出版企业为主体的对外传播,推动中国数字出版内容"走出去"。相对于政府主导的对外传播,以贸易形式推动数字出版内容"走出去"不仅覆盖面广、易于接受,而且针对性更强,所以要致力于打造规模化的跨国数字出版企业。此举旨在解决"谁走出去"的问题,即中国数字出版内容国际传播主体的问题。中国应扶持一批具有国际竞争力的数字出版企业,鼓励和支持它们对外传播数字出版内容,开拓国际市场。

根据欧美数字出版企业的发展经验,跨国大型数字出版企业是推动数字出版内容对外传播的有力主体。欧美等西方发达国家之所以能够主导国际数字出版内容市场,与他们拥有诸如谷歌、亚马逊、苹果、爱思唯尔、施普林格、培生等一大批跨国数字出版企业密不可分。相比之下，我国现有数字出版企业规模偏小、实力偏弱，参与国际市场的竞争能力还不强。在《2013 全球出版业 50 强收入排名报告》中，培生集团稳坐第一把交椅，中国出版集团、凤凰出版传媒公司和中国教育传媒集团也在 50 强中。但不同的是，培生已是数字出版领域中全球顶尖的教育服务商，而中国的三家出版集团都是以传统业务和综合业务闻名。由此观之，中国在数字出版领域没有一家世界企业。要想在国际数字出版内容市场占有一席之地，中国必须加快培育一批具有较强实力和国际竞争力的外向型数字出版企业。为此，在文化体制改革过程中，中国要积极推进国有经营性出版机构转企改制，加快建立现代企业制度，增强国有出版企业参与国际数字出版内容市场竞争的实力和活力。要鼓励传统出版企业以资本为纽带进行跨地区、跨行业、跨所有制兼并重组，迅速做大做强，并积极向数字出版转型。同时也要激励知网、盛大文学等民营数字出版企业做大做强，积极"走出去"，形成一个多种所有制、多种形态的数字出版企业积极参与的国际传播格局。

数字出版的发展首先是内容的整合，其次是技术的利用。内容的整合既可能使强者更强，也可能使弱者迅速由弱变强。谁占得数字资源的垄断先机，谁就赢得数字出版的制高点。数字出版有着令人无限遐想的市场空间，一时的落后可能意味着永远的出局。如果说传统出版呈现了一个大鱼吃小鱼的过程，电子专业数据库等电子出版服务则根本没有小鱼存在的空间。西方国家是通过企业间的并购实现的内容资源的整合。从我国出版单位现状来看，地区内部资源的整合尚可初步实现，但以出版资源为纽带的跨地区、跨部门的整合似乎还要经历一个漫长而艰辛的过程。[①]

但是，数字化转型到一定时候，产业内部肯定会形成若干大型数字出版企业。由于出身不同，未来数字出版企业的内部机构也会彼此不同。

---

① 欧剑：《关于数字出版的思考》，《科技与出版》2008 年第 5 期。

一种是从新型数字出版商成长起来的企业集团,其内部将主要是不同产业之间的横向联合机构。因为新型数字出版商原来不掌握内容,整合内容产业是其做大做强的必要条件。第二种是由传统出版企业转型而来的,其内部结构将主要是同类产业之间的纵向联合机构,这是因为传统出版社本来就掌握内容,它不以整合技术产业为做大做强的必要条件。两者的内部结构差异将来会造成运转效率的不同,若看未来的发展,新型数字出版商的成长可能更好一些。

同时,国内也在打造纵向结构的数字出版企业,一些企业纷纷兼并上下游,以增强自己的影响力和控制力。比如,国家目前致力于打造一批国家级或者国际化的大型出版传媒集团,其中以中国出版集团、中国教育出版传媒集团和中国科学出版集团为代表。建设这三大集团,除了要做大做强国有出版企业之外,还有一个重要意义,就是根据世界出版业的发展规律和分工,做大做强中国的出版产业。三大集团的建设非常符合世界出版业的发展规律和分工范围。世界出版业分三大领域,第一类是大众出版,第二类是教育出版,第三类是科技出版,也叫专业出版。中国出版集团代表大众出版,中国教育出版传媒集团代表教育出版,中国科学出版集团代表科技出版,这的确能涵盖出版的三大领域,也能为数字出版内容资源的海量化和数字化奠定深厚基础,以在未来的全球数字出版格局中占有一席之地。再加上以知网、超星等为代表的数字出版企业,整个中国数字出版业就有了非常好的布局,这对中国数字出版内容的国际传播也会产生积极影响。

市场化运营:发挥市场的积极作用

数字出版内容国际传播是文化任务,更是相关企业提升国际影响力,开拓国际市场的大好时机。国际传播的实质是市场的竞争,是数字出版内容实力的竞争、规模的竞争、传播策略的竞争。市场观念无疑是属于市场经济的范畴,数字出版内容国际传播就其运作模式而言,无疑属于市场行为,所以我们要建构"市场化运营"的概念。

市场化运营主要解决中国数字出版内容在国际传播过程中"什么走出去""走到哪里去"和"怎样走出去"的问题。国际传播首先得看自己能做什么,再考虑卖给谁,要通过对自身内容资源状况的把握来确定自己的目标市场。市场经济讲的是以市场实现为出发点和目标,从国际市场和自身实际出发才是务实的和求实效的态度。我们要把中国的数字出版内容卖到国际上去,就要研究国际市场状况,研究国际大环境对市场的影响,关注市场的潜在要求和需求趋势,判断我们的数字出版内容在国际市场上的优势和劣势,然后根据对目标市场状况的研究和判断,做好可用于国际传播的内容产品设计、传播方式等决策。在市场经济飞速发展的今天,数字出版内容的国际营销工作甚至影响着一个数字出版企业的生死存亡。

市场化运营面临的第一个问题是"什么走出去"。国际传播的前提是要有好的产品,所以,数字出版内容资源的建设是非常重要的。能否快速将市场动态反映到数字产品设计中,及时调整产品生产类型,进而生产适合于国际市场的数字产品,对于能否抢占瞬息万变的数字市场至关重要。我们在设计数字出版内容的时候,应尽量考虑和国内市场产生互动,但主要还是以国际市场为目标市场,即我们的数字出版内容要以国内市场和国际市场的互动来安排,这个互动一定意义上是为了了解国际市场以达到双赢。在此基础上,我们可以积极探索数字出版明晰的内容选择,大力开展内容创新,根据大众出版、专业出版、教育出版等不同的出版类型和需求模式,注意从单品种的内容向多品种的内容整合发展。

同时对于国际市场,我们不仅需要大力推进数字出版内容"走出去",更要推动数字出版企业"走出去",鼓励出版企业和社会力量通过合资、合作、参股、控股、收购等方式,在境外设立数字出版机构,积极开拓海外市场,共同发展具有中国传统文化特色的数字出版产业,努力提高中国企业的国际竞争力和中国文化的国际影响力。

第二个问题是"走到哪里去"。定位市场并找准自己的销售对象,才能把发展道路走得宽、走得远。数字出版内容国际传播归根结底是文化的传播,文化传播涉及文化传统的相关性、文化心理的相容性以及政策限制等问题,文化产品和服务也就往往比较容易进入地缘相近或者文化传统相近的国外市场。开拓国际市场需要有步骤、有层次地进行,可以尝试以开展周边国家地区和国际华文市场为突破重点,进而带动跨区域的业务拓展并打入西方主流文化市场,如利用文化亲和力,首先进入东亚文化圈,然后进军欧美市场。

第三个问题是"怎么走出去"。数字出版内容要想赢得国际市场,除了内容的吸引力,也离不开成功的市场营销。从数字出版内容国际传播现状来看,仍存在政府主导多、市场行为少的问题。真正"走出去"还是要靠市场行为,还是要不断壮大数字出版内容产业的整体规模和实力,着力构建全方位、多层次、宽领域的传播格局。数字出版内容国际传播能力主要体现在数字产品的市场定位能力、市场运作能力及市场控制能力等。推进数字出版内容"走出去",一定要强化市场意识、营销意识,积极探索符合国际惯例和市场运作规律的营销方式,通过相应的渠道和营销策略将其推入市场,通过有针对性地设计、制定营销方案和营销渠道,尽可能通过各种办法让各国市场便利地了解中国的数字出版内容状况,便利地跟我们形成合作。最终,我们将收获消费者的认可和忠诚。另外,数字出版市场千变万化,数字出版企业提高对国际环境的适应能力和对国际市场未来发展趋势的预测能力尤为重要。谁拥有把握国际数字消费市场动态的控制能力,谁就能为企业提高市场占有率和扩大市场覆盖率抢占先机。

总体来看,数字出版内容国际传播是一项长期性的工作,既需要阶段性的突破与成果,又需要长期的积累,我们需要做好打持久战的准备。数字出版内容的国际传播力最终落实在到达国际受众、影响国际社会的能力,这不是一个单一的微观过程,而是一个复杂的系统工程。打造具有充分文化影响力的数字出版内容国际传播体系,既能满足微观需求,又能达成宏观效果。数字出版内容国际传播力的建构需要在具体的运作中实现,如何进行数字内容资源的开发和选择什么样的有效传播策略,是数字出版内容传播到达国际受众、影响国际社会的现实展现过程。基于此,数字出版内容国际传播的总体思路是,通过实施数字出版内容的有序化生产与管理,打造数字出版内容国际传播的良好环境,建立立体化的数字出版内容国际传播体系,开拓数字出版内容国际传播的多种渠道,发挥综合效应,最终提高数字出版业的文化传播力。

二 内容策略:海量化与专业化

数字出版内容的国际传播能力首先取决于一个数字出版企业对内容的控制能力,然后才是运作能力。内容是超越载体属性的本质特征,谁掌握了内容资源,谁就掌握了出版业的命脉。数字出版内容层次多、涵盖面广、角度多维,因此必须找到自己的优势资源才能打造出独一无二的数字内容,才能为国际市场所需要,因为数字出版内容市场呈现的是其垄断性,所以在数字出版内容的国际市场上,只有第一,没有第二。

在我国数字出版业产值已达3000亿元的今天,如何培育具有国际影响力的数字出版内容品牌和企业,如何实现规模化、集约化与专业化的有机统一,需要我们进一步思考。打造国际一流的数字出版企业,坚持内容产品的创新是务本之路。内容产品的创新体现着数字出版业的核心价值,数字出版业应着重推进内容产品的创新,这既是当前数字出版市场竞争中必须完成的任务,也是数字出版企业做大做强的出发点和归宿。

应该说,不同类型的出版企业在进入数字出版内容市场时,其竞争优势是有差异的,因此,他们的发展方向也就有所差异。但是不同类型的出版企业所追求的内容呈现应该都是一样的,无论是大众出版、专业出版还是教育出版,无论传统出版商转型数字出版内容生产,抑或数字出版技术商发展数字出版内容,都需要做到内容的海量化与专业化。海量化与专业化并非水火不容的两个问题,其实质是一个问题的两个方面。海量化的同时需要专业化,专业化的同时也需要海量化。

海量化策略

为了让中国数字出版内容更多更好地对外传播,中国传统出版企业和数字出版企业都在尽力整合海量出版资源,建设外向型数字内容产品线。所谓海量,就是内容要齐全。从中国的现实情况看,单靠一家传统出版企业或数字出版企业的内容资源,很难建起一个有较强影响力的数字出版内容国际品牌。为此,我们要加强出版机构之间、出版传播机构与作者之间的广泛合作,走知识资源开发利用的合作之路。再者,即便任何一个数字出版企业都不能包揽所有数字资源,但要在可能的情况下尽量覆盖一个学科或多个学科有代表性的重点内容资源,这也是海量化的另外一种呈现。

与欧美国家出版产业高度集中不同,我国出版业是一个原子型结构,企业分散化、小型化,一直以来集中程度都比较低,集中化趋势也不明显,难以形成规模经济。中国出版业真正的市场化和产业化,不过是最近十几年的事情。时至今日,整个数字出版业在布局和资源分配上还带有计划经济的痕迹,产业之间还没有经历过西方国家常见的跨行业、跨地域甚至跨国界的兼并和重组,因而还没有出现航空母舰型的以数字出版内容为代表的大型企业。由于出版产业的集中度较低,导致了数字版权资源和其他数字出版内容的集中度也较低。虽然近些年也出现了一些中央级和省市级的出版集团,但是数字出版内容资源并未整合在他们手中。全国有580余家出版社,数千家民营工作室,还有数以百万计的作者,他们分别掌握着数字版权。没有他们的授权，数字出版内容的整合就寸步难行，所谓海量化内容也就只能是一句空话。虽然目前中国的几家较大的网络出版商号称自己有10万种或8万种数字版权，但其中许多是早已进入公有领域的无版权图书，而真正由出版社授权的图书比例甚低，也就是说，那些出版社享有版权的图书绝大多数还没有实现真正的数字化传播。

如果不能建立海量化资源，国际传播就会变成无源之水，所以要深刻理解海量化资源，并为之努力。中国数字出版内容的发展壮大是离不开整合资源这条道路的。内容资源的整合、集约与控制远远比平台建构更重要。只有具备了海量化的数字内容，我们的代理商、经销商才能具备与国际数字出版企业和国际用户的对等谈判资格与竞争能力。

海量化资源的建构可以采取不同出版企业联合打造数字内容的形式，以实现内容资源的优势互补。只有在资产置换和企业重组中才能更好地实现企业发展的规模化和集约化，才能同时满足数字出版内容集约化、海量化的需求，才能有利于数字内容的集成与开发，从而更好地推动数字出版内容的国际化传播。

较之传统出版业，中国起步较早的数字出版平台运营商的内容集中度也很高。在海量化资源的要求下，数字出版内容资源也一直在向少数数字出版企业高度集中。在电子书领域，中文在线、书生、超星、方正阿帕比4家企业几乎垄断着中国市场。在数字期刊领域，知网、龙源、维普等几乎垄断了中国现有的数字期刊市场。盛大文学更是在网络出版领域一枝独秀。对于这些平台运营商来说，要想拥有丰富而优质的资源，就要尽可能多地吸引出版商与作者。这方面尽可以向谷歌学习，其经验是凭借自身的技术和资本优势向数字出版内容资源的拥有者和创造者提供实际利益，与作者进行收入分成，与终端设备制造商、按需出版服务商进行内容资源分享和互补，从而以双赢方式多快好省地集聚海量化内容资源。反观国内网络文学类数字出版企业，他们总是固守原创资源，内容单一，用户群只限于网络文学爱好者，这就使得他们很难在数字出版中居于主导地位。还有一些数字出版公司经营多年,也没能与掌握优质资源的传统出版商建立真正的共生关系。其中重要的原因是产业链各环节的企业间没有形成良性共赢的、基于利益分配机制的内容资源合作机制。

内容资源集中只是海量化的初级形态,真正的海量化是指能够从海量化内容中获取有价值的信息或情报,所以,对内容的整合和再开发的能力将成为决定数字出版成败的要素。海量数字内容资源的深度开发将把我们带入一个大数据时代,并将带来一个重要概念——结构化。随着内容之间的集成与关联成为关键节点,"结构为王"的呼声将会超过"内容为王"。谷歌图书的成功就在于不仅建立了海量内容资源,而且一直在对内容进行深度加工整合。传统出版内容多处于离散状态,或者呈单体性,而数字出版内容的终极要害在于内容资源的高度集成。谷歌通过开发数字图书的全文搜索功能,使数字内容成为活的资源,通过"搜索—发现—预览—购买"的传播流程集聚了用户。此举使那些原本不以找书为目的的用户也能发现自己感兴趣的数字内容,进一步为谷歌的数字出版内容传播平台提供更庞大的用户基数。当前中国的数字出版内容传播平台大都固步自封,内容资源是否海量姑且不论,其最大的问题在于都是独立封闭的搜索平台,无法与互联网络的搜索融为一体。所以,中国数字出版企业应促成数字内容搜索与一般网络搜索的融合,这样才能有助于在全世界范围内寻找读者。总之,随着互联网对经济结构运行的基本关系的日益改变,数字出版内容国际传播场域内需要重建新规则。

可以预见,作为数字出版内容国际传播的先决条件,海量化策略与内容资源集中将成为一个长期的热门话题。更长远来看,中国数字出版领域也一定会出现垄断内容的寡头企业。届时应该可以看到中国出现如西方的爱思唯尔、谷歌、亚马逊那样全球化的数字出版巨鳄。

专业化策略

价值决定生存。数字出版企业最核心的价值在于内容,更在于专业化的内容。并非所有数字出版商在数字化环境下都有内容优势。相对于教育出版和大众出版，专业出版有着许多得天独厚的条件，可以在数字出版转型过程中一马当先。第一，专业化数字出版内容可以提供定制模式。专业内容的一大特色是知识关联，数字出版可以借助整合技术，按知识体系及内在联系将散乱无序的各种内容资源汇集起来，很好地满足用户的准确检索、查询与延伸阅读。第二，专业化数字出版内容有比较固定的用户。专业出版内容的用户市场相对稳定，出版社比较容易掌握这部分的市场渠道和消费领域，其营销对象也比较容易锁定。第三，专业化数字出版内容有独特资源。专业内容资源具有不可替代性，对于国际用户来说具有排他性，很容易成为国际数字出版内容市场的竞争利器。第四，专业化数字出版内容较容易打造为知名品牌。各个专业数字出版商经过多年积累，已经形成鲜明的品牌特色和市场知名度，为进入国际市场奠定了良好基础。如知网、方正阿帕比、超星等，在国际中文数字出版内容的用户中有较高知名度。第五，专业出版收益较高。由于专业数字出版内容的稀缺性，爱思唯尔才可以不顾国际数字内容用户的指责屡屡索要高价，甚至年年涨价。反过来看，这的确验证了高端数字产品可以高定价，因为用户别无选择。

搜索技术的不断进步催生了人们对数字阅读的个性化需求，人们的注意力和时间成为稀缺资源，因此他们更愿意为那些对自身工作和学习有价值的高质量信息付费，尤其是那些专业化信息。世界上有名的数字出版企业都在依托自身专业领域的内容优势，努力收集和汇总专业领域的信息和数据并进行有序归类和集中，进而获取高额利润。从专业化数字出版内容的具体生产方式来看，国外数字出版企业一直做的是减法，而我们往往做加法。国外一些大的集团一直在合并同类项，为此，他们甚至不惜忍痛割爱。如培生集团为了加强数字教育资源，不惜把《金融时报》和企鹅出版社拆分、转卖，同时斥巨资购进了以教育服务为主要业务的美国在线公司和以商业英语为主打的全球新闻公司，其目的就是打造专业化的数字业务。

而我们往往反其道而行之,更多的是在做加法,把一些能够增加短期效益的内容通通收纳进来。相比之下,很多大的国际出版集团其实只打造一两个或为数不多的数字产品,但每个产品都做得很精细。这确实是一种值得我们担心的差距,更值得我们反思如何才能避免大而全的发展模式,走专精特优道路,在某专业领域树立品牌,只有这样才能进入并扩大国际市场份额。

实际上,专业化数字出版内容的长处不仅在于海量,有时少量也能形成专业化。由于各种资源的限制,人们一直用二八定律来计算传统出版业中的投入产出比,即20%的内容造成80%的影响。数字化时代使人们有可能以非常低的成本注意到以前看似需求极低的内容,只要用户数量和流通渠道足够,小众类内容也能占据一定的市场份额,甚至可以和那些海量化数字内容的市场份额相媲美。与二八定律相反,用户在数字出版时代的需求已经改变了传统需求曲线上那个代表畅销产品的头部,那条代表冷门产品、经常被人遗忘的长尾找到了崛起之路。这个起着决胜作用的长尾就是内容的专业化,即人无我有,人有我专,人专我海量。

所以,专业化的数字出版内容贵在"特色"。只要功能适用、特色鲜明,无论规模大小,专业数字出版内容都有可能在国际上经营得风生水起。专业化也能与中国传统出版企业的特色和优势产生很强的契合度。在内容资源上,中国很多传统出版企业具有一定的专业特色,大量产品都是以自己的专业类图书为基础,如果进一步将其转换为数字内容,做成某一专业领域的数字内容数据库,其实并非难事。事实上,也只有做到"特色"与"专业",中国数字出版内容才有可能引起国际用户的注意。人民卫生出版社建成的医药卫生类图书数据库,法律出版社建成的法律类图书数据库,都成功地体现了自己的专业特色,并在国际传播中卓有成效。商务印书馆也在专业化的指导思想下,致力于打造工具书、历史资源、学术著作三大数字产品线,其历史资源尤以民国时期的期刊最为珍贵,甚至相当一部分都是商务的独家资源。这些历史期刊是众多学者做研究的重要参考资料,为了更好地实现这些历史期刊的历史价值和学术价值,商务印书馆开发了国内外首家可供广大用户和专家学者进行全文检索的民国期刊数据库平台,并进入了国外众多的图书馆。由此可见,如果做到了专业化,即便像民国期刊这样受众面小的数字内容,也能在国际机构用户那里收到预想不到的收益,而且还能让国外图书馆一边说价格太高,一边却不得不买。

专业化的数字出版内容建设有四个关键节点,即专业出版、专业集成、专业服务、专业需求。[①] 中外成功出版企业的数字化历程共同证明了这一点,施普林格、爱思唯尔、剑桥大学出版社、中国知网都在清晰展现专业化数字出版内容的国际传播优势和竞争力。基于国内国际的经验,国内数字出版内容生产亟需解决"定位大而全""严重同质化"等问题,打造差异化、专业化、服务化的数字出版内容,这样才会有利于国际传播的进行。

三 自主传播与合作传播策略

自主传播与合作传播是我国数字出版内容"走出去"的传播渠道选择,对于中国数字出版内容的全球发展具有重要意义。有了国际用户需要的数字出版内容还需要有好的渠道才能实现国际传播效果。由是,探索中国数字出版内容的国际传播渠道策略与方式,既是客观需要,也是必然选择。国内数字出版商无论是通过壮大自身实力进行自主传播,还是通过与国内外内容提供商与技术运营商合作的方式进行国际传播,都已拥有诸多成果,目前需要做的就是继续拓展空间,让各种传播渠道更畅通、更成熟。

[①] 杨晓芳:《数字出版将呈大整合大平台态势——2012 数字出版与文化传播国际学术论坛侧记》,《中国出版》2012 年第 17 期。

造船出海：自主开拓国际传播渠道

近年来，我国数字出版业在国际传播方面一直扩大资本、品牌、人才规模合力出击，在转变传统国际传播策略的道路上不断探索与建立具有独立产权关系的传播渠道，努力建构自主、开放、可控的数字出版内容国际传播渠道，实现独立自主的"造船出海"目标。所谓"造船出海"，就是在自己掌握主动权的情况下，让数字出版内容"走出去"。

拓宽原有传播渠道

目前来看，我们已经初步建立起了数字版权传播、会展平台、平台传播等国际传播渠道。首先我们需要做的是继续沿着原有渠道，进一步做大做强。对于法兰克福书展、伦敦书展等国际性展会，中国数字出版商不仅不能放弃，还应更加积极地参加。在国际书展上，一个数字出版商可以在短时间内见到全世界成百上千的同类公司，了解它们的经营范围、出版动向与经营策略，考察各国读者的口味与需求，进行版权贸易和开发合作项目。所以，国际书展不仅是一个向国际用户展示产品的平台，更是一个交流与交易的理想渠道。一个数字出版商要想进入国际市场，参加国际书展是必经之路，不仅可以借助这种交流平台向全球推介我国的数字出版内容及产品，更可以借此提升我国的文化影响力。数字版权贸易是另一种国际传播的重要途径，既能加快我国数字资源国际传播的步伐，也能从真正意义上加快我国文化全球化传播和普及的进程。

开拓新媒体传播渠道

要推进出版"走出去"，必然离不开流通渠道或平台的构建，且海外发行渠道是否畅通、版权输出途径是否科学、国际出版项目合作平台是否有效等，都决定了出版能否真正实现"走出去"。在数字化浪潮的强烈冲击下，几乎所有国内出版内容与技术商都在搭建具有自身特色的内容平台和传播体系，并构建新的运营与传播模式，不断服务于数字出版内容的

"走出去"。安徽出版集团利用终端带动数字出版内容进行国际传播的方式值得借鉴。该集团自主研发生产了数字终端产品,并在向欧美出口的多功能数字终端中配有集团各出版社出版的英文电子书,此举确保了电子书能直接到达国外用户,真正实现有效传播。

中国知网和万方数据也都针对国际市场开设了英文网站,维普资讯甚至开设了英文和日文网站。另外,他们每年都会召开、出席、赞助各类型研讨会及培训班,通过隐性的促销策略向国外客户介绍自己的知识、概念和产品,增强国际用户对国内学术期刊全文数据库的了解和信心,为进军国际市场铺路。[①]

开拓新媒体传播渠道的关键在于以国际用户为核心,搭建网络化营销平台,实现效益最大化。同时要依据互联网信息技术,建立与国际用户的直接沟通渠道和信息反馈机制,提升营销的精准性和传播的有效性。

开设境外数字出版机构

国内数字出版企业可以通过直接投资的方式在海外形成生产性出版分支机构,以带动中国数字出版内容"走出去"。国际直接投资是当代资本运作的基本形式,也是数字出版内容国际化的一种必然选择。要满足多样化的市场需求,提升传播效果,就需要将中国数字内容资源与传播目标国的本土传播、获取渠道有效嫁接,实现在该国的内容本土化存放、集成、加工、处理和传播。我们鼓励中国数字出版企业通过投资、收购和转型等方式,在境外设立数字出版机构,积极开拓国际市场。

第一种方式是在国际市场投资新建一个数字出版企业,这种发展方式虽然是最慢的,但其好处是我们可以完全拥有控制权,最终也将有利于我们掌握国际数字出版市场的变化,有利于我们建立系统的国际渠道。第二种方式是进行收购,这是最快速的增长方式,但也是风险最大的。采

---

① 刘森、赵廓:《我国学术期刊全文数据库国际化现状和发展探讨》,《科技与出版》2013年第8期。

用这种方式要注意收购那些具有一定规模和品牌价值的资源型出版公司。第三种方式是转变原有海外传统出版机构的职能。中国新闻出版企业在境外投资或设立的分支机构有 300 多个,其中从事出版、发行的约 100 个。[①] 就数字出版内容国际传播而言,完全可以把现有的一些海外出版公司、办事处等机构重新定位为数字化企业进行运作,使之逐渐转变职能,将来完全可以成为在那个地区或国家进行战略扩张的桥头堡。

中国数字出版内容国际传播的海外直接投资模式已初现端倪,并呈加速发展之势。可以预见,随着中国文化发展和中国数字出版内容国际传播战略的进一步深化,将不断有中国数字出版企业以直接投资的方式推动中国数字内容走向世界。

抱团出海:与国内企业合作进行国际传播

数字出版要想做大做强,不仅需要各参与者在开启全球视野的同时苦练内功,更需要各方的通力合作。数字出版内容传播与生俱来就有跨行业、跨地域、跨国界的特性。这意味着,数字出版业的同行们可以在一个共同的市场上展开竞争,同时也会比以往任何时候都需要加强合作。只有通过合作,抱团出海,才能应对国际传播中出现的共性问题,化挑战为机遇,实现共赢。

在数字出版内容国际传播的过程中,内容、平台、载体、渠道缺一不可,要构建一个完整的、健康的国际传播产业链,没有任何一方能够单独"为王",合作"为王"才是更加贴切的。因此,出版企业应该联合起来,打造具备高效传播能力的国际传播体系,为数字出版内容国际传播提供强有力的渠道支撑。

第一,中国出版企业间可以汇聚数字资源,合作搭建平台,通过技术合作的方式助推数字出版内容进行国际传播。随着越来越多的数字出版

---

① 刘伯根:《国际数字内容传播渠道的合作与共生》,《中国出版》2013 年第 19 期。

企业试水国际市场,企业间加强合作、实现共赢的意识也越来越强。2012年5月29日,中国出版集团、中国科学出版集团、中国教育出版集团、北京中文在线数字出版股份有限公司等签署了《促进数字出版产业良性发展推进数字出版"走出去"倡议书》,共同倡议加强对外合作与交流,积极推动我国数字出版物在国际市场的传播和发展。[1]

作为数字出版产业链的两个重要主体,出版社和专业化数字出版服务提供商协同合作必然是未来数字出版的主流形式。在合作过程中,二者应各自发挥核心优势,让专业的人做好专业的事,在为用户提供优质阅读体验的同时,实现互利共赢。[2] 近年来,国内以同方知网为代表的数字出版技术商开始与包括商务印书馆在内的传统出版社开展合作。双方各司其职,各尽其能,强强联合,共同推进国内数字出版"走出去"。传统出版商要积极与技术商合作,不能简单停留在软、硬件采购上,而是要通过深入合作延伸至整个内容平台的合作建构上。真正的数字出版业态的建立既需要技术商的技术支持,也需要传统出版业的全情投入与大力推动。只有传统出版业与出版技术商精诚合作,才能最终实现我国数字出版内容的极大丰富与国际化呈现。总之,二者之间应本着平台共存、互联互通、分布管理、渠道相融的合作方针,共同打造和培育数字出版内容国际传播市场。中南传媒与全球第二大电信解决方案供应商华为公司于2012年共同注资3亿元,重组天闻数媒科技(北京)有限公司,打造一个面向全球用户、专注数字出版与营销服务的营运平台,构建覆盖全球的全屏营销发布体系,抢占全球数字阅读市场。[3] 华为在海外16个国家和地区的手机报局点、3.2亿海外用户都将为此提供有力支撑。[4]

第二,中国出版企业可以联合宣传,共同造势。有效的国际传播离不

---

[1] 王珺:《2012年新闻出版走出去亮点解析》,《出版参考》2013年第7期。
[2] 章红雨:《传统出版离数字出版时代还有多远?》,《中国新闻出版报》2012年1月16日。
[3] 唐湘岳、张灿强:《中南传媒:"走出去"海阔天空》,《光明日报》2012年5月30日。
[4] 刘彬、李苑:《新闻出版业一片希望的田野》,《光明日报》2012年2月17日。

开成功的国际宣传,国内出版企业可以联合起来共同策划国际宣传的方法、手段、策略和渠道,通过一种最佳的组合方式在国际上联合宣传中国的数字出版资源,包括合作双方或多方的数字内容。

第三,中国出版企业可以联合外设数字出版机构,谋求长远发展。为了更好地利用和开拓国际市场,更便捷、更快速地把中国数字出版内容传播出去,国内出版企业可以联手在境外创建数字出版分支机构,这样就可以直接在国际市场进行本土化运作,直接对外宣传和传播国际市场需要的数字资源,进而形成有效传播。

第四,中国数字出版内容国际传播要与好的经纪人或代理商合作。要实现抱团出海,尽快建立数字版权经纪代理制度,打造一支高水平的数字版权经纪人队伍,与国际版权代理制度接轨,为推动数字出版内容国际传播提供人力资源平台。虽然我国现在也有一些版权代理商,但是整体来说,成熟的版权经纪人极度缺乏。所以,打造一支国际版权经纪队伍,跟国际版权接轨,建立人力资源平台,迫在眉睫。[①] 同时,版权代理机构也需充分挖掘自身对目标国市场供求关系及国际用户需求的把握程度,以提高传播效率,促进国际传播工作的有效开展。

有了优质的数字出版内容和良好的数字技术,再加上顺畅的国际传播渠道,中国数字出版内容的国际传播过程就会一步比一步坚实,就能从理想逐步变为现实。这一理想的实现绝非一朝一夕之功,但只要所有数字出版的参与者携起手来,中国的优秀内容与文化必将实现全球范围内的有效传播。

借船出海:与国际企业合作进行国际传播

"借船出海"是指与有实力的国外出版商合作进行中国数字出版内容国际传播,借助它们的国际营销网络,打进国外主流文化市场。这一策略

---

① 刘伯根:《资本和数字时代出版"走出去"的创新战略》,《中国出版》2010年第9期。

主张中国出版企业在国际传播过程中主动"走出去",不断开发、创新合作模式,在资源共享、优势互补的基础上积极在海外寻找紧密的战略合作伙伴,共同策划、传播中国数字出版内容。

"借船出海"的优势主要体现在,中国出版企业可以利用国际出版企业的传播能力与渠道,不需要专门花费人力和物力,就能够在短时间内迅速把自己的数字出版内容推向国际市场,灵活性大、风险小,还可以根据国际市场的需求与行情变化及时做出传播策略上的调整。同时,通过积极参与国际传播合作,中国出版商还能逐渐熟悉国际传播的各个渠道与业务环节,不断积累自主国际传播所需要的各种信息、经验和技巧。

在拓展数字出版内容跨国合作传播渠道的过程中,既有内容是否适合国际市场的问题,也有传播渠道与传播方式的问题。通过与国外出版公司建立战略合作伙伴关系,共同合作开发出版项目,国内数字出版商可以按照国际读者能够接受的表达方式来完善相关内容,利用对方的传播渠道进入国际市场,都能有效避免和改善这些问题。

与国际数字出版商进行国际合作与传播的案例众多。早在 2006 年,中国大百科全书出版社与比利时根特大学共同研发,推出了《中国大百科全书》欧洲单机版和网络版,并由 Vartec 公司负责总经销。这种合作方式既把我们的数字产品推了出去,又实现了国际传播渠道的拓展。2009 年法兰克福书展上,中国人民大学出版社和麦格劳·希尔教育出版公司共同签署了"蔚蓝远景·品牌实战案例"系列图书英文版的合作协议。双方约定,加强数字化领域的合作,把两社合作推出的数字产品嵌入双方认可的数字平台,在全球范围内进行宣传、推广和销售。[①] 2013 年 10 月 9 日,西蒙 & 舒斯特公司和译林出版社在法兰克福书展签署关于发行与出版的合作协议。根据协议,西蒙 & 舒斯特公司将面向众多海外中文读

---

① 方正电子:《以方正为代表的中国企业在法兰克福展示数字出版成果》,《广东印刷》2009 年第 5 期。

者,承担译林出版社各种中文图书电子版在中国境外的发行工作,包括经典与现代世界文学的中译本,以及很多中国的经典著作。这些图书通过与西蒙 & 舒斯特公司合作的所有主要电子书零售商发行,协议启动伊始即发布了约 300 种电子书。①

在当前的中国数字出版市场上,有一家国际数字出版商非常亮眼,众多国内出版商都在与之进行国际合作,其自身也在积极谋求与中国所有内容提供商和技术运营商进行合作,并帮助中国把数字出版内容传播出去。这家公司就是英国科技出版集团。作为世界最大的出版软件、科技和服务提供商之一,英国出版科技集团的技术方案覆盖数字资源管理系统、专业及学术内容发行平台、数字图书馆平台、大众类读者俱乐部平台、教科书版权清理平台等。该集团拥有世界三大数字图书馆平台之一的英捷特全球数字图书馆平台,覆盖 170 多个国家,拥有 25 000 多家图书馆和机构用户,同时提供涵盖 250 多家各类学术科技出版商的 16 000 多种电子期刊和出版物,超过 500 万篇各类期刊文章的数字内容。② 正是凭借这个庞大的全球数字图书馆,英国出版科技集团帮助中国的出版企业获得了宝贵的国际市场和用户。2011 年,英国出版科技集团在北京成立了其中国合资公司——北京英捷特数字出版技术有限公司,国际合作变得更加便利。短短几年时间里,英国出版科技集团的中方合作名单中就增添了包括北京中文在线数字出版股份有限公司、中国图书进出口(集团)总公司、广西出版传媒集团、时代出版传媒股份有限公司、中国轻工业出版社、龙源数字传媒集团等在内的战略合作伙伴,由英国出版科技集团每年向它们提供数字图书馆用户研究报告、国外出版市场研究报告等服务。③ 其中,英国出版科技集团与中国图书进出口(集团)总公司合作的

---

① 王洪波:《译林社牵手西蒙 & 舒斯特 进军欧美主流图书市场》,《中华读书报》2013 年 10 月 16 日。
② 刘东杰:《数字出版:进入平台期》,《中国图书商报》2012 年 9 月 4 日。
③ 陈菁霞:《英捷持全球数字图书馆亮相 BIBF》,《中华读书报》2011 年 9 月 7 日。

"中国数字传播内容国际传播平台应用示范"项目较有代表性,该项目通过追踪英国出版科技集团全球数字图书馆的数据,建立用户行为跟踪技术和行为分析模型,开发相应内嵌技术,记录并分析用户在其他平台上发生的搜索、访问、购买、使用等重要行为,生成多种行为分析报告,帮助中国数字出版商进行有效的国际传播。

总之,中国出版业应继续深化与世界知名出版公司的合作,建立和加强与他们的交流和沟通机制,深入研讨中国数字出版内容国际传播的新模式、新途径,在实践中不断提升国际传播的能力与水平。

四 用户策略:以用户需求为中心

全媒体时代的变化在于,传统出版往往以产品为中心,而数字出版内容国际传播则以客户为中心,以为客户提供更加符合需要的数字内容为要义。传统出版内容传播的根基在于出版商和作者之间的关系,而数字出版内容国际传播的发展建立在出版商和用户的关系之上。数字出版内容的呈现形态有很多,如数字版权、电子书、数据库、在线服务等,但能否成功地进行国际传播,并不取决于你采取什么形态,用户接受才是最根本的问题,当然,这里既包括机构用户,也包括个体用户。所以,数字出版内容国际传播要针对不同用户的需求提供个性化的服务。数字出版商需要识别用户,了解用户,找到联系用户的渠道,然后通过数字化方式将用户和消费群分类、精准定向,并以用户需求为出发点,以符合用户使用行为的形式,帮助中国数字出版企业生产与传播具有国际传播价值的内容,从而实现中国优秀数字内容"走出去",提升中国文化软实力。

了解国际用户需求的意义

随着技术、传播手段的发展和阅读习惯的改变,国际传播日益变成买方市场,终端消费者最终决定接受什么内容,反过来影响内容生产与传播。这里唯一的依据便是客户需求。数字出版内容国际传播的最终目标是人,是国际受众,只有有效地到达受众,我们的文化与内容才能得到有效传播。要实现国际传播,就要到国际市场上去,贴近那里的实际情况,感受那里的用户需求,了解那里的市场状况,同时可以直接在那里操作数字出版内容的传播与销售。所以,数字出版内容国际传播的第一步是要了解用户,客户的深层需要才是最重要的,而不是只关心技术带来的各种可能。

借助新技术,数字出版商能够比过去更好地了解到用户是谁。电子书和其他数字出版内容的网络传播与销售让数字出版商拥有越来越多的用户信息,这给数字出版商带来两方面的机遇:一方面可以为用户提供更多内容,另一方面就是使得向用户营销图书变得更容易,数字出版商可以根据用户需求量身定做他们需要的内容。

如今,用户需求随着经济与文化的发展变得愈发复杂,国外用户与国内用户在数字出版内容需求上存在着较大差异。众所周知,国外用户的价值观与国内用户差异较大,他们对中国内容接受与否直接影响着数字出版内容是否能够顺利传播。目前很多国内数字出版企业仍然以国内用户的思维、习惯和需求特点生产用于国际传播的数字内容,这是一个误区。传播给国际用户的数字内容要看是否能够满足国际用户的需要。此外,中国数字出版内容的国际传播不能仅仅依靠翻译,有时候语言翻译得再好也未必有用,因为国际用户的需求不一样,他们更需要的是独一无二的中国内容。只有有了让国际用户感兴趣和接受的内容,再辅之以适合的数字化传播方式,建立通畅的传播渠道,那么数字出版内容国际传播自然能够成为建构中国文化软实力和国际话语权的重要方式。

数字出版内容要获得有效的国际传播,需要有效地收集目标市场的需求。数字出版内容的国际用户包括机构用户与个体用户两类,机构用户的需求比较集中,容易收集,而个体用户兴趣分散,不可控因素较多,且与其本土文化的黏性较大,因此,个体用户需求的收集对于刚刚开始熟悉国际市场的中国数字出版企业来说难度较大。

同时,开发国际新市场面临的一个问题是建立满足用户使用价值的衡量标准,即传播效果的评价体系。这些都需要立足于我们所提供的内容价值,而不在于所提供数字出版内容的数量多少,数量只是处在数字出版内容整个价值链的最底端。一般来讲,用户需求与使用效果需要从用户的所处地域、浏览关键词、下载内容统计等几方面来评价。实际上,对专业人士而言,内容指向越精确才越有价值,因为这样的信息更清晰,不会让人混淆。

如何调研国际用户的需求

选择目标客户

对于中国数字出版内容国际传播来说,机构用户是重要的传播客体,其中尤以全球各大学图书馆、专利文献需求机构、金融数据需求机构等为主。数字出版企业应善于挖掘机构用户的需求,通过全球图书馆、专利局、金融机构这些垂直渠道获得市场反馈,发展更适合国际市场需求的内容,并将其作为内容销售、传播和市场开拓成本的参考。这也是被众多国际数字出版企业的成功经验所证实的重要方式。

因为机构用户市场的同质化程度比较高,其需求状况比较容易获得和把握。相对来说,个体用户的需求状况异质化程度较高。但是,随着机构用户市场的逐渐饱和和分化,再加上市场开拓的需要,数字出版企业必须面对如何进入个体用户市场的问题。在个体用户群体中,学者和精英群体通常是重要的关注对象,因为他们往往是国际市场上的先行舆论引导者。无论从哪个角度看,做好机构用户和个体用户市场对中国数字出版内容的国际传播与文化软实力的提升都具有重要意义。

挖掘用户信息

发现国际用户需求倾向并非易事,是一个长期而又复杂的过程,需要数字出版企业投入相当的人力和物力,进行艰苦细致的调查分析与研究判断。其具体运作流程是,首先通过市场调研或数据采集全面认识用户需求;然后按照用户需求进行数据分析与市场细分,分析每个细分市场的使用、下载甚至购买行为特点;最后根据各细分市场的可进入性和效益性来选定适宜的目标用户与市场。

数字出版企业往往通过建构用户模型的方式来了解终端用户的消费方式、消费渠道、内容需求倾向与阅读方式等,进而指导中国数字出版内容的国际传播。用户模型能为数字出版内容国际传播建立完善的分析系统和集成展示工作平台,帮助企业进行科学决策,带来几个方面的效益,第一是提高工作效率,有的放矢;第二是提高内容管理的水平,主要体现在对风险的控制;第三是为国际传播提供数字化的精确数据,使数字出版企业能及时调整经营策略,提升国际传播效果和效率。简而言之,创建用户模型的目的是尽可能减少主观臆测,理解用户真正需要什么,从而知道如何更好地为不同类型的用户服务。

用户模型建构工作包括两个部分。一是通过采集和分析数字出版内容国际传播平台中具有用户行为特征的数据,对数据进行分类和汇总,映射到用户的阅读与消费行为对传播效果的影响上,研究平台用户的行为特征;二是对用户行为特征数据进行建模,形成对用户行为特性的统计,研究用户行为的潜在规律,然后考虑如何利用这些规律更好地服务平台建设与发展,实现内容传播平台服务上的创新。具体包括以下内容:首先对反映用户行为的平台数据进行分析和汇总,提出切实可行的用户行为数据采集方案,并对这些数据进行空间和时间的定位与关联,得到用户行为的统计参数,从而对平台的各项性能指标进行有针对性的分析,分析用户感受的特征数据,给出改进和优化内容传播平台的新方法,为进一步研究用户行为提供模型基础。然后通过用户模型研究用户行为,特别是对用户阅读与消费行为进行深入分析,并对数据获取和采集、数据映射、行为建模几个方面进行研究,最终在此思路下得到基于用户行为的分析结论。

在数字出版内容国际传播平台的用户数据中,存储着大量的客户资料、浏览和消费等数据。数字出版企业可以利用数据挖掘技术在数据库中自动获取关于用户的有用信息和知识,如目标读者的全文访问统计、下载次数统计、购买次数统计、目标读者所在地域统计等,具体企业的用户信息要素可能稍有不同。然后,数字出版企业可利用这些信息,针对特别的企业建立相关用户模型。

当前市场上比较成熟的数据挖掘工具有 IBM Intelligent Miner、SAS Enterprise Miner、SPSS Clementine 等,这些工具都具有强大的数据分析功能。数字出版企业可以运用这些工具建立用户模型,获得模型的分析结果后对用户行为进行分析。作为建立、应用与完善用户逻辑模型的过程,用户行为分析主要分为确定调研目标,数据采集和分类,数据分析和处理,数据应用、评估与反馈等几个过程。

如今,"大数据"概念已进入数字出版业的视野。对于数字出版内容国际传播来讲,所谓大数据就是数字内容传播过程中产生的数据总集。数字出版内容的传播者和运营者其实不必关心这个数据是怎么存储的,甚至不必自己处理这些数据,最重要的是把与自己的内容有关的数据用起来。麻省理工大学的教授把大数据对整个社会生态的影响比喻成显微镜,[①]这个比喻非常恰当,因为以往我们在做相关数据分析时,只能根据市场调研找到一些样本用户,这是很粗略的市场状况的描述。而在互联网环境之下,我们可以透过大数据,像显微镜一样把用户行为放大。无论是机构用户行为,抑或个体用户行为,他们在数字出版内容传播平台上的

---

① 秦雯:《大数据与数字出版》,《中华读书报》2013年10月30日。

任何一个操作都被大数据忠实地记录下来，然后经过处理得到利用。亚马逊的业务发展得益于大数据分析的情况非常多，其他数字出版企业经常犯错误，一定程度上是因为他们获得的数据太少了。

再进一步，当企业真正把大数据用起来的时候，就能清晰、完整地获得用户注册信息、行为记录、需求信息、下载记录、浏览记录、交易记录、评价信息、产品种类信息、品牌认知信息等。如果拿不到这么多用户信息，只能说明大数据获取与分析做得不太成功。其实只要计算工具设计合理，这些数据完全都是可以拿到的。

数据在不同时期有不同的应用方式。数据分析和预处理数据分析是对采样后的用户数据进行初步分析，通过筛选和分类寻找不同变量之间的相关性、规律、趋势，以及不同变量对用户行为的影响。数据应用和评估是通过评价用户信息，从而预测数字出版内容的用户行为，并反馈给数字出版企业作为参考，进而考虑用户体验和推广效果。这时候除了考查用户量以外，还要关注其他指标，如活跃用户情况。用户不活跃表明内容传播质量不高，用户活跃程度反映着用户黏性。

基于用户需求进行内容传播

大数据、数据挖掘等新技术给我们带来的是直接的用户联系，这对中国数字出版内容来说具有无与伦比的价值。根据数据挖掘获得用户行为，可以得到更精细的分类用户，并深入研究其消费行为、阅读行为等，从而对其进行针对性传播和服务。比如，我们现在可以知道国际用户想要买什么，需要怎样的专业出版内容、怎样的服务类信息或汉语教育解决方案，由此我们可以把数字出版内容生产与市场需求结合起来。同时，中国数字出版企业还能从用户信息中了解到他们愿意付多少钱，借此掌控内容定价权。接下来要做的就是针对已知的目标用户进行更加有效的推荐，获得目标用户的认同。

随着市场调研手段的增强,数字出版内容传播者与用户的关系更加接近,关系市场学变为可能,数字出版内容完全可能走向真正的国际个体用户,进而开发与挖掘细分的微量市场,甚至想多小就多小。互联网话语权的重要作用日益凸显,最终将导致数字出版内容国际传播的数量与质量呈现几何级数的变化。

五　国际化复合型人才培养策略

中国数字出版业打破"西强我弱"的国际传播格局已经迫在眉睫。中国数字出版业要不断提高国际化水平,其关键是培养一批视野广博、融通中外,能够在多元的文化格局中推动中国数字出版内容"走出去"的国际化人才。国际化复合型人才既是国际市场拓展的核心力量,又是决定中国数字出版内容国际化传播成败的根本因素。

在数字出版内容国际传播中,虽然技术人才很重要,但早已经不是稀缺人才,国际化复合型人才才是稀缺人才。数字出版内容国际传播特别需要更多的国际化复合型人才。所谓国际化复合型人才,就是既掌握数字出版产业规律、精通数字出版内容生产,又熟知数字出版内容的经营与管理,还能操作数字出版内容国际传播的领军人才。数字出版和传统出版一样,都是人才密集型的产业,都是得人才者得天下。

《新闻出版业"十二五"时期人才发展规划》指出,要以外向型的经营管理人才、版权贸易人才、专业技术人才、翻译人才的培养为重点,构建新闻出版业"走出去"人才培养体系。因此,深刻认识我国数字出版内容"走出去"中国际化复合型人才的重要作用,全面分析人才问题,提出破解人才问题的有效路径,对于推进我国数字出版内容国际传播具有现实意义。

国际化复合型人才能力与标准

结合数字出版内容国际传播的需要,国际化复合型人才需具备以下四种能力:创新能力、传播能力、技术能力与学习能力。

一是创新能力。创新能力决定着一个国际化出版人是否能够担当起传播数字出版内容,提升国家文化软实力的使命。中国数字出版业在全球竞争力较低的最主要原因是创新力不足、创新人才不足。原有人才对传统文化"啃老"的情况较多,而融通中西文化的创新型人才更是缺乏。

具有创新能力的出版人才是具有预见性的,不会盲目跟随大众品位,更不会盲从数字出版市场的"一窝蜂"行为,而是具有独特的全球化眼界和视角,总是能够从平凡的事物中发现新的气象,总是能够发现新的数字出版内容及品种,总是能引导国际用户去关注什么,总是能够对国际用户进行议题设置式的引导。他们深知什么是最优秀的,什么是最能成为世界性的中国内容,他们了解全球市场的细微变化与动向,知道谁在消费中国的数字内容。

二是传播能力。中国数字出版内容国际传播需要具有全球传播能力的人。中国数字出版人要对外传播中国文化与科技,传播中国数字出版内容与产品,就要懂得如何用国际化的方式去传达中国文化的深层次意蕴,就需要有能以国际话语方式诠释、营销和传播中国文化与科技的国际化出版人才。

中国文化并非得不到世界的认可,否则也不会出现《于丹〈论语〉心得》的海外版权在 2008 年伦敦书展上卖出了 10 万英镑的事情。截至 2010 年 7 月,该书共签约 33 个海外版权,涉及 28 个语种、33 个版本,版权收益到账 203.9 万元人民币。可见,中国文化,哪怕是中国传统文化,对国际社会都可能产生巨大吸引力。

因此,中国数字出版人要能全面审视中国传统文化与当代文化的基因,要能全面吸收并有所超越,寻找其中的世界共有价值,从而能够通畅地进行中西方文化的交流、融合与传播。更重要的是,具有国际传播能力的人需要精通一两门外语,具备较高的笔译与口译能力,能熟练地运用外语与国际用户进行交流;需要精通目标用户所在国家的版权法及相关法律,懂得版权谈判的技巧;需要及时了解国内外的数字出版动态、新需求以及国际数字出版内容市场的行情;还需要具备国际贸易知识和市场营销能力。一个数字出版企业如果拥有一批具备上述传播能力的人才,何愁国际竞争力不能提升。

三是技术能力。中国数字出版内容国际传播是一项技术性、专业性很强的传播活动,只有具备专业技能的人才能承担相应的内容生产,推动中国数字内容走向世界。应该说,具备技术能力的数字出版人是这个行业不可或缺的人才,每一个数字出版内容品种的开发、标准与格式的修正与完善、数据包的处理与分析都要依赖具有专业技术的出版人,这样才能确立中国数字出版内容国际传播的技术基础。

从世界范围来看,全球的数字出版企业都非常重视技术型人才。2012年以来,英美出版业迎来"技术型"CEO的上任潮。无论是出版小说和诗歌的大众类出版公司,还是出版教育、学术和科技类内容的专业出版公司,都纷纷迎来数字化技术专家担当掌门人,他们大都在全球化和数字化运营方面经验丰富。2012年8月上任的爱思唯尔公司CEO罗恩·莫贝德在电子信息业务方面拥有广泛的全球性经验。2012年8月上任的圣智学习集团CEO迈克尔·汉森曾担任波士顿咨询集团电子商务企业和媒体实践的合伙人及联合主席。2012年履新剑桥大学出版社CEO的彼得·菲利普斯也在全球化的内容产业、数字化转型方面拥有丰富经验。2013年8月出任哈珀·柯林斯CEO的查理·雷德马内就职之前曾在该公司担任过数字化业务首席负责人。

虽然业内人士对这些技术性CEO颇有质疑,不知道他们将把内容产业引向哪里。但从另外一个角度来看,全球顶尖的出版企业都在大大加速数字化进程。这说明除了数字内容的编辑能力之外,数字出版企业还要及时拥抱与跟踪数字化技术,以确保自己在国际社会的角色与地位。中国数字出版企业也需要紧跟世界的步伐,时刻保持对技术和人才的敏感性,否则恐将被世界抛在后面。

四是学习能力。知识与文化作为信息社会的权力,日益通过数字出版内容传播制造文化流、信息流与能量流,文化霸权由此产生。随着数字出版内容的传播与技术的发展,西方文化的入侵与影响比之前传统出版时代有过之而无不及。为了应对数字出版内容全球化传播带来的国际文化竞争,中国数字出版人必须具备持续不断的学习能力。在数字出版时代,内容数字化、运作流程数字化、传播模式数字化、传播载体数字化带来的变化总是让人始料不及,这都需要中国数字出版人时刻去探索、学习与实践,更要能够运用数字化手段去传播。

在当今的数字革命中,人员的技术、知识与信息能力的提高才是最根本的挑战,所有人员都有学习的必要。技术人员要学习新的技术,编辑要学习如何策划与打造能够感动世界的数字化内容,营销人员要寻求最新的营销方案,更重要的是,他们还需要学习自己领域之外的更多内容,以成长为国际化复合型人才。

培养国际化复合型人才

国际化复合型人才的匮乏问题不是一朝一夕能够解决的。毕竟,数字出版内容的国际传播涉及内容、技术、语言、格式、传播、文化等方方面面,而这正是数字出版业与传统出版业对人才需求的最大不同。人才强国战略为数字出版业的人才队伍建设指明了方向,提供了强有力的制度保证和思想保证,而数字出版企业也一直在探索建立人才成长机制与发现机制。总之,国际化复合型人才的培养还需要多方面共同努力,通过政、产、学联动构筑专兼结合、广泛参与的国际化复合型人才培养格局,以应对数字出版内容国际传播的各种变化。

内部人才资源整合

既懂内容加工又懂数字出版技术,既懂翻译又懂国际营销与传播的复合型人才是最理想的,但实际养成是很难的。根据实际情况,数字出版企业可以采取项目制办法来解决复合型人才的问题，比如让内容编辑、技术人员、翻译人员、国际营销人员甚至其他人员联合起来，组成一个项目组，负责一个数字出版内容品种的国际传播，这样的"多位一体"能够实现或者基本实现复合型人才标准，从而可以建立一个比较好的数字出版内容国际传播流程。其实，数字出版内容的生产与传播最缺的是产品经理，产品经理对技术、市场与数字产品本身都要有一定的了解，属于复合型人才，然后数字出版企业可以让一个产品经理负责一个项目组，这样，他统领的就是人才复合团队，而不是单个复合型的人。这种机制或许可以缓解国际化复合型人才需求的燃眉之急。

培训与引进国际化人才

数字出版内容国际传播既是中国出版业发展的机遇，也是巨大的挑战。为此，要加强国际化复合型人才的培养与引进。有的出版社与国外数字出版机构采取双方互派数字编辑进行业务交流和合作的形式培养人才，这样做既开阔了员工的眼界，也促进了双方的深度合作。除了外向型数字编辑，还要培养和引进那些外语好、懂数字出版、懂国内国际市场的国际化人才。

首先，出版企业可以自主培养国际化人才，其优点是自主培养的人才比较稳定，容易为集团或企业所用，不易流失。例如，科学出版社 2013 年推出"科学百人"计划，加强了对专业化管理人才的支持与培养，对入选者给予特殊津贴的资助；开展 MBA 定向培养计划，选派了 20 余位中层干部和业务骨干参加 MBA 学习；启动了优秀员工去国际知名科技出版企业总部考察学习和接受培训的项目。中国出版集团扎实推进"百名数字化国际化人才计划"，包括培养百名数字化国际化人才、加速数字化转型、开拓国际市场、加强数字化与国际化协调互动。[①] 为了发展数字出版，中

---

① 刘海颖：《出版"走出去"实力多维度提升》，《中国出版传媒商报》2013 年 11 月 22 日。

国出版集团重点建设中译"译云"、中图"易阅通"等7个数字出版平台，2013年分两批选派了35名分管数字出版的负责人和一线骨干，前往美国佩斯大学集中进行数字化专业学习，成为中版集团组建以来组织的人数最多、时间最长的一次数字化人才境外培训。一系列人才培养的措施和政策为其未来人才队伍建设的长期工作积累了经验，打下了基础。原新闻出版总署也曾在2010年与英国培生集团签署合作备忘录，双方合作举办各种培训，共同打造一支高素质、专业化的翻译人才队伍。这些活动都为中国数字出版内容国际传播积累了国际化人才。

其次，出版企业可以引进国际化人才。引进人才的优势在于来之能用，用之能战。一是从国内引进一些既有专业知识又有较好实力的版权人才、外语人才、技术人才，充实国际化人才队伍。二是从国际社会引进。现在的中国数字出版企业或机构都希望找到既了解国际市场，又对中国文化有研究的人才，引进类似"中国通"的外籍人士，一起来经营中国数字出版内容的国际传播事业。例如很多出版企业从外国驻华使馆及商务文化机构、外资翻译公司、外国留学生中遴选那些通晓中西文化、熟知海外读者思维方式与阅读习惯、译校质量优良的中青年翻译人才，并通过买断、项目合作、签约、建立工作室、在线协作等方式加强与重要译者的业务合作。例如浙江大学出版社为加强英文科技编辑队伍，从牛津大学出版社和约翰·威利出版公司全职引进了有多年出版经验的资深编辑，并以短期工作和远程工作的方式聘请兼职外籍编辑。中国人民大学出版社为了加快实施国际化发展、加强版权输出力量，专门聘请了一位英国人来负责出版社宣传材料、网站的维护和海外市场调研工作，达到了贴近外国人的思维模式、减少语言沟通障碍的目的。[①]

政府、学界与业界联合培养国际化人才

数字出版内容国际传播的关键在人才，人才的养成在教育，复合型数

[①] 刘叶华：《发挥自身优势，规划"走出去"战略》，《出版参考》2010年第3期。

字出版人才的养成在数字出版教育的建构与发展。政府部门、企业、高校之间应加强合作,发挥各自的资源优势,形成协同创新人才培养体系,合力培养国际化复合型人才。其中高校是核心,政府与企业是两翼,政府提供政策支持,企业提供人才实践基地。

事实上,自1985年中国开设编辑学专业以来,就开创了我国出版教育培养出版人才队伍的新局面。但问题依然存在:一方面,数字出版内容的国际传播急需大量国际化复合型人才;另一方面,编辑出版专业的毕业生难以满足人才市场需求。显然,只靠学校教育无法解决人才的产业适应性问题,也无法解决教育制度设计层面的问题。数字出版人才不能适应国际传播的需要,责任既在学校,也在产业。有道是"有什么样的剧院,就有什么样的观众",同理,"有什么样的产学结合,就有什么样的出版人才"。作为人才需求方的业界和作为供给方的学界应该携起手来,在政府指导下,从产业需求出发,研究问题,并解决问题。

出版教育产销不对路,既是因为产、学未能有效发挥各自作用,也是因为产、学结合尚处于初始阶段,真正的结合还存在着一些制约因素。对出版院校来说,多年来惯于闭门办学、重理论轻实践的教育体制与理念制约着学界向产业靠拢。面对这种现状,政府的主要职责是管理和指导,去创建产学合作培养人才的外部环境。

产学结合是一个复杂的系统工程,需要前瞻性视野与方法论功夫,以及综合各方关系的能力,必须在政府指导下,从出版教育和数字出版业全球化发展的全局出发,坚持正确理念,通过理性认同,构建合理的教育制度,从而为国际市场拓展培养适用人才。出版教育制度需要更好的设计,尤其要设计好如何把产业引入出版教育,以解决我们在国际化复合型人才培养过程中理论与实践脱节、产与销不对路的问题。

作为行业管理部门的新闻出版广电总局、作为主管部门的教育部、作为制度设计主体的国务院出版专业硕士教育指导委员会,均应发挥各自的核心职能,有所作为。产业参与教育的资格准入不能流于形式,既要重结果，又要重过程。作为合作的一方，业界尤其要主动地担负责任，积极参与出版教学和国际化人才培养。首先，要把用人需求跟学校教育结合起来，把市场变化和课程教学结合起来；其次，要与学校合作，把出版教育与学生实习、从业紧密结合起来，为出版教学提供广泛而充分的实践平台。

需要注意的是，在制度设计时，要让出版产业界的投入有所产出，有所回报，能从投入中看到投资价值。因为"产"属于企业，其行动逻辑以利益最大化为原则，与学校和政府有不同的利益诉求。如果只投入无产出或者少产出，对产业来说是一件无法容忍的事情。当然，人才回报也是一种投资价值，要保证培养出的人才最后能为其所用、为其好用，这样，产业界对合作培养人才才会充满热情，才会倾情参与。

出版人才培养因主体多样、方法各异，无所谓模式好坏。换句话说，只要解决好了理论与实践的问题，解决好了以国际市场为导向的问题，就是最佳的国际化出版人才培养模式。我们在构想与设计国际化复合型人才的培养制度时，要突破学校的一般套路，从数字出版内容国际传播的需求目标出发进行人才培养。

为了培养国际化复合型人才，出版教育还应该提倡跨专业的人才养成模式，但跨专业是有限度的跨专业，否则容易陷入博而不精之窠臼。博以精为首，才能学以致用，适应出版现实的需要。此外，完备的知识体系、能力结构、出版实践、数字技术及国际视野等皆为当下国际化复合型人才培养的基本诉求。

人才培养关键是要具有人才价值评估的能力，这样才是一个成熟的培养模式。人才价值评估既是业界、学界、政界对国际化复合型人才价值观的认同，也是出版教育的导向和未来，决定着出版教育对国际化人才培养的科学引导。这件事情既需要认识到位，又需要对评价程序有所把握，更需要业界、学界、政界合作操持。唯有如此，国际化复合型人才的培养才能成为一件长久之事，也才会成为数字出版内容国际传播的长久之计。

结　论

在经济全球化的大势之下,中国数字出版内容国际传播既是中国出版业做大做强的战略选择,也是响应国家号召、提升文化自觉、满足国际需求、提高国际竞争力、支持内容资本市场拓展的需要。数字出版内容国际传播的网络化、交互性、多媒体性、个性化、无国界等特点,为建构中国文化的全球话语权提供了良好的机遇与无限的可能。

中国数字出版内容的国际传播是一个长期的、不间断的过程,需要建立国际化视野,主动吸收欧美数字出版内容国际传播的先进经验,努力学习和适应海外市场的潮流和规则,逐步实现理想的国际传播效果。同时,我们必须做好长期发展的准备,而这一切都需要政府主管部门和数字出版企业的积极参与和切实可行的策略运用。具体而言,需要政府搭台,进行战略规划、政策制定和体制设计,制定一整套有利于产业海外发展的政策和评价标准;需要作为市场主体的数字出版企业的改革与运作,按照经济规律办事,打造若干具有较强国际传播能力的数字出版企业,开辟若干传播快捷的国际传播渠道;需要数字出版企业进行市场化运作,进行具体的项目策划与实施,不断推出能产生国际影响力的具有自主知识产权的数字出版内容产品。中国数字出版内容的国际传播还需要数字出版内容的海量化与专业化发展,在充分的国际用户市场调研基础上,满足国际机构用户与个体用户的海量化和个性化需求。一切传播成果都需要国际化复合型人才去完成,而人才的培养需要政府、企业与高校合力而为,才能满足数字出版内容国际传播视野的需求。

虽然中国数字出版内容国际传播的道路依然艰难而漫长,但要相信,我们所处的时代必将和中国造纸术、活字印刷发明的时代一起,成为世界出版史上最具中国意义的时代。

参考文献

1. 〔法〕阿芒·马特拉:《世界传播与文化霸权》,陈卫星译,中央编译出版社 2005 年版。
2. 〔荷兰〕Lente D. V. & Goey F. D. (2007). *Trajectories of Internationalization: Knowledge and National Business Styles in the Making of Two Dutch Publishing Multinationals*, 1950—1990. Oxford: Oxford University Press.
3. 〔美〕Mowlana H. (1994). International communication Research in the 21st Century: from Functionalism to Postmodernism and Beyond. In Hamelink C. J. & Linne O. *Mass Communication Research: On Problems and Policies*. Ablex Publishing Corporation.
4. 〔美〕Herbert I. S. (1976). *Communication and Cultural Domination*. M. E. Sharpe.
5. Temmy Deyle:《数字技术为学术出版提供了新机遇》,《中华读书报》2013 年 8 月 28 日。
6. 〔美〕爱德华·W. 萨义德:《东方学》,王宇根译,三联书店 2007 年版。
7. 〔美〕爱德华·W. 萨义德:《文化与帝国主义》,李琨译,三联书店 2007 年版。
8. 〔美〕席勒:《大众传播与美利坚帝国》,刘晓红译,上海世纪出版集团 2006 年版。

9. 〔美〕约瑟夫·奈:《硬权力与软权力》,门洪华译,北京大学出版社2005年版。

10. 〔英〕雷蒙·威廉斯:《关键词:文化与社会的词汇》,刘建基译,三联书店2005年版。

11. 〔英〕雷蒙·威廉斯:《文化与社会1780－1950》,高晓玲译,吉林出版集团有限责任公司2011年版。

12. 《"中国文化海外传播动态数据库"助力"走出去"》,《光明日报》2011年8月9日。

13. 《2012年全国新闻出版业基本情况发布》,《中国新闻出版报》2013年7月25日。

14. 《E－Study——数字化学习与研究平台》,http://elearning.cnki.net。

15. 阿帕比数字资源平台"关于我们",http://dlib.apabi.com/nlc/foot.aspx。

16. 《关于加快我国数字出版产业发展的若干意见》,《中国出版》2010年第21期。

17. 《关于加快我国新闻出版业走出去的若干意见摘登》,http://www.chinaxwcb.com/2012－01/10/content_236045.htm。

18. 《国图集团公司新媒体应用上线苹果店》,《中国出版传媒商报》2013年7月5日。

19. 《国务院关于加快发展对外文化贸易的意见》,http://news.xinhuanet.com/shuhua/2014－03/25/c_126314187.htm。

20. 《数字出版解读》,http://www.docin.com/p－707298291.html。

21. 万方数据知识服务平台:外文文献,http://www.wanfangdata.com.cn/ResourceBrowse/NSTL。

22. 魏玉山:《2014－2015中国数字出版产业年度报告》,http://www.chuban.cc/cbsd/201507/t20150715_168554.html。

23. 《新华文轩600种图书参展BIBF 数字出版签约"走出去"》,《中国出版传媒商报》2012年10月16日。

24.《新闻出版业"十二五"时期发展规划》,http://www.gov.cn/gongbao/content/2011/content_1987387.htm。

25.《新闻出版业"十一五"发展规划》,http://www.gapp.gov.cn/news/2065/115776.shtml。

26. 中国知网"产品与服务",http://ec.cnki.net/cp&fw.html。

27. 把增强:《〈文化、权力与国家〉启示与反思》,《学术界》2012年第8期。

28. 百度百科:《大学数字图书馆国际合作计划》,http://baike.baidu.com/link?url=Pr2Mfs9nvkecITmPcJF3SRKP_ZvvMDOZYg QIqRcK_xFPyBJgYBW65－FngwqMnjOIyp2bUEvEmVVF_PK2UaPcyK。

29. 百度文库:《数字出版解读发布》,http://wenku.baidu.com/link?url=yajSUpONFCjOUfp9ctTY_laZMYGf6eCLKE－imwqCOuDJk4MDyJM－eXoslu8nrp3sTUSJNrQxvw24WipeH56wF7FHlTcs KLuoMhZwk_UmjY7。

30. 陈炳辉:《福柯的权力观》,《厦门大学学报》2002年第4期。

31. 陈丹、程小雨、齐媛媛:《施普林格期刊运营模式及数字出版策略分析》,《科技与出版》2013年第2期。

32. 陈丹、董鑫、张玉洁:《爱思唯尔期刊运营模式及数字出版研究》,《科技与出版》2013年第2期。

33. 陈丹:《数字出版产业创新模式研究》,科学技术文献出版社2012年版。

34. 陈洁、谢铝菁:《数字出版走出去,世界进展照进来》,《出版广角》2011年第3期。

35. 陈金川:《出版国际化与出版创新》,《中国出版》2010年第5期。

36. 陈净卉:《美国数字出版的产业形态与商业模式》,《编辑之友》2012年第11期。

37. 陈俊乾:《当前中国人文社会科学出版"走出去"机遇问题及策略》,《中国出版》2010年第16期。

38. 陈庆、周安平:《我国数字出版三大难题、新解答范式与知识产权法思考——以苹果App Store模式下的数字出版为例》,《出版发行研究》2013年第8期。

39. 陈生明:《数字出版概论》,南京大学出版社2011年版。

40. 陈曙光:《人与世界:从"原初分离"到"原初统一"——马克思在人学"基本问题"上的革命》,《湖湘论坛》2007年第4期。

41. 陈香:《2014北京图书订货会八大创新明日举行》,《中华读书报》2014年1月8日。

42. 陈香:《六大亮点、五大路径辟出"走出去"新图景——时代出版"点兵"今秋博览会》,《中华读书报》2011年8月31日。

43. 陈香:《中国学术期刊国际影响力被严重低估?》,《中华读书报》2014年1月1日。

44. 陈香:《中文在线:数字出版商业模式要"落地"》,《中华读书报》2013年10月30日。

45. 陈小申:《文化产业集团化建设中存在的几个问题》,《编辑之友》2009年第10期。

46. 陈英明:《加大走出去步伐 努力提升我国新闻出版业的国际竞争力》,《中国出版》2012年第9期。

47. 程曼丽:《国际传播学教程》,北京大学出版社2006年版。

48. 程曼丽:《信息全球化时代的国际传播》,《国际新闻界》2000年第4期。

49. 单玉秋、王彤:《中国知识产权网获"优秀数字出版平台"荣誉》,http://www.cnipr.com/gonggao/201401/t20140127_179831.htm。

50. 邓莉:《文化软实力及其中国向度》,《山西师大学报》2012年第1期。

51. 董云虎:《把握国际出版业走向》,《中国出版》2011年第17期。

52. 方菲:《全新走出去数字平台"易阅通"启动运营》,《中国出版传媒商报》2013 年 9 月 4 日。

53. 方卿、曾元祥、敖然:《数字出版产业管理》,电子工业出版社 2014 年版。

54. 方正电子:《以方正为代表的中国企业在法兰克福展示数字出版成果》,《广东印刷》2009 年第 5 期。

55. 傅强:《数字出版:新的革命》,《浙江大学学报》2008 年第 4 期。

56. 傅勤奎:《内容资源的整合与开发:数字出版的制高点》,《新闻世界》2011 年第 5 期。

57. 高奋:《论中华文化走出去的出版策略》,《中国出版》2012 年第 7 期。

58. 高远:《"中国文化海外传播动态数据库"首批子数据库投入使用》,《光明日报》2012 年 12 月 12 日。

59. 葛存山、张志林、黄孝章:《数字出版的概念和运作模式分析》,《北京印刷学院学报》2008 年第 5 期。

60. 关世杰:《国际传播学》,北京大学出版社 2004 年版。

61. 桂琳:《"笑猫"出国记》,《中华读书报》2011 年 8 月 31 日。

62. 郭可:《国际传播学导论》,复旦大学出版社 2004 年版。

63. 郭亚军:《基于用户信息需求的数字出版模式》,世界图书出版公司 2010 年版。

64. 韩建民:《坚守学术出版之路,建设学术成果走向世界的桥头堡》,《科技与出版》2013 年第 1 期。

65. 韩晓东:《数字化战略:中国出版"走出去"的新方向——钟书国际出版网的探索意义》,《中华读书报》2011 年 8 月 31 日。

66. 韩阳:《商务印书馆携手荷兰威科集团中外双向全媒体出版合作》,《出版参考》2011 年第 27 期。

67. 何柏:《英调查称出版商必须与学术图书馆紧密合作》,《中国出版传媒商报》2013 年 8 月 16 日。

68. 何翠:《跨语言数字出版国际营销平台的营销模式》,《新闻世界》2013年第4期。
69. 何奎、苏睿:《加快培养国际出版经纪人,推动中国出版"走出去"》,《出版广角》2010年第7期。
70. 何明星:《〈2013中国图书世界馆藏影响力报告〉权威发布》,《中国出版传媒商报》,2013年8月27日。
71. 何明星:《构建中国文化对外传播体系增强传播能力》,《中国出版》2013年第5期。
72. 和龑:《对"中国出版走出去"若干问题的思考》,《中国编辑》2010年第6期。
73. 侯东阳:《国际传播学》,暨南大学出版社2012年版。
74.《"老人家说"系列:成功推动中国传统文化"走出去"》,《中华读书报》2011年8月31日。
75. 黄禾青:《我国图书出版业"走出去"的内容创新策略》,《观察与思考》2012年第9期。
76. 黄先蓉、田常清:《我国新闻出版业国际竞争力与影响力的纵向测评》,《中国编辑》2013年第6期。
77. 黄先蓉、邓文博、田常清:《新闻出版业国际竞争力与影响力的模型化测量》,《现代出版》2013年第4期。
78. 黄先蓉:《数字出版标准化工作的策略研究》,《编辑之友》2013年第7期。
79. 黄先蓉:《我国出版产业国际竞争力提升战略研究》,《中国出版》2013年第1期。
80. 黄先蓉:《我国数字出版标准制定应注意的问题》,《编辑之友》2013年第1期。
81. 黄孝章、张志林、陈丹:《数字出版产业发展模式研究》,知识产权出版社2012年版。

82. 季守利:《数字出版平台的几个为什么》,《中国新闻出版报》2012 年 1 月 6 日。

83. 蒋新卫:《论国际话语权视角下的中国文化软实力建设》,《新疆师范大学学报》2013 年第 1 期。

84. 金霞:《中版集团紧扣数字内容资源集聚》,《中国出版传媒商报》2013 年 8 月 23 日。

85. 凯文·恩特瑞肯:《数字化创新引领全球拓展》,《中国出版传媒商报》2013 年 9 月 3 日。

86. 柯吉:《林鹏:数字化、国际化推动"走出去"》,《中华读书报》2011 年 8 月 31 日。

87. 匡文波:《数字出版商业模式的国际经验及其启示》,《重庆社会科学》2010 年第 6 期。

88. 黎娟:《数字出版概念研究》,《新闻传播》2011 年第 8 期。

89. 李广良:《科技出版走出去大有可为》,《科技与出版》2012 年第 8 期。

90. 李广良:《携手国际大社名社,致力中国学术成果走出去》,《出版参考》2012 年第 9 期。

91. 李慧:《爱思唯尔出版集团的营销特点》,《中国出版》2012 年第 12 期。

92. 李景瑞:《"走出去"不差钱,差的是内容与翻译》,《中国版权》2012 年第 5 期。

93. 李丽:《学术教育类出版公司新掌门都是信息数据处理强人》,《中国出版传媒商报》2013 年 11 月 12 日。

94. 李淼:《"走出去":我们在路上》,《中国新闻出版报》2011 年 8 月 31 日。

95. 李倩:《数字出版时代欧美出版企业成功经验与启示》,《中国出版》2013 年第 16 期。

96. 李昕:《数字出版是一盘没有胜算的棋》,http://news.xinhuanet.com/2013-04/07/c_124545502_2.htm。

97. 李苑、王晓芸:《图博会打造国家文化交流名片》,《光明日报》2013年9月2日。
98. 李智:《国际传播》,中国人民大学出版社2013年版。
99. 李智:《全球传播学引论》,新华出版社2010年版。
100. 廖建军、雷鸣、蔡彬:《从文化软实力角度看出版"走出去"战略》,《出版发行研究》2010年第2期。
101. 林鹏:《〈中国科学〉打造科技期刊的旗舰》,《光明日报》2012年10月23日。
102. 林阳:《中国出版全球化,支点在哪里?》,《出版发行研究》2012年第9期。
103. 刘冰、游苏宁:《国际科技出版集团商业模式对我国科技期刊发展的启示》,《中国科技期刊研究》2011年第4期。
104. 刘伯根:《国际数字内容传播渠道的合作与共生》,《中国出版》2013年第19期。
105. 刘伯根:《资本和数字时代出版"走出去"的创新战略》,《中国出版》2010年第9期。
106. 刘成勇:《定义数字出版》,《科技与出版》2007年第12期。
107. 刘东杰:《数字出版:进入平台期》,《中国图书商报》2012年9月4日。
108. 刘桂珍:《日本电子出版研究的现状与特色》,《出版发行研究》2004年第10期。
109. 刘海颖:《出版"走出去"实力多维度提升》,《中国出版传媒商报》2013年11月22日。
110. 刘继南:《国际传播与国家形象——国际关系的新视角》,北京广播学院出版社2002年版。
111. 刘锦宏:《数字出版案例研究》,电子工业出版社2014年版。

112. 刘科丽:《中国出版物"走出去"与本土化战略》,《对外传播》2011年第11期。

113. 刘利群、张毓强:《国际传播概论》,中国传媒大学出版社2011年版。

114. 刘森、赵廓:《我国学术期刊全文数据库国际化现状和发展探讨》,《科技与出版》2013年第8期。

115. 刘艳、徐丽芳:《兰登书屋数字化发展研究》,《出版科学》2012年第1期。

116. 柳斌杰:《数字时代的全球出版走势》,《现代出版》2011年第16期。

117. 柳建尧、沈楠:《国际领先企业数字出版发展态势观察》,《中国编辑》2012年第5期。

118. 马丽:《国际巨头和国内企业争夺中国专利数据库市场》,http://ip.people.com.cn/n/2013/0913/c136655-22916117.html。

119. 孟庆和:《构建国际型教育出版集团管见》,《中国编辑》2011年第4期。

120. 苗强:《北语社:根据市场变化 及时调整输出策略》,《出版参考》2011年第22期。

121. 聂震宁:《关于出版业提高国际传播能力的思考》,《出版科学》2008年第12期。

122. 聂震宁:《数字出版:距离成熟还有长路要走》,《出版科学》2009年第1期。

123. 聂震宁:《数字时代:今天我们怎样"走出去"》,《出版广角》2010年第9期。

124. 聂震宁:《数字时代——国际出版发展的新路径》,《中国出版》2010年第17期。

125. 牛禄青:《英捷特:数字出版新模式》,《新经济导刊》2012年第11期。

126. 欧剑:《关于数字出版的思考》,《科技与出版》2008年第5期。

127. 潘文年:《国内外中国出版业"走出去"研究现状分析》,《淮阴师范学院学报》2011年第4期。

128. 潘文年:《中国出版"走出去":出版行业组织的作用分析——以新制度经济学为理论框架》,《出版发行研究》2010年第2期。

129. 潘文年:《中国出版企业海外市场投资模式比较分析》,《中国出版》2009年第2期。

130. 戚德祥:《北语社:我们售卖数字内容》,http://www.dajianet.com/digital/2011/0527/162219.shtml。

131. 秦雯:《大数据与数字出版》,《中华读书报》2013年10月30日。

132. 秦艳华:《全球发展趋势与我国出版走出去战略思维创新》,《中国出版》2013年第21期。

133. 渠竞帆:《年报凸显国际出版传媒集团新象》,《中国出版传媒商报》2013年8月23日。

134. 渠竞帆:《施普林格多措践行出版创新》,《中国出版传媒商报》2013年9月13日。

135. 冉彬:《平台之争——数字出版企业核心竞争力辨析》,《科技与出版》2012年第12期。

136. 任殿顺:《从几组数据看我国与发达国家新闻出版业的差距——兼议建设新闻出版强国的标准》,《中国出版》2010年第21期。

137. 任火:《"走出去"出版强国的标志》,《编辑之友》2011年第5期。

138. 任晓宁:《中英数字出版:技术创造出版业新未来》,《中国新闻出版报》2013年9月5日。

139. 尚亚宁:《我国出版走出去中的翻译人才问题思考》,《中国出版》2012年第20期。

140. 邵吟月:《美国电子书市场竞争现状及对中国的启示》,《新闻传播》2012年第12期。

141. 司静辉、张秀梅、程煜华:《构建开放式学术期刊数字出版平台的思考与实践》,《中国科技期刊研究》2013年第3期。

142. 宋平:《爱思唯尔:数字业务如何掘金》,《中华读书报》2012 年 11 月 7 日。

143. 苏贵友:《漫谈版权贸易背后的文化冲突及应对》,《出版广角》2013 年第 12 期。

144. 孙赫男:《初始阶段的最后时刻——构建赢利的国际化数字出版》,《中国出版》2012 年第 9 期。

145. 孙然:《麦格劳·希尔公司的数字化发展探究》,《中国报业》2012 年第 18 期。

146. 孙述学:《中国数字出版如何立起来、走出去》,《中国新闻出版报》2013 年 8 月 29 日。

147. 孙宜君、王建磊:《论新媒体对文化传播力的影响与提升》,《当代传播》2012 年第 1 期。

148. 谭学余:《美国数字出版见闻》,《现代出版》2011 年第 3 期。

149. 汤林森:《文化帝国主义》,冯建三译,上海人民出版社 1999 年版。

150. 汤雪梅:《数字出版国际发展新趋势》,《出版参考》2012 年第 18 期。

151. 唐湘岳、张灿强:《中南传媒:"走出去"海阔天空》,《光明日报》,2012 年 5 月 30 日。

152. 唐玉屏:《企鹅兰登书屋主导美电子书市场》,《文汇读书周报》2014 年 1 月 27 日。

153. 童健:《努力探索创新出版集团"走出去"之路——浙江出版联合集团纪实》,《出版广角》2012 年第 9 期。

154. 万晨、于治玺:《我国出版"走出去"现状分析》,《出版参考》2011 年第 27 期。

155. 汪曙华:《也谈数字出版的概念界定和发展路径选择》,《怀化学院学报》2008 年第 12 期。

156. 王艾:《梳理数字出版的三个关键词——参加 2010 年法兰克福书展之后》,《中国编辑》2011 年第 1 期。

157. 王保纯:《我国学术期刊有了国际影响力认证标识》,《光明日报》2012年12月28日。

158. 王达:《立体化探索中国图书"走出去"新思路——北京语言大学出版社对外推广工作回眸》,《出版广角》2011年第4期。

159. 王洪波:《译林社牵手西蒙&舒斯特 进军欧美主流图书市场》,《中华读书报》2013年10月16日。

160. 王洪波:《中国科技成果到了走出去的时候》,《中华读书报》2012年8月29日。

161. 王沪宁:《作为国家实力的文化:软权力》,《复旦学报(社会科学版)》1993年第3期。

162. 王化兵:《方正阿帕比电子书成为国礼 温总理赠予剑桥大学》,《出版参考》2009年第6期。

163. 王娟:《全球化背景下数字出版探析》,《采编写》2013年第4期。

164. 王娟:《中国图书数字出版贸易现状及展望》,《东南传播》2013年第7期。

165. 王珺:《2012年新闻出版走出去亮点解析》,《出版参考》2013年第7期。

166. 王坤宁、婧璇:《数字出版营销亟待探寻新模式》,《中国新闻出版报》2012年1月30日。

167. 王明亮、汪新红:《探索期刊优先数字出版模式》,《传媒》2010年第11期。

168. 王乾任:《华文出版走出去,别忘了东南亚市场》,《出版参考》2010年第31期。

169. 王瑞:《既知己更知彼——关于"走出去"的思考》,《出版广角》2010年第6期。

170. 王伟:《突破数字出版瓶颈的关键是文化主导权的回归》,《出版发行研究》2013年第1期。

171. 王文萧、刘立玲、朱方：《版权与利益的博弈——以 Google 数字图书馆模式为例》，《出版广角》2013 年第 16 期。

172. 王雪莲：《关于提升我国数字出版产业实力的思考》，《中国出版》2011 年第 6 期。

173. 王亚非：《黄金十年 五大畅想 三点自律》，《中华读书报》2014 年 1 月 29 日。

174. 王昇：《何为数字出版？》，《科技与出版》2006 年第 5 期。

175. 王玉梅：《海外图书馆与国内出版社的对话》，《中国新闻出版报》2013 年 8 月 29 日。

176. 王玉梅：《我国三家出版企业入选"全球出版业 50 强"》，《中国新闻出版报》2013 年 7 月 3 日。

177. 王玉梅：《学术型图书馆如何适应大数据》，《中国新闻出版报》2013 年 8 月 29 日。

178. 王玉梅：《中国出版在世界舞台奏响强音 我国三家出版企业入选"全球出版业 50 强"》，《中国新闻出版报》2013 年 7 月 3 日。

179. 王志刚：《约翰·威利父子出版公司数字出版发展探究》，《编辑之友》2010 年第 8 期。

180. 王志欣：《积跬步方能至千里——科学出版社"走出去"经验》，《出版参考》2012 年第 21 期。

181. 魏玉山：《英国数字出版业观察》，《出版参考》2012 年第 30 期。

182. 邬书林：《新闻出版与科技融合是发展必由之路》，《中国出版》2013 年第 17 期。

183. 吴刚：《科技出版走出去之选题策划四要素》，《科技与出版》2012 年第 6 期。

184. 吴健：《中国出版企业"走出去"的风险及策略分析》，《中国报业》2012 年第 10 期。

185. 吴乐思：《西方视角下的中国学术出版业及其国际化抱负》，2013 年第四届数字时代出版产业发展与人才培养国际学术研讨会。

186. 吴琦、苏蕾:《方兴未艾的英国数字出版业》,《编辑之友》2012年第8期。

187. 武文茹:《人文社科学术期刊"走出去"的路径》,《出版广角》2013年第11期。

188. 夏德元:《数字出版与传播研究》,上海人民出版社2012年版。

189. 夏光富:《数字媒体对文化传播的演进与重构》,《新闻界》2010年第1期。

190. 向敏:《加拿大对出版走出去的扶持》,《出版参考》2012年第12期。

191. 肖宏:《关于我国学术期刊"走出去"的思考》,《编辑之友》2012年第10期。

192. 肖洋、谢红焰:《入世十年我国数字出版"走出去"现状及问题研究》,《编辑之友》2012年第10期。

193. 谢新洲:《数字出版技术》,北京大学出版社2002年版。

194. 谢雪屏:《文化软权力与中国国家形象的塑造》,《山西师大学报》2009年第5期。

195. 徐丽芳:《数字出版:概念与形态》,《中国编辑研究》2007年第1期。

196. 徐丽芳:《数字出版概论》,电子工业出版社2014年版。

197. 许洁:《不同类型出版商实现"走出去"战略的差异化路径选择——以两大国际出版集团为例》,《出版发行研究》2010年第12期。

198. 阎晓宏:《关于出版、数字出版与版权的几个问题》,《现代出版》2013年第3期。

199. 杨晓芳:《数字出版将呈大整合大平台态势——2012数字出版与文化传播国际学术论坛侧记》,《中国出版》2012年第17期。

200. 尤建忠:《美国大学教材市场需求变化和数字出版的新情况》,《出版参考》2013年第28期。

201. 于文:《论谷歌三大图书战略及其对发展数字出版的启示》,《出版科学》2011 年第 4 期。

202. 隅人:《我看数字出版》,《中国科技期刊研究》2013 年第 2 期。

203. 悦潼:《亚马逊独立用户 2.82 亿 居全球零售网站第一》,http://tech.qq.com/a/20110818/000040.htm。

204. 张鸽、张凌静、李峰伟:《〈中为质量现代分析技术〉:中国药典一部参考手册》,《中华读书报》2013 年 8 月 28 日。

205. 张宏:《媒介融合与数字出版——关于数字出版内在基本模式及路径寻找的另一个视角》,《出版广角》2012 年第 1 期。

206. 张金:《数字出版"走出去"的五道法门》,《出版广角》2012 年第 9 期。

207. 张立:《解读数字出版》,《出版参考》2007 年第 19 期。

208. 张立:《数字出版的若干问题讨论》,《出版发行研究》2005 年第 7 期。

209. 张立:《数字出版相关概念的比较分析》,《中国出版》2006 年第 12 期。

210. 张丽:《2010 年中国出版"走出去"战略研究述评》,《科技与出版》2011 年第 12 期。

211. 张莉:《资源型数据库在数字化传播时代的功能研究——以中国知网(CNKI)为例》,《今传媒》2013 年第 6 期。

212. 张曙光:《权力话语与文化自觉——关于文化与权力关系问题的哲学思考》,《社会科学战线》2008 年第 5 期。

213. 张新华:《数字出版产业理论与实践》,知识产权出版社 2014 年版。

214. 张雁:《打造公益开放的国家级学术期刊数据库》,《光明日报》2013 年 7 月 17 日。

215. 张珍珍:《超星何以独领风骚——访北京超星集团副总经理杨庆刚》,《今日中国论坛》2012 年第 6 期。

216. 张志成:《本土人才国际化与国际人才本土化——谈出版走出去与出版人才培养》,《中国出版》2013 年第 4 期。

217. 章永宏:《内容战略转型:平台竞争背景下出版社的生存之道》,《出版广角》2011 年第 11 期。

218. 赵瑞琦:《实施本土化战略,让中国文化更好地走出去》,《中国出版》2013 年第 17 期。

219. 赵树旺、余红:《从英国视角看中国数字出版内容的国际传播》,《出版广角》2014 年第 5 期。

220. 赵树旺:《高教社数字出版传播平台的建构与应用》,《神州》2012 年第 11 期。

221. 赵树旺:《数字时代出版营销的模式与趋势——首届出版营销经理人高层论坛综述》,《神州》2012 年第 3 期。

222. 赵万里:《福柯与知识社会学的话语分析转向》,《天津社会科学》2012 年第 5 期。

223. 赵一凡:《福柯:知识考古学(一)》,《中国图书评论》2008 年第 1 期。

224. 赵一凡:《福柯:知识考古学(二)》,《中国图书评论》2008 年第 2 期。

225. 赵一凡:《福柯(三):权力与主体》,《中国图书评论》2008 年第 3 期。

226. 赵一凡:《福柯(四):权力与主体》,《中国图书评论》2008 年第 4 期。

227. 赵玉:《山西出版传媒集团:在走出去道路上求索》,《全国新书目》2012 年第 9 期。

228. 郑力人:《东亚图书馆与中国出版业数字化合作途径》,《中国新闻出版报》2013 年 8 月 29 日。

229. 郑伟丽:《2012 年全国新闻出版业基本情况发布》,《中国新闻出版报》2013 年 7 月 25 日。

230. 仲伟民:《只有汉语才能真切传达中国文化精髓——社会科学研究的国际化绝不是 SSCI 化》,《中华读书报》2012 年 11 月 7 日。

231. 朱昌爱:《从版权"走出去"到产业"走出去"——安徽出版集团"中国图书对外推广计划五周年"》,《出版广角》2011 年第 4 期。

232. 朱春阳:《中国"文化逆差"几个反思》,《人民论坛》2012 年第 21 期。

233. 朱虹:《新媒体对世界文化传播的改变与影响》,《世界文化》2013年第4期。

234. 朱沈华:《"走出去"是迈向新闻出版强国的选择》,《出版参考》2010年第28期。

235. 朱烨洋:《盛大文学:数字出版行业的中国"名片"》,《中国新闻出版报》2012年2月21日。

236. 朱音、敬甫:《打造国际一流出版传媒企业——专访中国出版集团公司总裁聂震宁》,《中国出版》2010年第3期。

237. 庄建:《外刊及数据库涨价太离谱》,《光明日报》2010年9月6日。

238. 左文:《文化全球化视野下的中国数字出版业》,清华大学出版社2012年版。

后 记

本书是以我的博士毕业论文为蓝本完善而成的。付梓之际,求学三年中的每一个瞬间、每一滴回忆、每一份感动纷纷万流入海,包围着我,让我沉迷,让我留恋。

这篇论文能顺利选题、撰写直至完稿,整个过程都离不开我的恩师聂震宁先生的耳提面命。作为当代最具影响力的出版家之一,先生历经作家、编辑、总编、社长、局长、院长、总裁、博导等多重身份与职位,融通文学、出版、经营、管理、学术、教育等多重实践与思维。作为先生的开门弟子,我是幸福的,既时时受教于先生,亦从先生的大量作品中获取启迪。每当论及学业和学术,先生总能视野高阔、一语中的、见解独到,让我从其睿智谈吐中领略演讲、写作和出版的魅力,这也为我的求学生涯提供了一个高瞻远瞩的平台。就在我入学不久,恰逢先生申请了一项国家科技支撑计划项目——《数字出版内容国际传播平台应用示范》,我被安排为主要参与者。由此延展开去,在与先生沟通之后,我的博士论文选题便顺理成章了。具体写作之艰辛自不待言,所幸有先生多番提点。现在每每回想,此书的字里行间都饱含了先生对我的谆谆教导和悉心教诲。正是在先生的指引下,我得以初窥出版学这个应用型学科的门径,甚至渐入其院落之中,门里门外,风景自是不同。

此书得以完成还离不开中国传媒大学编辑出版专业对学生学术能力培养的重视,特别是离不开蔡翔老师对我们每个学生的关爱与帮助。由于这个专业的导师大多为校外导师,蔡翔老师作为驻校导师,对于我们每个学子来说就成了不可或缺的支持者与主心骨。正是蔡老师倾尽全力,推动着中国传媒大学编辑出版学科的发轫与发展,呵护着我们的成长。我的论文从选题、写作、完稿到最后的付梓,蔡老师都给予了很多诚恳的意见和建议,使我不仅在论文的写作上受益良多,更为我的学术生命带来了新思路、新视野。

此外,我还要感谢我的妻子和女儿。当初,她们为我的考博成功欢呼雀跃时,大抵不曾想到,求学不只有快乐,还伴随着离别的痛苦。感谢她们三年来对我的支持和理解,感谢她们为了我的学业做出的种种牺牲。

三年的艰辛求学,让我深深地体会到了成长的幸福,体会到了师恩无价。此刻,谨以此书献给我的老师、家人和在求学道路上帮助过我的每个人。感恩生命中的每一份赐予和相遇。

赵树旺

2016 年 7 月 24 日

图书在版编目(CIP)数据

中国数字出版内容国际传播研究/赵树旺著. —北京:中国传媒大学出版社,2016.12

(中国出版产业发展研究丛书／蔡翔总主编)
ISBN 978-7-5657-1490-0

Ⅰ.①中… Ⅱ.①赵… Ⅲ.①电子出版物－出版工作－研究－中国 Ⅳ.①G239.2

中国版本图书馆 CIP 数据核字（2015）第 218809 号

中国数字出版内容国际传播研究
ZHONGGUO SHUZI CHUBAN NEIRONG GUOJI CHUANBO YANJIU

著　　者	赵树旺
责任编辑	唐　颖　赵丽华
封面制作	泰博瑞国际文化传媒
责任印制	曹　辉
出版发行	中国传媒大学出版社
社　　址	北京市朝阳区定福庄东街1号　邮编:100024
电　　话	86－10－65450528　65450532　传真:65779405
网　　址	http://www.cucp.com.cn
经　　销	全国新华书店
印　　刷	北京艺堂印刷有限公司
开　　本	710mm×1000mm　1/16
印　　张	15.25
字　　数	193千字
版　　次	2016年12月第1版　2016年12月第1次印刷
书　　号	ISBN 978-7-5657-1490-0/G·1490　　定　价　52.00元

版权所有　　翻印必究　　印装错误　　负责调换